★ 京津冀协同与创新驱动发展研究

京津冀协同创新共同体

从理念到战略

天津市科学学研究所京津冀协同创新研究组◎著

知识产权出版社

全国百佳图书出版单位

图书在版编目（CIP）数据

京津冀协同创新共同体：从理念到战略/天津市科学学研究所京津冀协同创新研究组著. —北京：知识产权出版社，2018.6

ISBN 978-7-5130-5603-8

Ⅰ.①京…　Ⅱ.①天…　Ⅲ.①区域经济发展—协调发展—研究—华北地区　Ⅳ.①F127.2

中国版本图书馆 CIP 数据核字（2018）第 113484 号

内容提要

推动京津冀协同创新共同体建设是实施京津冀协同发展战略、建设创新型国家的重要途径。本书在对京津冀协同创新共同体建设动因与相关理论进行思考、三地协同创新实践深入调研分析的基础上，提出了京津冀协同创新共同体建设的总体战略架构。并进一步围绕创新要素共同体、产业创新共同体、城市群节点创新共同体建设等问题进行了深入研究。结合京津冀全面创新改革试验区建设，提出了新形势下打造京津冀协同创新共同体的新思路。

| 责任编辑：黄清明　韩　冰 | 责任校对：谷　洋 |
| 封面设计：邵建文 | 责任印制：刘译文 |

京津冀协同创新共同体：从理念到战略

天津市科学学研究所京津冀协同创新研究组　著

出版发行：知识产权出版社有限责任公司	网　　址：http://www.ipph.cn
社　　址：北京市海淀区气象路 50 号院	邮　　编：100081
责编电话：010-82000860 转 8117	责编邮箱：hqm@ cnipr.com
发行电话：010-82000860 转 8101/8102	发行传真：010-82000893/82005070/82000270
印　　刷：北京嘉恒彩色印刷有限责任公司	经　　销：各大网上书店、新华书店及相关专业书店
开　　本：787mm×1092mm　1/16	印　　张：14
版　　次：2018 年 6 月第 1 版	印　　次：2018 年 6 月第 1 次印刷
字　　数：250 千字	定　　价：59.00 元

ISBN 978-7-5130-5603-8

研究组成员

组　　长：李春成

本书统稿：金　鹿

成　　员：(排名不分先后)

王双双　马虎兆　陈金梅　夏来保

王　坤　李晓锋　孟祥芳

序 言

区域协同创新网络 3.0 与京津冀协同创新共同体

从有创新开始，区域内、区域间协同创新网络就应当是客观存在的，这是因为创新是一种复杂的经济与社会活动，必然包含各种经济与社会要素之间的互动。

有学者认为创新系统理论是区域创新理论 1.0，创新生态系统理论是区域创新理论 2.0，创新共同体是区域创新理论 3.0。受此启发，也可以把区域协同创新网络理论的发展分为区域协同创新网络 1.0、2.0 和 3.0，区域协同创新网络 1.0 是基于创新系统理论的，区域协同创新网络 2.0 是基于创新生态系统理论的，区域协同创新网络 3.0 是基于创新社区理论的或创新共同体理论的，所以协同创新网络经历了三个发展阶段。

第一个阶段是从简单的线性创新到创新主体复杂的互动系统的演变，也就是创新系统论的形成，可以简称为协同创新网络 1.0，在中国语境中也可称为国家创新体系。从名称上，创新系统论强调系统的复杂，创新主体等要素的互动、联系等特质。

第二个阶段是从创新系统到创新生态的演变，也就是创新生态论的形成，可以简称为协同创新网络 2.0，在中国语境中也可称为区域创新生态。从名称上，创新生态更加强调创新网络的对外开放性、动态平衡性、创新主体间的依赖性、产业发展的集群性等新的特质。

第三个阶段是从创新生态到创新社区的演变，我们将之称为"四度"

创新社区论，可以简称为协同创新网络 3.0。从名称上，创新社区更加强调创新网络的融合性、综合性、完整性、有效性等新的特质。随着人们认知的深化，作为新一代的创新网络，创新社区不仅具有创新系统、创新生态系统的基本特征，而且更加重视创新系统、创新生态的因素如何发挥作用的深化。

换言之，创新系统、创新生态的构成因素是重要的，而更重要的是这些因素发挥作用的条件。

任何国家，不论大小，都是一个创新系统。任何区域，不论大小，都可以是一个自然形成或人为建构的创新生态系统。那么人们不禁要问，为何硅谷、中关村、深圳可以成功？为何有的区域不能成功？

对协同创新网络 3.0 来说，构成创新系统、创新生态的最基本的创新资源要素、创新主体要素、创新文化要素和创新制度要素，只是一个创新社区、一个创新区域、一个跨区域创新共同体发挥作用的必要条件，只是提升区域创新效率、获得创新成功的必要条件，而非充分条件。

协同创新网络从无到有重要，从有到创新资源要素和主体要素的密度与高度、创新文化要素的浓度、创新制度要素促进创新资源主体要素、创新主体要素内部及其之间互动融合的深度则更重要。

硅谷、中关村、深圳等区域的创新成功，除了它们都有必要的产、学、研等创新主体要素，创新人才、资金、仪器设备、技术成果、服务机构等创新资源要素，宽容失败、勇于创业、善于合作等创新文化要素，促进创新的法律规制、创新服务环境、政府政策激励等创新制度要素等构成的完善的创新系统和创新生态，而且还需要创新资源要素和主体要素的密度与高度、创新文化氛围要素的浓度、创新制度要素促进创新资源主体要素、创新主体要素内部及其之间互动融合的深度达到一定的阈值。

有的区域创新主体要素、创新资源要素、创新文化要素、创新制度要素都是具有的，但创新仍然不能成功、不能高效率的原因就在于创新的文化浓度不够、创新资源要素与创新主体要素的高度与密度不够，以及三类创新要素互动融合的深度不够。

密度反映经济产出、创新资源要素、主体要素的总量在空间内的平均聚集分布状况，如单位土地的生产总值、单位土地的产业规模、每万人市场主体数、每万人发明专利拥有量、单位土地研发支出额等。没有一定密度，化学反应无法完成，对创新亦是如此。

高度反映水平，是空间内的高端要素的平均聚集分布状况，如每平方千米院士数等。

协同创新网络3.0，就是有密度、有高度、有浓度、有深度的创新系统、创新生态，是创新文化创新制度适宜、创新主体共生共享共荣、产业集群规模效应与创新资源聚集规模效应充分展现的创新社区。

周其仁认为："看来大国科创，动力齐备之外，还要加上打通经脉，上下行浑然一体，才有大成。怎么做得到？集聚、汇拢，高密度、高浓度、高质量分子互激互动。"

丁磊，1997年6月在北京创立网易公司，并正式推出全中文搜索引擎服务，一年半后成为"中国知名度最高的网站"。张朝阳，1998年2月在北京正式推出了第一家全中文的网上搜索引擎——搜狐。王志东，1998年12月在北京创立新浪，是由四通利方和华渊资讯网合并而成的。李彦宏，2000年1月也是在北京创建了百度，经过10多年的发展，百度已经发展成为全球第二大独立搜索引擎和最大的中文搜索引擎。马云，1995年创办中国第一家互联网商业信息发布网站"中国黄页"，1998年出任中国国际电子商务中心国富通信息技术发展有限公司总经理，1999年在杭州创办阿里巴巴。马化腾，1998年和好友张志东注册成立"深圳市腾讯计算机系统有限公司"。刘强东，1998年在北京创办京东公司，代理销售光磁产品，2004年初涉足电子商务领域，创办"京东多媒体网"（京东商城的前身）。

为何中国知名互联网企业大多数都在1998年前后兴起，且多在北京创立？这说明科技创新也有扎堆发展的需要。区域创新资源高度聚集是符合创新要求的规律性现象，中国前六省市投入产出集中度数据表明，产出集中度高于投入集中度，说明区域创新聚集度高带来创新的效率同步甚至可能加速提高，换言之，创新要素聚集规模越大，带来的创新效率越高。

"四度"创新社区理论的作用机理是：各类创新资源要素和创新主体要素的顺畅流动与高效率配置机制；产业创新链与产业链的链式互动机制；创新主体相互间的便利交流和更多更有效的学习机制；创新资源的共享与合理利用机制；创新主体共生共荣的相互依赖性与创新社区的根植性

机制等。这些机理发挥作用是以创新要素的浓度、密度、高度与深度达到一定阈值为前提的，也是创新发生的充分条件，是创新效率提高的重要因素。

"四度"创新社区理论的外在表现是：区域创新与产业发展的良性循环；区域创新创业与科技金融良性循环；区域人力资本与教育的良性循环；区域产业集群与创新平台的良性循环；区域创新与营商环境的良性循环等。

从区域协同创新网络的发展来看，京津冀协同创新共同体是京津冀区域创新体系（系统）基础上的完善，是京津冀区域创新生态的深化，是京津冀创新网络 3.0 版，更是在京津冀跨区域整合、配置创新要素构建"四度"创新社区的过程。

因此，构建京津冀协同创新共同体就是通过创新要素的流动、链接、合作、共建、交叉覆盖、学习等整合配置方式，形成创新要素共同体，进而发展产业创新共同体、政策共同体，合力打造以"四度"创新社区为基础的创新带、创新城市圈，乃至全球创新中心之一。

由于以中关村科技园为代表的北京"四度"创新社区已经具有相当的水平，所以事实上京津冀协同创新共同体的建设在很大程度上是把中关村科技园的经验移植到天津、河北的过程，这也正是天津滨海—中关村科技园被寄予厚望的原因所在。

京津冀协同创新共同体的提出与发展

京津冀区域经济科技合作起步于改革开放之初，甚至更早。从经济地理的视角看，京津冀一直是中国经济地理中的重要版图之一。创新共同体是在 2008 年国际金融危机之后才出现的创新空间理论研究的新概念。2013 年 5 月，习近平总书记在天津调研，提出加快京津双城联动，谱写新时期社会主义现代化的京津"双城记"。2013 年 6 月，天津市科学学研究所研究团队提出建设京津创新共同体、京津创新驱动发展战略特区的建议，随后正式向天津市委主要领导提交构建京津创新共同体的建议报告。

2013 年 10 月，天津市委召开常委会议听取前三季度经济运行情况时，指出加快打造京津"双城记"，加强与中关村战略合作，承接北京产业"溢出"效应，积极构建京津冀创新共同体。2013 年 10 月 14 日，北京中关村园区管委会、中关村发展集团、天津市科委就进一步落实创新驱动发展战略、加强北京中关村与天津市科技合作、构建京津科技新干线、打造京津创新共同体等议题召开专题座谈会，商定共建中关村—宝坻、中关村—武清、中关村—北辰、中关村—东丽、中关村—天津经济技术开发区五个创新社区。

2014 年 2 月 26 日，缓慢发展并纠结多年的京津冀协同发展问题有了实质性突破，在习近平总书记的推动下，京津冀协同发展上升为国家战略，从而使京津冀协同发展成为与长江经济带建设、"一带一路"建设并列为新时代三大区域发展战略之一。习近平总书记提出并高度重视京津冀协同创新共同体建设，对加快京津冀协同创新共同体建设做出重要指示。2015 年 8 月京津冀协同发展规划纲要的要点陆续向社会发布，新华社专访指出，做好北京原始创新、天津研发转化、河北推广应用的衔接，推动形成京津冀协同创新共同体，以此为标志，创新共同体正式从理念向着京津冀协同创新共同体建设战略实施跨出了实质性步伐。

随后，中央政府和京津冀三地政府推动京津冀协同创新共同体战略实施的力度显著加大。例如，2015 年 9 月北京市科委制订了《关于建设京津冀协同创新共同体的工作方案（2015—2017 年）》，瞄准"京津冀协同创新共同体"的建设目标，部署了三项重点任务。2016 年 6 月 24 日，国务院批复《京津冀系统推进全面创新改革试验方案》，要求围绕促进京津冀协同发展，充分发挥北京全国科技创新中心的辐射带动作用，进一步促进京津冀三地创新链、产业链、资金链、政策链深度融合，建立健全区域创新体系，推动形成京津冀协同创新共同体，打造中国经济发展新的支撑带。

本书的结构与作者

本书是以天津市科学学研究所科研团队为主完成的，是研究团队在多年跟踪京津冀协同发展，特别是京津冀科技合作与协同创新理论与政策研究的基础上对有关协同创新共同体问题研究成果的梳理加工而成的。虽然绝大多数章节内容是最近两三年的研究成果，但为体现研究的历史过程，在进行适当修补和加工的基础上也保留了一些多年前的研究成果。需要说明的是，本书力图站在京津冀整体的角度，客观研究京津冀协同创新共同体的理论和战略问题，但限于作者们大多工作生活在天津，不少内容是站在天津的视角看问题的，因此偏颇之处难免，但也增加了一个视角使人们理解京津冀区域协同创新是相互交织、更为复杂的跨行政区域问题和创新问题。

全书包括序言和六章内容，李春成担任总体框架设计，金鹿承担了统稿任务。序言由李春成执笔；第1章为京津冀协同创新共同体理念，由金鹿执笔；第2章为京津冀协同创新共同体总体战略与实践，由王双双执笔；第3章为京津冀创新要素共同体，其中概述和京津冀知识产权协同发展两节执笔人为李春成，京津冀人才协同发展一节执笔人为马虎兆，京津冀科技金融协同发展和京津冀创新服务协同发展两节执笔人为陈金梅，京津冀科技仪器设备共享共用一节执笔人为夏来保；第4章为京津冀产业创新共同体，其中京津冀医药产业创新共同体一节执笔人为王坤，京津软件产业共同体一节执笔人为李春成，京津冀海洋产业创新共同体一节执笔人为马虎兆，京津冀钢铁产业创新共同体一节执笔人为李晓锋；第5章为京津冀城市群节点创新共同体，由孟祥芳执笔；第6章为京津冀全面创新改革与创新政策共同体，由李春成执笔。需要特别说明的是，软件产业共同体部分的内容来源于京津两地科委2005年资助的项目《京津软件产业共同体发展规划》，该项目组长为天津大学电子信息工程学院冯志勇教授，副组长为天津市科学学研究所李春成、北京市软件行业协会过程改进分会王钧，参加的主要研究人员为天津市科学学研究所杨冬梅、赵莉晓，天津大学张加万、饶国政，北京市软件行业协会过程改进分会张菊、崔萍。

京津冀协同创新共同体的理论研究与实践发展是一个大课题，鉴于京津冀具有在世界上都极为罕见的丰富和雄厚的创新资源，面临新科技革命和产业变革的历史性机遇，国家赋予京津冀协同发展在中华民族复兴中的历史性使命，特别是把雄安新区建设作为千年大计，使京津冀协同创新共同体建设在新时代具有的意义变得更为重大，不仅是中国建设世界科技强国的不可或缺的部分，或在为人类命运共同体提供中国方案中也会成为不可替代的内容。

期待本书为区域协同创新提供一个案例，为读者提供一些启发。

目 录

CONTENTS

第1章

京津冀协同创新共同体理念

1.1 ▶ 京津冀协同创新共同体建设的动因

京津冀协同创新共同体建设基于京津冀区域空间修复、创新空间格局变化下科技创新中心建设腹地共生与京津冀世界级城市群发展三大核心动力。

1.1.1 京津冀空间修复

哈维的空间修复理论（spatial fix）（Harvey，2013）认为，如果一个国家或地区产生了资本过剩和劳动力过剩，而且自身不能通过地理调节或社会消耗来吸收，必然会转移到新的地区，导致所谓的空间修复，发生资本的空间转移，扩大资本的空间广度。这种理论认为，空间修复动因主要包括寻求更低的成本、寻求新市场、寻找新的原材料、对老工业区的改造等。换言之，多余的资本积累会不断地找寻能产生剩余价值的空间，这一过程涉及原有空间再投资，也涉及超越旧的资本循环边界。剩余资本在寻求增值过程中突破了国家界限，所以产生了全球化发展现象。

哈维理论的核心所关注的是资本主义内部过度积累的长期趋势，要想避免资本盈余贬值，就必须寻找赢利方式来吸收这些剩余。一般而言，修复必然发生空间位置的转换，否则就不叫空间修复了。当然，空间位置转换受到路程的限制。另外的修复方式还有寻求区位优势，资本盈余向高资源禀赋、低成本、高利润的地区转移等。

结合中国的发展，学术界认为，改革开放以来，设立经济特区、开发区、高新区、保税区、自贸区等各种眼花缭乱的空间载体，包括国家级新区的设立与发展，本质上都参与了全球资本主义空间修复的进程。特别是中国改革开放的前20多年，就是遇到了资本主义全球产业转移和"空间修复"的机遇，这使得沿海率先对外开放地区在引进外资中得到较快的发展。

自2007年美国次贷危机引发国际性金融危机以来，特别是近几年来，我国区域空间发展战略导向仍在延续，新的国家级新区、自主创新示范区、自贸区不断获批，仍可以视为一种空间修复过程，但空间修复的动力更多地表现为国内区域间的资本流动、就近的劳动力流动，中西部地区的中心城市在空间修复中成为主角和受益者。

很显然，京津冀协调发展战略背景下的空间修复与哈维的传统空间修复理论有很大不同，体现为更强的国家战略主导和政策推动，对京津冀发展不均衡、不充分、不符合生态文明要求更主动地调节，在跨区域通过改革建立一个统一的大市场，以及更深层次的共同文化价值观的构建等新动因。所以，京津冀空间修复具有许多新的特点，可以说是一种新空间修复论。

（1）京津冀空间修复表现为国家战略行为主导。笔者认为，京津冀的空间修复主要不是由于资本、劳动力过剩引起的市场主导行为，更不是经济危机的化解方式，而是国家出于解决大城市病、对首都北京进行功能确认以后的政府主动调整政策的行为。在调整过程中，由于涉及因素错综复杂，采取了将其上升到国家战略层面进行推动，以保障达成修复目标。特别是随后作为千年大计的雄安新区的设立，更可视为在重大国家战略导向下的空间修复过程。

（2）京津冀空间修复的动力主要来自区域内部。显然在新的国际国内经济金融环境下，京津冀的空间修复过程也将以国内的资本流动、人才流动为主。如果站在十九大报告"以疏解北京非首都功能为'牛鼻子'推动京津冀协同发展"角度看，京津冀的空间修复过程更多是以京津冀大区域内部的有形资本流动、无形知识资本流动为主。

（3）京津冀空间修复已经或将在河北雄安新区和北京副中心建设的带动

下加快推进。党的十九大后，中央调动资源的能力更加强大，以雄安新区为中心的、聚集国内外高端资源的能力将进一步提高，达成预期目标的确定性很大。

（4）京津冀空间修复将以创新资源的流动配置为主要内容。由于以上特点，再加上京津冀区域特别是北京的资源禀赋、雄安新区的定位，京津冀协同创新共同体建设将成为推动本区域空间修复的重要因素和主要内容之一。

（5）京津冀空间修复的目的主要是解决京津冀区域发展不协调的问题。换言之，京津冀空间修复不是传统意义上为剩余资本和劳动力寻求出路，而是以疏解北京非首都功能为"牛鼻子"，解决京津冀内部不均衡、不充分、不符合生态文明要求的发展问题。

1.1.2　创新空间格局变化

科技进步推动了制造技术的智能化、生产组织的网络化与价值创造的服务化，以 Web 3.0 为特征的新一代信息技术融入工业社会，原本单个、冰冷的机械通过软件、传感器与通信系统嵌入万物相连的物理网络系统，从而在更高层面整体实现了"价值共创"，产业组织形态的变革推动了全球范围内创新空间重塑。

世界经济重心正逐步东移转向亚太地区，世界科技创新版图也呈现出多极化态势；经济增长与科技革命双重叠加的背景，为我国建设全球科技创新中心提供了机遇。北京和上海均提出了建设科技创新中心，这个科技创新中心的建设是一个大空间范畴的概念，实质上是建设以北京、上海为中心的，与周边区域形成分工合作、资源互补，具有完整的产业链条与创新网络的世界级创新型城市群。

相较于京津冀城市群的"众星捧月"，长江三角洲的城市创新协同发展使其在全球科技格局中更具竞争力。在澳大利亚智库 2thinknow 发布的 2014 年《Innovation Cities™ Index》中，上海市是中国内地唯一跻身于控制型的全球创新城市，排在全球第 35 位，远超北京市（第 50 位）。另外，南京市、苏州市和杭州市也榜上有名，分别位于全球第 127 位、第 182 位和第 208 位，其中南京市更是与北京市同处在枢纽级别行列，而京津冀城市群另一个核心城市——天津市仅位于全球第 234 位，说明全球科技创新城市生长具有腹地共生效应。北京具有全球影响力的科技创新中心的建设需要天津与河北省的战略纵深支撑。

1.1.3 世界级城市群建设

城市群是世界范围内城市化进程进入较高阶段的必然产物。城市化水平较高、城市密度越来越大，将形成一定空间区域范围内数十个城市聚集而成的"簇群化"发展格局。世界级城市群是基于全球化和城市化两大核心动力所形成的城市发展现象。戈特曼认为，成熟的世界级城市群需要具备区域内城市密集分布、拥有一个或几个国际性城市、多个都市区连绵、拥有一个或几个国际贸易中转大港、总体规模达到人口超过 2500 万、国家经济的核心区域等特征。目前，全球范围内公认的六大城市群包括美国东北部大西洋沿岸（纽约、华盛顿都市群）、五大湖地区、日本太平洋沿岸、英伦城市群和长三角城市群。

世界经济的重心经历了由欧洲向北美的转移，目前正向亚太地区转移，中国需要培育长三角、珠三角和京津冀等多个世界级城市群支撑世界经济重心转移。研究发现，长三角城市群已经形成了多核共振的空间格局，京津冀城市群目前发育程度较低、资源环境保障程度低、科技创新资源空间极化明显、城市群内部大城市病与周边贫困带并存、空间密度与经济发展水平落差大、产业互补协同缺失、虹吸效应大于协同效应的发展不平衡不充分问题。虽然不同地区的城市群，因为行政区划与结构形态的差异而存在着不同的具体形态，但是城市群内部各城市间的资源优化配置、产业发展协同、政策环境一体化、首位城市引领与多中心支撑，从而实现利益共同体、价值共同体、文化共同体与命运共同体的内在诉求是一致的。

京津冀 21 万平方公里是中国创新资源效率与公平的试验田，应担当世界经济重心转移与世界级创新型城市群建设的历史重任，亟须通过协同创新共同体的建设发挥各自的比较优势，推动三地产业技术互补发展，拉动新兴技术研发与新产业形成，引导创新资源在区域内的合理布局与创新效率的提升。

1.2 ▶ 京津冀协同创新共同体的内涵与特征

从 16 世纪那不勒斯"自然秘密研究会"创立到 21 世纪京津冀区域协同创新发展的新实践，围绕着社会经济与科学技术的进步，科学研究活动组织方式与创新范式不断演进（见表 1-1）。科学共同体到创新共同体实现了功能的单一到多元；园区共同体到京津冀协同创新共同体实现了小尺度空间到大尺度空间的共同体理论与实践的发展。

表 1-1　共同体演进与比较

	科学共同体	创新共同体	园区创新共同体	京津冀协同创新共同体
源起	16 世纪那不勒斯"自然秘密研究会"、17 世纪英国"哲学学会"的成立	"学院式科学"过渡到"商业科学"	2003 年科技园协会	京津冀一体化背景下
变迁	从功能的单一到多元		从小尺度空间到大尺度空间	
本质特征	相近或相似科学家群体	各类创新主体共同参与形成的创新网络（系统）	微创新系统	新一代创新范式下区域创新生态系统

1.2.1 科学共同体到创新共同体

1. 共同体的由来与发展

在人类社会发展的几千年中，大多数都是在一种知识混沌的状态下，不同地域的人们交流相对较少，没有对知识形成一种规范和共识，共同体概念的出现则为人类对知识的探索提供了规范。

"共同体"（Community）最早是由德国社会学家滕尼斯在 1887 年出版的《共同体与社会》中提出的一个重要概念，他系统地阐述了共同体理论，随着经济、政治、社会的快速发展，由其所衍变出来的概念非常广泛，如利益共同体、政治共同体、经济共同体、关系共同体、民族共同体，等等。根据有关学者的研究显示，最早提出科学共同体概念的是英国物理化学家波兰尼（Michael Polanyi）。他在20世纪40年代与贝尔纳的论战中，抨击了计划科学的观点，力主学术自由、科学自由，进而提出了科学共同体概念，他认为科学家并不是孤军奋战的，而是与他的专业同行们一起工作，各个不同专业团体合成一个大的群体，称作"科学共同体"。由此科学共同体的概念便进入了学术界的研究视野。

2. 科学共同体的内涵与发展

从科学共同体的雏形初步形成到科学共同体的概念正式提出，从而引起学者们的注意，其间关于学术研究的讨论也经历了从无序到有序的转变。中世纪时期，大学推动了西方学术活动的自由意识和宽容意识的社会文化氛围的形成，激发了科学家们对知识发现的向往。同时对自然科学的研究发生了根本性的变化，自然科学研究由个人事业或业余爱好向社会事业和专门职业转变，使得学术研究慢慢地从一种散漫的状态逐步过渡到团体组织化的状态。学术团体组织化的出现为西方近代知识的爆炸式发展奠定了基础。从16世纪那不勒斯"自然秘密研究会"的创立，到17世纪英国"哲学学会"的成立，标志着正式科学共同体的制度化时代的开启。随后的伦敦皇家科学院和巴黎科学院等综合性研究机构，以及实验室、天文台等专门研究机构在西方世界普遍建立，科学共同体制度化的基本格局正式被奠定。科学由自由散漫到后来发展到学术团体制度化使得科学研究成为专业职业，可以说国家政策和社会各方的物质支持在科学共同体制度化的过程中起到了至关重要的作用。到了18世纪，随着工业革命的到来，人们在得到物质极大满足的同时更大限度地激发了对知识的需求，爆发式的知识需求，使得从事科学研究成为一个热门职业，使得科学共同体的发展不断走向成熟。进入20世纪，随着市场经济的不断发展和成熟，科学由"小科学"变为"大科学"，市场经济的不断发展使得科学的发展更加具有方向性。科学研究与经济活动之间的联系日益密切，科学共同体出现的分化与重组，开始由纯粹的学院式科学向商业化科学慢慢过渡。

根据相关学者的研究，总结出科学共同体的内涵为：指在同一科学规范的约束和自我认同下，经过严谨的学术训练，掌握大体相同的文献和接受大体相同的理论，有着共同的探索目标，在相近或相似的科学领域中进行着科学探索和学术交流、人才培养的科学家所组成的群体。它是科学研究中的一种社会关系结构，其研究是传统科学史的研究领域，也是科学社会学的研究领域。

3. "后学院式" 商业科学背景下的创新共同体

默顿的科学范式发表以后，科学的发展呈现出了很大的变化，它与社会的联系进一步紧密，科学也从学院式的纯粹科学过渡到了"后学院式"的商业科学，"科研机构——大学、研究机构、政府研究所和实验室——都发生了变化"。齐曼认为，后学院科学并不像许多科学家期望的那样，只是暂时地偏离我们认知的科学前进的轨道，它不仅是知识生产的一种新模式，而且是一种全新的生产生活方式。赵万里在构建现代科学的活动结构和运作机制时，把"同型性"和"一体化"作为现代科学与现代社会相互联系和相互作用的特征。"同型性"指科学不再是一种自主而独特的智力活动，而是逐步变得与社会环境的变化相适应，出现了科学与经济、社会结构、文化等相互适应、相得益彰的趋势。一体化则意味着"科学、技术、经济、社会之间的传统界限日益模糊，科学不仅是认知活动，更是社会经济取得长足发展的服务者，两者在今后处于一种相互融合、共同存在的状态。现代科学不仅已将技术融于自身，而且它已成为经济活动的重要部门，并作为经济结构的主导要素与社会发展日益密切地联系在一起"。知识作为科学家们对世界未知探索的成果，丰富了近代科学的发展，但是随着社会和经济的发展，以及人类自身的迫切愿望，就需要把科技转化为产品，形成商业化，由此引出了经济学上的重要名词——创新。

实际上，从"知识"到"生产力"的转化过程正是"创新"的过程，创新由来已久，只是没有形成统一的理论。1912 年，熊彼特首先在他的《经济发展理论》中提出"创新"的概念，并在随后的研究成果中对创新理论做了比较全面的解释。熊彼特认为创新是建立一种新的生产函数，实现生产要素的一种新组合，包括新产品、新工艺、新市场、新供应和新的组织形式。从经济意义上讲，创新只是在知识转化为实现新的产品、工序系统、装置的首次商业交易时才算完成。

随着创新活动的不断扩张，创新不再局限在企业内部，而是扩散到其他的社会机构，包括大学、政府、实验室、金融机构，共同参与形成创新的网络——创新系统。20 世纪 80 年代，由于新古典经济学对技术创新的解释力不足，因此引发了经济学家们对创新系统的讨论与深入研究，旨在突出和强调被主流经济理论所忽视的创新。弗里曼一直坚持在宏观经济层面研究创新系统；伦德瓦尔指出了创新系统是通过将知识引入经济甚至社会来运作的，其发展和绩效依赖于经济、社会和政治结构；纳尔逊和温特是以规范的经济学研究范式为基础，引入新古典模型所不能涵盖的非均衡调整的"特殊要素"来构建动态的技术创新和经济演化模型。学者们关于创新系统的研究使得创新已不仅是驱动经济发展的要素或工具，而且日益成为国民经济中占有重要地位的创新经济部门和知识型产业。

加尔布雷斯（Galbraith）主张，现代社会的特征在于超企业体制，技术创新的主体并不是一个人，而是"专家组合"的集团。梅地奎（Maidique）在此基础上增加了更多的创新参与者，将企业家等也包括进来，他比较全面地指出，成功的技术创新需要创业的、管理的、技术的多种角色的特殊组合，这些角色随着企业的发展与变化而变化，且由不同的人员以不同的方式来完成。在创新系统的基础上有学者提出创新经济体的概念，创新经济体指的是知识—资本—知识再生产的经济循环过程，属于整体经济系统的一个子经济系统。与创新系统理论不同，创新经济体强调知识创新是一个经济过程。创新主体对创新资源的调动与组织是通过对人力资本、知识产品和配套技术服务的购买来实现的。在知识的消费中实现知识创造，相互服务的创新主体共同构成了知识生产—交换—消费—再生产的知识创新的产业生态和经济微循环体系。Sawhney 和 Prandelli 则提出了一个与创新经济体极其类似的概念——创造共同体（communities of creation），指出围绕 R&D 机构的传统的、封闭的等级制管理和基于市场机制的开放的管理模式都不能很好地协调和控制不同参与者的分布式创新活动，而创造共同体在环境开放度及系统稳定性方面介于这两者之间，能很好地激发和利用更多人的个体创造力和集体的创新能力。

随着 2008 年国际金融危机的到来，美国为了应对危机相继提出了创建创新共同体并上升为国家战略，提出通过挖掘和利用好潜藏的创新能量，围绕私营企业，加强各个主体间的协同创新来促进研发成果产业化。这一方案的提出使得以科技园区为代表的创新共同体又一次成为炙手可热的学术名词，再一次引起学者们的高度关注。

国内学者吴永忠、关士续也认为创新不仅是企业多职能部门共同参与的活动，也是发生于企业内外许多组织机构之间的活动，需要对技术创新主体的观察基点从各个创新行动者转移到创新共同体上来。谢章澍和杨志蓉对企业内部的创新共同体进行了研究，其强调的是在创新群体中实现个体创造力发挥与集体创新实施的有机结合，并在具体运行中表现出战略化（strategization）、社会化（socialization）、结构化（structured）特征。从中我们可以看出随着经济社会的发展、研究的进一步深入，创新共同体理论逐步成为开放性的创新网络。在创新共同体的模型中，创新是创新主体的主要任务，主体之间围绕着创新形成一个循环系统，创新共同体是一个生产知识、消费知识，并且推广知识使其商业化的创新网络。创新共同体仍然属于功能性共同体，只是其概念要素更为复杂。科学共同体到创新共同体实现了功能单一向多元的转变。

1.2.2　园区创新共同体到区域创新共同体

创新共同体理念源自美国大学科技园区协会等诸多组织陆续联合发布的《空间力量：建设美国创新共同体体系的国家战略》《空间力量 2.0：创新力量》等报告。创新共同体的基本构成由四大元素组成：科技园区、大学与学院、联邦实验室、私营研发企业。创新共同体的主要目标是实现"知识产权与实物产权的融合，人力资本与金融资本的碰撞"，推动以研发集群为核心的投资与经济开发行为。

英国科技园协会主席戴维·约翰·哈德曼表示，英国科技园侧重于帮助小企业的孵化发展，因为九成以上企业的员工都不足 50 人。科技园是促进创新协作产生的地方，需要"4C"：catalyze（催化）、communicate（沟通）、cooperate（协作）、create（创造）。课题组认为，科技园区的"4C"概念的实质是在园区创新共同体，如果加上 capitalize（资本化），形成科技园区的"5C"概念则更为全面。

园区创新共同体的提出，进一步丰富了区域、产业协同创新的政策工具。创新共同体作为一种协同创新的新理念和组织形式及政策工具，值得政府、科技园区关注。

园区创新共同体是指某一个地理范围之内的创新体系或创新系统的总和，包含人才、技术、资金、信息、机器设备等创新要素资源，企业、研发机构、大专院校等创新主体资源。这些创新资源的聚集形成了特定区域内的微创新体系或创新生态系统。在物理层面上，可以将创新共同体看作一定物理区间内或一种特殊经济形态内各有关部门和机构间相互作用而形成的推动创新的空间集聚，也可以看作主要是由经济和科技组织机构形成的聚合体，园区创新共同体到区域创新共同体是小尺度空间向大尺度空间创新协同的自然演变过程。

1.2.3 区域创新共同体到京津冀协同创新共同体

1. 京津冀协同创新共同体概念的提出

京津冀区域经济科技合作起步于改革开放之初。随着合作的不断深入，社会各界对于京津冀区域一体化认识研究不断深化。基于京津冀的科技要素禀赋优势，"协同创新"作为突破口和着力点成为协同发展的热点，并得到京津冀三地特别是中央的认可和重视。由于京津冀作为全国乃至世界罕见的科技创新资源聚集地，早在2014年，习近平总书记就提出并高度重视京津冀协同创新共同体建设，对加快京津冀协同创新共同体建设做出重要批示。2015年4月，中央审议通过《京津冀协同发展规划纲要》，标志着京津冀一体化发展上升为国家战略，"打造协同创新共同体"成为京津冀协同发展的关键环节，对实现三地功能定位具有重要意义。建设京津冀协同创新共同体是在新的发展时期，新一代创新范式引领下，利用新的政府创新治理方式推动区域协调发展的有益探索。

2. 创新生态系统视阈下的京津冀协同创新共同体

从以新古典经济学和内生增长理论为渊源，以线性创新为特征的创新范式1.0阶段；以演化经济学和产学研创新三螺旋模型为依据，以机械化、工程化的创新体系（创新系统）为特征的创新范式2.0阶段；到如今，新一代的创新范式已经形成，创新3.0是以创新生态系统为核心特征的创新范式。

20世纪90年代，Moore在《哈佛商业评论》发表了关于企业生态系统的研究成果，是首位系统论述企业生态系统的学者，他指出"企业生态系统是由用户、供应商、生产商、投资者、贸易伙伴、标准机构、政府、社会公共服务机构和其他利益相关者等组织、群体共同构成的动态系统"。Nelson 和 Winter 利用生态位思想揭示技术演化，并衍生出战略生态位管理。Iansiti 和 Levi 利用生态位的视角来解释创新生态系统是由占据不同生态位但彼此相关的企业组成的，某一企业的生态位发生变化，其他生态位相应也会发生变化。

2003年，美国总统科技顾问委员会（PCAST）报告认为美国的再度崛起与繁荣领先原因在于"创新生态系统"这样一种新的体系。2013 年，欧盟发布了《开放式创新 2.0》，认为创新生态系统是"开放式创新 2.0"的新范式，并发布"都柏林宣言"，部署了聚焦"创新生态系统"的创新政策与路径。创新生态系统已经成为新一代创新范式及创新政策制定的切入点。

生态学中生态系统是在一定的空间和时间范围内，在各种生物及生物群落与其无机环境之间，通过能量流动、物质循环和信息传递相互作用，形成的具有自适应、自调节、自组织功能的统一整体。创新生态系统是研究创新系统的一种新的视角和研究方法。相比创新体系，创新生态系统的概念和内涵更加丰富，利用更强的生物学隐喻来揭示创新的系统范式。创新的过程被认为是物种、种群乃至群落对环境变迁、扰动形成的应答过程。基本的构成要素是物种（企业、大学、科研院所、政府等），物种连接形成了各种群落，物种和群落在共生的作用中动态演化，推动系统整体演化，公共政策通过加强物种、群落的联系来促进创新。朱迪·埃斯特林认为创新生态系统包含"研究、开发和应用"三大栖息者群落。清华大学曾国屏教授认为，创新生态系统具有动态性、栖息性和生长性三大特征。创新生态系统已经成为第三代创新范式，与创新体系相比，更强调"共生发展、价值共创"的生态化、自演进环境（见表 1-2）。

表 1-2　创新体系与创新生态系统的比较

	创新体系	创新生态系统
主体关系	合作协同	共生发展、价值共创
特征（要素之间的关系）	工程化、机械化	生态化、有机式
创新政策（治理）重点	引导性、框架性政策	营造良好生态
关注点	"结构—功能"：系统中要素构成	"结构—功能—过程"：要素之间、系统与环境间的动态过程
关键物种	大企业"掠食者"	平台型企业

2011 年科技部"创新圆桌会议"、2012 年"浦江创新论坛"均围绕创新生态系统展开专题研讨，随后清华大学曾国屏、上海市科学学研究所李万、清华大学陈劲等多位创新管理领域的知名学者发表了关于我国创新生态系统建设的文章，标志着我国实践界与理论界对于创新生态系统的高度关注。但

是目前关于创新生态系统的研究仍然停留在微观层面企业主体的研究和概念探讨阶段，鲜有关于区域层面、国家层面的创新生态系统建设的研究。在企业创新组织方式发生重大变革、新一代创新范式基本形成的背景下，亟须从顶层设计开展基于创新生态系统的政府创新治理模式变革与新一代创新政策调整。

京津冀协同创新共同体是把京津冀作为一个创新的空间整体，形成一个创新主体有效互动，创新要素顺畅流动合理配置，产业创新资源集聚联动，创新治理政策互认互通，创新市场环境开放统一，创新空间持续修补的大尺度跨区域创新生态系统。京津冀协同创新共同体是一个极其复杂的创新生态系统，同时也是一个极其复杂的经济社会系统。企业、高校、科研机构、服务机构、政府部门等参与创新的基本单元是这一创新生态系统的物种，每一类物种有机连接聚集形成种群进而以科技园区、高新区等为载体的小区域形成了创新群落，各个创新群落通过知识信息传递、人才（资本）流动、统一市场、政策共享在京津冀区域形成共生发展的创新生态系统。京津冀协同创新共同体建设是在区域层面对创新生态系统建设的有益探索。

3. 京津冀协同创新共同体的特征

京津冀协同创新共同体具有创新生态系统的复杂性、时空延展性、继承进化性、自组织与演化性、开放性等一般性特征，还具有以下四方面的异质性特征。

（1）大尺度区域的空间范畴。

创新生态系统的目标在于通过创新主体间的互补协作与共创共享，获得高质量的创新成果，推动经济增长，从而保持竞争优势，创新生态系统可以小到基于产业链和价值链的虚拟网络的企业生态系统，也可以扩张到以国家为边界的地理空间。

京津冀协同创新共同体是跨行政区域的大尺度空间创新生态系统。京津冀是在全球范围内也较为罕见的创新资源高度密集的区域，但区域内仍存在创新资源分布不平衡、创新效能发挥不充分的问题。京津冀区域创新发展面临的问题正是我国创新发展的缩影，在我国经济、科技发展需要妥善解决区域创新效率与公平问题的阶段，京津冀区域特殊的创新组织特性为落实新驱动发展战略提供了天然的试验田。在全球化背景下，企业逐渐突破了地理边界，企业之间从单个主体的竞争演变为创新网络的竞争，行政力量分割的城市边界也在被打破，创新型城市不再是孤立封闭的"生态圈"，与外部环境广泛联系，进行能量交换、知识传递与要素流动。北京的科技创新中心建设，其实是以北京为中心的科技创新中心生态圈的建设，通过京津冀协同创新共同体的建设实现区域内城市的分工合作、资源互补，在大空间尺度下形成一体化的政策、市场空间，相对完整的产业创新网络，解决单个城市在创新型产业集群建设、大型创新基础设施配置不合理的问题，从而参与全球科技创新中心的竞争与创新大循环。

（2）政府力量在形成期的主导作用。

从以"大学—企业—政府"三螺旋模型为核心的创新系统范式阶段到扩展为"民间社会—大学—企业—政府"四螺旋模型的开放式创新生态系统范式阶段，政府均是创新活动的重要参与方。京津冀协同创新共同体特殊的地理位置、主要创新力量的构成以及区域内部城市间创新实力的悬殊决定了需要借助政府力量，重构创新力量的空间布局，打破现有区域创新协同的低效平衡状态。

政府主导的京津冀创新共同体建设模式，包含了"中央—三省市—基层"多层次政府治理体系，中央政府提供顶层发展战略、法律、制度、政策，营造区域一体化创新发展环境，通过建立雄安新区，彻底打破现有京津与河北的创新资源格局，利用行政力量改变共同体内创新要素自由流动导致的"虹吸效应"，为创新要素合理流动形成"耗散结构—新均势"；三省市政府在竞合博弈中不断调整自身的生态位势，动态优化创新空间格局；园区、区县等基层政府通过吸引外部的异质创新主体不断加入创新共同体，实现异质主体与原有创新主体的连接、合作，重组形成新的创新群落，扩大共同体的"创新基因库"，增加多样性，从而实现更高层次的动态演化。

（3）创新主体的共生共荣。

京津冀创新共同体是一个由创新物种、种群、群落、子系统层层嵌套的集合，层次之间通过创新价值链联系和贯通。企业、高校、科技服务机构、社会组织等创新物种通过知识、人才、资本流动形成复杂价值网络，在竞争性合作共生中演化发展成创新生产种群和创新应用种群，并沿交通干线和生态廊道聚集形成科技园区等一定空间范围内的创新群落。共同体内的创新主体共生发展，参与创新活动，共创价值，创新主体边际收益增加的同时实现了共同体总价值的增加。现阶段的京津冀协同创新共同体还处于低水平点到点的孤立连接阶段，通过雄安新区的建设，京津冀区域创新价值网络被打破，现有系统平衡性、稳定性遭到破坏，在调整、重构的过程中，通过创新主体与创新环境频繁地试错与应答，促进创新主体共生关系的优化，从而实现京津冀创新共同体的最适宜动态平衡状态。

（4）平台型企业与平台型组织的崛起。

处于"能量流"最顶端的"创新掠食者"企业是维系整个区域创新生态系统的关键物种。在开放创新的时代背景下，平台型企业与产业链、创新链参与者共同创建的整合、共创、分享、增值、外溢的产业组织将在京津冀创新共同体新经济发展与新动能培育中发挥越来越重要的作用。平台型企业通过改变原有产业内外分工与合作的格局，进而重构服务业内部、制造业内部、产业间的新一轮秩序或系统。平台型企业已经成为移动互联网时代、开放创新范式下，主导区域创新生态的组织形态，平台型企业自身已经成为区域创新投入产出的重要来源，开始影响区域创新的气质。平台型企业通过构建的开放式创新环境，支持创新链条关联企业实现核心价值创造，成为引领新经济发展的"独角兽"企业天然的孵化场所。根据全球企业研究中心发布的研究报告《平台型企业的崛起——全球调查》显示，北京有平台型企业30家，市值2460亿美元，分列全球第二位、第三位。在京津冀创新共同体建设中，平台型企业与平台利益相关者、生态合作者（大多没有产权关系，不是传统的企业并购）借助开放、整合、互动、共创、分享和溢出价值的平台，创造出"非组织的组织力量、非组织的超组织力量"，通过平台经济生态圈的构建推动京津冀区域产业一体化。

1.3 ▶ 京津冀协同创新共同体的建构

京津冀协同创新共同体是把京津冀作为一个创新的空间整体，旨在形成一个创新主体有效互动、创新要素顺畅流动合理配置、产业创新资源集聚联动、创新空间持续修补的大尺度跨区域创新生态系统。京津冀协同创新共同体是一个极其复杂的创新生态系统，同时也是一个极其复杂的经济社会系统。企业、高校、科研机构、服务机构、政府部门等参与创新的基本单元是这一创新生态系统的物种，每一类物种有机连接聚集形成种群，进而以科技园区、高新区等为载体的小区域形成了创新群落，各个创新群落通过知识信息传递、人才（资本）流动、统一市场、政策共享在京津冀区域形成了共生发展的创新生态系统。

京津冀创新共同体由要素功能层、物理空间层、创新治理层和文化价值层组成（见图1-1）。企业、高校、科研机构等创新要素在不同维度聚集形成"物种—种群—群落"的要素功能层；通过投影到科技园区、高新区等创新载体形成的创新廊道、创新圈构成了京津冀创新共同体的物理空间层；以推动区域政策一体化为目标，以新一代创新范式为导向的创新平台治理政策、技术联盟治理政策、创新生态治理政策、创新治理模式构成的创新治理层和以命运共同体为价值导向构成的文化价值层。系统中的创新有机体之间不再局限于原来的线性、链条式联系，而是基于创新的需要，以创新组织、物种、种群、网络等动态结构形成多层次的创新链接。各个主体在合作、竞争、模仿、学习中进行物质循环、知识传递和能量交换。

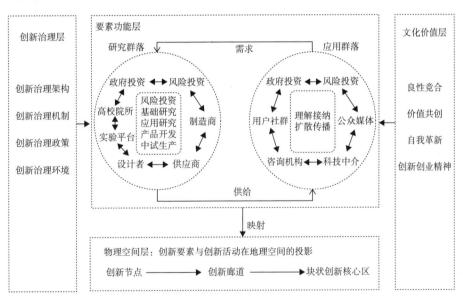

图1-1 京津冀创新共同体示意图

京津冀协同创新共同体是京津冀区域协同创新发展的目标。在这一发展过程中，京津冀协同创新共同体建设将经历从低水平协作—中水平协同—高水平一体化的发展阶段（见图1-2）。每一次创新共同体建设阶段的跃迁都是京津冀区域内三地不断博弈、寻求利益平衡的过程。京津冀三地博弈的结果有两种：一种是博弈失败，区域协同发展成为突变，三地均在博弈中获得负外部性；另一种是博弈成功，三地达成新的协同，从而实现协同发展阶段的跃升。目前，京津冀创新共同体正处于由低水平协作向中水平协同阶段的跃升过程。

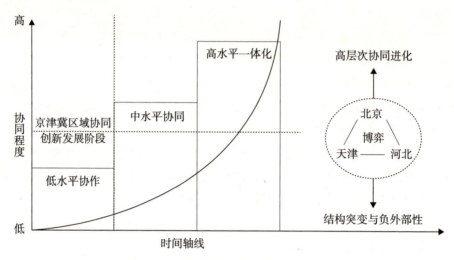

图1-2 京津冀创新共同体演化示意图

1. 要素功能层

基于生态学的基础理论与方法，京津冀协同创新共同体的要素功能层主要由企业、高校、科研机构等创新要素在不同维度聚集形成"物种—种群—群落"。其中，创新物种是指大学及研究机构、企业等创新主体和风险资本、专业性服务机构、行业协会、非正式社交网络等创新支撑要素。大学是创新系统中知识和人才的来源；企业则通过应用和开发研究推动产品和服务的生产与交付，并实施技术推广；创新支撑要素则为创新生态系统内的创新活动提供政策、信息、技术、服务等多方面的资源，从而保证系统健康地运转。创新种群是指创新主体或要素在一定的地域空间内集聚所形成的产业（或企业）的集合。随着技术的不断升级演化，创新生态系统会形成以不同核心技术为主导的产业（或企业）种群，种群内的引擎企业通常可代表该区域技术的领先水平；由于存在外溢效应、分担风险等优势，种群内中小企业通过协作能克服在创新中缺乏研发资金、技术等劣势，从而加快创新步伐。创新群落是指在创新种群的形成过程中，成功的企业就像"领头羊"，能集聚并带动更多企业跟进，从而在一定地域空间内形成由具有异质性和互补性的不同规模的创新型企业及关联机构集聚的群落（黄鲁成，2004）。不同创新群落在创新活动的内容、创新产出的能级等方面都存在着较大的差异；一般来说，创新群落的密度、丰富度、亲和度等数量特征可以反映创新生态系统的活跃程度。

京津冀协同创新共同体建立了京津冀创新要素的互动网络，同时包括产业链、创新链和服务链的融合和营造共同文化价值的升华。京津冀创新共同体的运行是知识的生产、扩散、积累、转移、传播和商业化应用的过程，需要建立创新要素互动网络，在形成创新物种、创新种群与创新群落的基础上，推动产业链、创新链、服务链和资金链的深度融合（见表1-3）。

表1-3　创新物种、创新种群与创新群落

第一个层面（物种）	企业（新创办企业、中小企业、平台型企业等）、高校、科研机构、政府、服务机构、行业协会等
第二个层面（种群）	产业种群、服务种群、资金种群等
第三个层面（群落）	创新群落

2. 物理空间层

熊彼特最早提出"创新不是孤立事件，不是在时间和空间上均匀分布，而是趋于结成集群"。创新活动并非随机地分布在全球各个地方，而是在以知识和经济为关键和要素的支撑下呈现出区域属性，即创新的地理集聚与集群特征。在信息技术全球普及的背景下，创新依赖的显性编码化知识越来越易于获得且综合应用效率不断提升，但隐性知识仍然是创新系统运转与正向绩效溢出的关键。区域聚集效益使得科研基础设施等创新硬件资源便于共享应用，创新人员、创新方法与创新知识等软件资源快速流动，在很大程度上促进了隐性知识集体学习和创新价值的涌现、溢出。隐性知识是创新面向区域聚集的主要动因，创新区域集聚又反过来加强了隐性知识区域内传播的网络效应。

京津冀协同创新共同体的物理空间层是创新要素与创新活动在地理空间的投影，以科技园区、工业园区、双创基地等为依托形成高密度、高浓度的小区域微创新生态，即创新节点。围绕区域内交通干线（特别是高铁）、生态廊道和城镇发展轴线复合形成创新发展廊道，在廊道中嵌入大量的创新节点，通过高可达性与均质化的立体综合交通网络建设，形成"北京—天津—雄安"围合而成的块状创新核心区以及创新辐射范围不断延伸拓展的外围创新廊道的物理空间格局。

3. 创新治理层

治理专指不同组织之间的协调机制或体制，创新治理就是政府为了实现公共目标，与学术界、企业界、社团组织等利益相关者，平等参与、协同互动、共同创新的契约管理过程。京津冀协同创新共同体的创新治理主要包括创新治理机制、创新治理政策与创新治理模式。创新治理机制包括区域协同创新机制（产业链协同创新机制、创新链协同创新机制、服务链协同机制、资金链协同机制），创新资源共享机制（大型科学设施与大型仪器设备的共享机制、创新主体的集群化自由组合与互动学习机制、创新系统的开放与链接机制等），利益分享机制，人才合作开发流动机制（技术对接和技术支援、人才流动机制），跨区域创新管理的治理机制（规划与年度计划、监督评价机制、创新的政策协同机制）。创新治理政策包括新的创新范式下围绕创新生态系统的新一代创新政策，京津冀创新共同体创新治理政策应当推动建立面向政策生命周期的全链条设计实施，开展政策模拟研究、注重政策协同、开展政策评估。创新治理环境主要是指为创新生态系统中各组成部分的正常运行提供必要的物质、精神及制度保障，其涵盖的内容既包括社会制度、法律体系、社会习俗与文化、社会网络等软性因素，也包括基础设施、技术与经济存量等硬性因素。这些因素会直接或间接影响创新活动的进行。因此，创新生态环境的选择、适应及改造对创新主体、群落及整个创新生态系统发展演化都至关重要。

4. 文化价值层

典型大都市圈创新系统都具有高度的地区和国家特色，作为创新主体的企业，其创新行为更具有浓厚的地域文化色彩。区域创新文化是区域创新生态系统的重要组成部分，是区域内价值观念、思维模式、行为规则、制度体系、精神氛围的综合。京津冀协同创新共同体文化价值层包括创业精神、创新意识、流动偏好、信用观念、合作意识、开放思维等方面。

创新要素、创新空间与创新治理是共同体建设的基础，创新文化是共同体富有生机的关键。通过创新主体与创新组织共同认同遵循的创新文化

（良性竞合与价值共创、自我革新与组织动态演化、创新创业精神等），促进创新要素在创新环境里以正确的方式集聚、融合，促使其相互连接、碰撞，从而发生裂变和反应，形成京津冀创新共同体的组织架构的动态演化与重组优化。

第 2 章

京津冀协同创新共同体总体战略与实践

2.1 ▶ 战略意义

京津冀区域经济科技合作起步于改革开放之初。随着合作的不断深入，社会各界对于京津冀区域一体化认识的研究不断深化。基于京津冀的科技要素禀赋优势，"协同创新"作为突破口和着力点成为协同发展的热点，并得到京津冀三地特别是中央的认可和重视。由于京津冀作为全国乃至世界罕见的科技创新资源聚集地，早在 2014 年，习近平总书记就提出并高度重视京津冀协同创新共同体建设，对加快京津冀协同创新共同体建设做出重要批示。2015 年 4 月，中共中央审议通过《京津冀协同发展规划纲要》，标志着京津冀一体化发展上升为国家战略，"打造协同创新共同体"成为京津冀协同发展的关键环节，对实现三地功能定位具有重要意义。

党中央、国务院召开了全国科技创新大会，建设世界科技强国的征程已经全面开启。京津冀作为唯一纳入全面创新改革试验的跨省级行政区域，京津冀协同发展，特别是协同创新面临新的形势、新的机遇、新的要求和新的任务。首都北京担负起建设全国科技创新中心的重任，天津市承担了建设全国先进制造研发基地和产业创新中心的任务，河北省承担了建设产业转型升级试验区等功能定位，在三地的功能定位中，科技创新是重中之重的环节，被赋予历史性使命。三地功能定位的实现离不开相互支持、相互合作。因此，加快建设京津冀协同创新共同体，形成区域产学研协同机制，是京津冀三地共同的需要，责任重大，任务迫切。

从发达国家区域增长极发展经验看，大都市圈创新中心能够发挥更大的辐射带动作用。从早期的英国伦敦地区到后来欧洲的大柏林地区、巴黎都市圈，再到美国加州湾区、纽约都市圈和日本东京都市圈，都无一例外地首先成为经济发达地区，并在一定条件下形成了辐射更大区域的创新中心。加州湾区的经济总量长期位列全球前十大经济体内，其核心腹地——硅谷，2013年上市公司总市值已突破 4 万亿美元，人均 GDP 更是接近 10 万美元水平。

从国际上主要科技创新中心的发展规律看，科技创新中心多拥有相对集中的大学和科研机构，且大多体现为一个大区域。从全球范围来看，创新活动并不是均衡分布的，而是相对集中在创新要素集聚的区域。例如，日本2013 年提出了建设国家战略特区的构想，其中就包括设立以"东京圈""关西圈"两大核心都市圈为代表的大区域等 6 个"国家战略特区"。特区将推动企业所得税、企业运营成本、产业和创新、人才引进等方面的改革，以促进日本经济发展。

加快建设京津冀协同创新共同体，有利于发挥政府规划引导作用，抓住新一轮科技与产业革命的机遇，最大限度地释放创新创业活力。政府主导的"规划建设"模式也是国际上建设科技创新中心的模式之一，以日本的东京都地区为代表。日本政府通过五次"首都圈规划"，将东京都市圈逐步打造成为以高端制造和现代服务相结合的、在亚洲地区首屈一指的科技创新中心。以色列的特色建制——首席科学家办公室，是发挥政府主导作用、促进创新创业的典型。以色列政府各部门一共设有 13 个科学家办公室，以贯彻落实国家科技发展规划，协调指导与该部职责有关的科技活动。另一个值得重视的规律是，科技创新中心的形成与科技革命紧密相关。例如，18 世纪瓦特改良蒸汽机，引发第一次技术革命，开启机械化时代，伴随着第一次产业革命，英国伦敦地区成为全球科技创新中心；又如，20 世纪中后期到现在，美国领衔了第三次技术革命，加州湾区一跃成为首屈一指的全球科技创新中心。

加快建设京津冀协同创新共同体，深入推进京津冀全面创新改革试验区，对京津冀在全国率先突破跨行政区域协同创新体制机制障碍，具有重要价值。京津冀跨省级行政区域层面深化改革，率先构建大区域共同市场，破解区域市场分割、创新市场要素流动不畅的长期痼疾，是我国全面深化改革必过的一道坎。通过先行先试，进一步释放改革红利，落实创新驱动发展战略，让京津冀的创新资源充分流动起来，要素活跃起来，效率提高起来，巨大的科技潜力充分发挥出来，在新技术与产业变革的重点竞争领域，培养先发优势

（作为一个大国，不能长期依靠模仿和后发优势）；同时，有利于形成"拳头"，在新一轮科技革命中参与国际竞争合作，特别是参与东北亚竞争的意义重大。目前世界的发明中心在向东方转移，中日韩内部的竞争也日趋激烈。

加快建设京津冀协同创新共同体，进一步深化京津冀产业与科技分工合作，是实现三地功能定位的重要切入点。三地功能定位，均与科技创新密切相关。这一方面说明区域转型发展必须大力实施创新驱动发展战略，走创新驱动发展之路。另一方面，京津冀的核心竞争力就是科技优势，京津冀真正的资源禀赋就是创新资源。京津冀协同创新有利于加快形成带动环渤海乃至中国北方地区经济转型发展的增长极。京津冀总人口约占全国的8%，聚集了全国大批高端创新资源，但地区生产总值仅约占全国的10%，进出口总额约占全国的15%。京津冀协同创新机制的真正形成，不仅对北京、天津、河北实现共同繁荣很重要，国家期望京津冀对环渤海地区乃至整个北方地区发挥更大的辐射带动作用。

加快建设京津冀协同创新共同体，对疏解北京非首都功能、加快北京建设全国科技创新中心、加快天津建设全国先进制造研发基地和产业创新中心具有重要意义。京津冀协同创新共同体的建设，在于区域协同创新机制、创新资源共享机制、利益共享机制、人才合作开发流动机制、跨区域创新管理的治理机制的真正建立和运行。这些机制一旦建立并能够顺利运行，人才、技术、资金、信息、企业、研发机构和大专院校这些创新要素将得以实现合理流动和再次分配。结合国家层面对京津冀三地定位的落实强化，创新共同体建设必将带动三地要素市场一体化、公共服务一体化和产业一体化的发展步伐，带动北京建设全国科技创新中心、天津建设全国先进制造业研发基地和打造创业创新中心的实现。

◢ 2.2 ▶ 战略背景

京津冀地区已成为我国北方最大的都市经济区，与长江三角洲、珠江三角洲并称为我国区域经济"三大增长极"。京津冀地区经济建设始终保持平稳、较快发展的良好态势，"十二五"期间，京津冀区域一体化进程明显加快，在基础设施一体化、区域产业升级、区域资源与市场整合方面均取得长足发展，三地经济持续平稳增长的同时，经济运行质量不断提高，区域经济增长速度平缓下降。

从 GDP 总量来看，2015 年京津冀三地 GDP 合计69 312.9亿元，占全国 GDP 总量的 10.2%。京津冀三省市中，河北经济总量最大，为29 806.1亿元，北京次之，为22 968.6亿元，天津最少，为16 538.19亿元；河北经济总量占到京津冀地区经济总量的 43%，北京占比为 33%，天津为 24%。

从人均 GDP 总量来看，2015 年北京、天津、河北人均 GDP 分别为 10.58 万元、10.9 万元、4.04 万元。2011 年以后天津人均 GDP 超过北京，而河北人均 GDP 则与北京、天津差距较大。北京、天津人均 GDP 为 1.6 万美元左右，而河北仅为 6066 美元，不足京津的 1/2。

从经济增长速度看，2015 年三地 GDP 增长率均呈下降趋势，天津始终保持三地中最高的经济增长速度，在 2010 年、2011 年、2012 连续三年 GDP 增速领跑全国，2015 年天津 9.3% 的增长率明显高于北京的 6.9% 和河北的 6.8%，天津在京津冀区域经济的比重将进一步增加。经济发展新常态在北京的表现最为突出和明显，以服务业为主的产业结构和以消费为主的需求结构已经确立，科技创新、文化创新已经成为驱动发展的新引擎，北京已经先于天津和河北进入经济增速换挡期。

从产业结构看，2015 年北京以第三产业为主，比重达到 79.7%，并呈明显的高端化趋势，第二产业占比仅为 19.7%，说明北京经济属于三产支撑型；天津第二产业和第三产业经济发展较为均衡，占比分别为 46.7% 和 52%，说明天津经济属于二产、三产双支撑型；河北第二产业占比较高，为 48.3%，第三产业为 40.2%，说明河北经济属于二产强支撑型。

从投资结构看，2015 年北京第三产业投资额为 7202.8 亿元，依然是最高，占比达到了 90.14%。天津三产投资高于第二产业，分别为 55.2% 和 44.1%。河北省第二产业投资要略高于第三产业，分别为 50.7% 和 44.4%。整体分析，北京三产经济最为发达，北京市第二产业发展正在趋缓，这与京津冀协同发展中北京产业外迁的大环境有关，北京第三产业发展则保持了稳定发展。而天津正处于二产向三产转型的过渡阶段，天津第二产业和第三产业整体保持了高速增长态势，但从发展趋势看，天津对第三产业的重视程度正逐步提高。河北依然以二产发展为主，其第二产业和第三产业发展均呈现加快态势，但从投资增速看，河北对第二产业的投资重视程度要高于第三产业，未来的发展重点依然是第二产业。

2.2.1 京津冀三地人才、科技和教育发展现状

在人才智力资源方面，截至 2015 年年末，京津冀现有常住人口 1.11 亿人（北京 2170 万人，天津 1546 万人，河北 7425 万人），各类人才资源 1300 多万人，区域内汇集了 2/3 以上的两院院士，是全国人才智力资源最密集的区域。人才资源总量上，北京 615 万人，天津 255 万人，河北 780 万人；人才占常住人口的比例分别为 28.3%、16.5%、10.5%。专业技术人才，北京 303 万人，天津 139 万人，河北 191.5 万人；高技能人才，北京 91.7 万人，天津 49.1 万人，河北 115 万人。高层次人才分布上：两院院士，北京 750 人，天津 36 人，河北 15 人；国家"千人计划"专家，北京 1486 人（不含中科院系统），天津 161 人，河北 36 人。

在科技投入方面，2015 年北京科学研究与试验发展（R&D）经费支出 1367.5 亿元，天津与河北分别为 496.2 亿元和 340 亿元，北京的研发投入相当于天津的 2.76 倍、河北的 4 倍。

在科技成果产出方面，2015 年北京专利申请量与授权量分别为156 312件和94 031件，其中发明专利申请量与授权量分别为88 930件和35 308件。全年共签订各类技术合同72 272项，技术合同成交总额 3452.6 亿元。2015 年天津全年受理专利申请 8 万件，其中发明专利 2.85 万件；专利授权 3.73 万件，其中发明专利 4624 件；年末有效专利 10.38 万件，其中发明专利 1.85 万件。拥有国家重点实验室 12 个，国家部委级重点实验室 49 个，国家级工程（技术）研究中心 36 个，国家级企业技术中心 45 个。全年签订技术合同12 590项，合同成交额 539.18 亿元，技术交易额 418.35 亿元。2015 年河北省建设省级及以上企业技术中心 481 家、工程技术研究中心 231 家、重点实验室 105 家。全年专利申请受理量44 060件，授权量30 130件；有效发明专利12 279件。

在教育资源发展水平方面，京津冀地区，尤其是北京和天津科教资源密集，其优势在国内是独一无二的。推进三地科教资源协同创新，不仅可以为京津冀协同发展提供有力的人才和技术支撑，更可为打造创新型国家做出有益的探索实践。

在基础教育、职业教育、继续教育领域中，京津冀也各有优势，特色鲜明：北京是全国最大的教育中心、科学技术研究基地，科研院所 360 家，居

全国第一，著名高校密集，全市每年获国家奖励的成果占全国的 1/3；天津在我国的职业教育发展中扮演着改革排头兵、先行者的角色，河北在基础教育均衡发展的特色方面也积累了一些独特的经验。

京津冀的优质高等教育资源份额远远超过了经济总量在全国的份额，在高等教育资源分布方面，京津冀共有普通高校 264 所，其中北京 91 所，天津 55 所，河北 118 所。其中北京有"211 工程"院校 26 所，"985 工程"院校 8 所，天津有"211 工程"院校 3 所，河北仅有 1 所。虽然从总体规模而言，河北地区高校数量占据优势，但每 10 万人口中各级学校在校生数却占不到北京、天津的 1/2；在校生数、招生数、毕业生数均显示，大量的本科人才集中于京津地区，专科人才则主要集中于河北地区；专任教师数河北地区与北京相当，但就平均每所高校的专任教师数而言，河北为 566 人，北京为 751 人，天津为 562 人，其中高级职称专任教师所占比重北京为 59.62%，天津为 46.35%，河北为 42.82%；就生师比而言，河北最高，北京最低。

2.2.2　京津冀三地协同创新发展现状

1. 京津冀三地政府间互动加快

2015 年 4 月，京津冀一体化发展上升为国家战略。

京冀合作方面：2014 年 7 月，天津和河北签署了《共同打造曹妃甸协同发展示范区框架协议》《共同加快推进市场一体化进程协议》等 6 项协议及备忘录，在重大项目落地、经济示范区建设、重点产业合作等方面做出了实质性部署。

京津合作方面：2014 年 8 月，北京和天津签署了《贯彻落实京津冀协同发展重大国家战略推进实施重点工作协议》《共建滨海—中关村科技园合作框架协议》《关于共同推进天津未来科技城京津合作示范区建设的合作框架协议》等 6 项协议及备忘录。其中交通、生态治理以及产业转移是京津合作的重点。2015 年 5 月，京津签署了《加强人才工作合作协议（2014—2017年）》。

津冀合作方面：2014 年 8 月，天津与河北签署了《共同打造津冀（涉县·天铁）循环经济产业示范区框架协议》《推动市场一体化合作框架协议》等 5 项协议及备忘录。2015 年 10 月，津冀签署了《推动人力资源和社会保障工作协同发展合作协议》。

在三地政府的积极推动下，京津冀合作发展逐步走向实质合作阶段。

2. 京津冀三地产业协作进展加快

京津冀三地产业对接协作，正从传统的农林、化工、机械、钢铁等部门，逐步向金融、科技和商业等领域扩展。第一产业的协同合作，主要体现为三地政府推动下的"农业企业+基地+科研机构"的合作模式，河北省是京津农业产品供应基地，同时也是京津食品、饮料企业的原材料生产基地。第二产业的协同合作，主要表现为三地跨区域的产业分工和联动同步发展。产业转移主要是京津的部分劳动密集型、资源密集型企业向河北各地迁移。区域内存在产业链双向延伸并呈现市场化的产业分工。2014 年，京津冀三地积极推进产业升级，高端产业发展态势良好。其中，北京高端产业引领特征明显：2014 年，规模以上工业中战略性新兴产业增加值同比增长 17.9%，对全市规模以上工业增长的贡献率达到 62.7%；金融业、信息服务业和科技服务业等高端服务业发展较快，三个行业对全市经济增长贡献率达到 50.5%。天津高端制造业贡献突出：2014 年，装备制造业产值对全市规模以上工业总产值增长的贡献率达到 43.0%。河北高端制造业发展势头较好：2014 年，规模以上装备制造业增加值增长 8.8%，占规模以上工业的 20.6%。第三产业的协同合作，主要表现在三地通过共建科技园区，共同推进科技成果转化、科技研发服务、共建公共技术平台等方面。自 2014 年以来，北京的企业在天津和河北的资项目分别达到 865 个和 6431 个，资金分别达到 2403 亿元和 5686 亿元。

3. 京津冀三地创新资源共享初见成效

对接合作稳步推进，辐射转移初见成效。2014 年，北京搭建产业疏解合作平台 30 个，推进产业疏解项目 53 个；中关村企业在天津、河北累计设立分支机构 1532 个。天津、河北积极推进三地承接协作。天津加快推进未来科技城、京津产业新城等 12 个承接平台建设，全年引进北京项目 538 个。河北从京津引进资金 3757 亿元，占引进省外资金总量的 51%。技术合作力度加大，研发投入较快增长。北京作为科技创新中心，对津冀科技辐射力度不断增强。2015 年，北京输出到津冀的技术合同共 3475 项，同比增长 9.4%；输出到津冀的技术合同成交额 83.2 亿元，增长 16.8%。2015 年，首都科技条件平台各成员单位服务河北企业 1088 家次，与河北企业签订联合研发、委托开发、检测测试、咨询等各类服务合同，合同总额 1.13 亿元，年度合同实现额

6019.43 万元。2015 年，北京流向津冀技术合同成交额 111.5 亿元，同比增长 34.2%，主要集中在城市建设与社会发展、电子信息、新能源与高效节能、现代交通和新材料等领域，成交额达 94.6 亿元，占北京流向津冀的 84.8%。同时，三地研发实力差距呈缩小趋势。2014 年，京津冀三地研发经费支出之比由 2013 年的 1∶0.36∶0.24 调整为 1∶0.37∶0.25。

4. 京津冀三地共建了一批大项目

京冀之间：2014 年，集高标准的全自动立体化仓储中心、交易中心、电子商务中心、维修中心于一体的北京汽配项目落户河北香河。2015 年，中关村创新中心落户河北保定高新区，13 家北京企业落户白洋淀科技城。2016 年，中国航天科工知识产权成果转化基地、区域轨道科技研发中心及 M-TOD 一体化成果展示中心项目纷纷从北京落户河北廊坊。北京市计算中心分中心项目落户河北黄骅。

京津之间：2014 年，清华大学高端装备研究院、中航发集团航材院、中科院自动化所落户天津东丽区。2016 年，京津冀协同发展国家大学创新园落户天津武清区。津冀两地启动天津自贸区河北曹妃甸片区建设。天津自贸区与北京、河北共同推动三地资质互认、征管互助和信息互通。

2.2.3 京津冀三地在协同创新方面存在的问题

1. 京津冀三地在落实国家重大方针、重大机制改革方面尚未形成合力

京津冀三地的协同需要国家层面的强力推动。在京津冀协同创新共同体建设进入实质性推动初期阶段，没有强有力的国家推动，京津冀协同发展很难迈出实质性步伐。京津冀协同发展的各类规划和设想接连出台，但许多都处于概念上、纸面上，涉及三地政府协同推动的机制、事项在设计时缺少明确的责任主体与后续的监督考核机制，导致了部分在宏观层面有利于三地一体化发展却与地方利益冲突的政策措施推动不力、落到实处较少。在涉及三地共同参与的大政策落实、大资源部署、大工程建设方面，缺乏统一政策导向的强制性力量（中央层面），三地政府的沟通协调制度化程度也比较低。因此造成了三地资本、技术流动活力与动力不足，阻碍了要素的流动和经济的进一步融合，尚未形成中央与三地联动的重大机制改革推动措施。京津冀三地国家管制力量较强，涉及三地协同创新的许多问题可能会涉及国家利益，受到国家行政干预多且力量强大，在财税分享机制、户籍改革制度等重大体制机制改革问题破解方面阻力重重。目前中央政府与三地政府已建立"一部三地"会商制度，但由于缺乏年度计划制订、定期核查与重大问题沟通机制，因此制约区域一体化市场形成、生产要素优化配置的深层次问题仍未找到好的破解途径。

2. 津冀两地在承接北京科技成果、产业转移方面能力不足

2015年北京仅3%的技术交易总额流向津冀两地。2015年北京技术合同达到72 272项，成交额达到3452.6亿元，但2015年北京流向津冀技术合同成交额仅111.5亿元，虽同比增长34.2%，但仅占2015年北京交易总额的3%。2014年北京流向津冀的技术合同分别为1376项和2099项，成交额分别为20.4亿元和62.7亿元。流向津冀的技术成果占北京交易总额的2.5%。津冀两地输出和吸纳技术能力相对较弱。2014年，津冀两地技术输出额在全国的排名分别为第7名和第22名。在吸纳技术方面，津冀两地的排名分别为第7名和第16名。尤其是河北，其技术源头的输出能力和技术吸纳能力更弱。北京的技术在珠三角和长三角优先得到转化。以中关村为例，2014年中关村流向外省市的技术合同，仅流入广东省的数量就超过了天津和河北之和的1.5倍。数据显示北京的科技成果流向了长三角和珠三角地区，而没有选择在地域邻近的津冀地区转化。以上充分说明津冀两地在承接北京科技成果、产业转移方面能力不足。

3. 京津冀三地之间创新要素流动不畅，创新效率不高

京津冀三地的创新资源主要包括以人才、技术、资金、信息、机器设备等为主的创新要素资源，以及以企业、研发机构、大专院校等为主的创新主体资源。流动是创新资源配置最主要的方式。北京对天津和河北的虹吸作用非常明显。以人才为例，北京大专以上学历人才是天津的1.5倍、河北的1.7倍。其中北京本科以上学历是天津的3倍、河北的1.5倍。在高层次人才分布方面，北京在地两院院士750人，是天津的21倍、河北的50倍；从国家"千人计划"专家来看，北京为1486人，是天津的9倍、河北的41倍；从人才载体建设分布来看，"211"全国重点高校北京有26所，天津4所，河北3所；国家级重点学科北京有262个，是天津的7.4倍，河北仅有16个重点学科。北京普通高校生师比结构最优，而河北普通高校生师比、在校研究生数等指标均不及全国平均水平。从三地企业的分布来看，依据《京津冀蓝皮书：

京津冀发展报告（2016）》中的内容，三地企业实力差距巨大，北京企业实力远高于津冀两地企业。在对京津冀三地44个市区县的综合测评中，北京的企业实力、企业活力和企业创新力，占据前10名中的7席。天津仅滨海新区和武清区进入前10名。企业实力方面，天津9个区县落入后10位。河北企业发展水平则处于中游，企业创新能力较弱。

4. 京津冀三地协同的体制机制问题有待进一步完善

京津冀三地协同创新方面，有以下几个方面的体制机制需要进一步完善。一是，京津冀三地由于持续沿用传统计划式资源配置方式，导致区域发展落差持续扩大。区域协同创新机制有待完善。二是，京津冀三地行政分割的财税体制和社会发展政策，阻碍了资本、技术、人才等创新要素的自由流动和优化配置。三地创新资源共享的机制需要进一步完善。三是，与长三角、珠三角地区的市场推动一体化发展不同，京津冀地区协同发展行政色彩比较强，三地产业转移过程中涉及利益的重新分配问题。三地的利益共享机制需要进一步完善。四是，人才作为推动三地协同创新的核心载体，京津冀三地人才在不同城市、不同地域流动，社保关系转续困难，同时也面临着户口、子女入学、收入落差、医疗保险、高房价等问题。如何建立三地人才合作开放流动机制，实现三地人才流动的互通互融，人才政策的互利互惠，人才评价互认互准，推进人才三地创新创业，是目前亟待解决的问题。

2.2.4　京津冀三地协同创新存在问题的深层次原因

1. 京津冀三地存在明显的产业技术梯度差，是导致三地不能形成协同创新态势的重要原因

三地产业发展阶段存在较大差异。从产业结构来看，2015年北京第三产业比重达到79.98%，呈明显高端化趋势，而天津、河北第二产业比重仍在一半左右；具体到城镇化率，京津冀三地城镇化率分别为86.4%、82.3%和49.3%。综合第三产业发展比重和城镇化率来看，北京已进入后工业化阶段，天津处于工业化阶段后期，而河北尚处于工业化阶段中期。三地主导产业存在较大差异。北京第三产业比重较高，已步入以服务经济为主导的阶段；天津第二产业占主导，在技术资金密集型的研发制造业发展方面具有优势；河北第二产业占主导，且以资金、资源密集型产业为主，而且第一产业依然占有重要的地位。三地存在明显的产业和技术梯度。根据《中国高技术产业统计年鉴 2015》统计，2014 年京津冀三地高技术产值分别为 4151.6 亿元、4282.5 亿元和 1508.7 亿元。依据联合国工业发展组织（UNIDO）提出的产业结构相似系数来测算京津冀三地高技术产业结构相似度，京津两地高技术制造业产业相似度为 0.67，京冀两地产业相似度为 0.55，津冀两地产业相似度为 0.43。由此可见京津居于高梯度，河北居于低梯度。京津两地高新技术产业相似度稍高，而京冀、津冀的相似度稍低。但分行业比较，京津、京冀和津冀之间存在不同的梯度差异。三地的产业间存在的梯度差异，导致京津冀三地产业不能形成竞争合作优势。津冀两地产业配套能力较弱。以在北京注册的小米科技为例，其 12 家配套公司中，有 9 家来自珠三角地区，深圳就占了 7 家，剩下 3 家也来自南京、厦门和洛阳。但总的来看，京津的技术和资金密集型产业占优势，河北的劳动和资源密集型产业占优势，最终将会形成京津冀产业梯度转移的动力。

2. 京津冀现有体制和机制障碍，是导致创新要素在三地流动不畅的重要原因

三地政府缺少促进创新要素流动的顶层总体设计方案。目前京津冀三地政府已经开始在医疗、交通、电信等民生领域启动一体化机制设计，还未延伸到资本和技术交易、排污权市场等领域。由于科技合作需要三方主体的参与和密切分工的网络系统，需要人才、资金、成果等要素自由流动，所以在京津冀科技合作的政策设计方面，单一政策很难有效推动京津冀科技合作的快速发展，需要三地的顶层总体设计方案。此外，三地职能部门间的定期联络机制未建立，缺少跨省域的专项规划。"分灶吃饭"的现有财政体制制约要素跨区域流动。现有财政体制、政府政绩和发展成果考核评价以及官员考核晋升体制决定了三地政府为了税收、就业等，激励吸引科技资源集聚而非流出，这也是造成三地现有科技资源存量极不均衡的主要原因。区域内福利水平和公共服务水平差异阻碍了高端人才的流动。京津冀三地公共服务差异明显，北京良好的经济人文环境、教育医疗环境对天津、河北的人才产生了虹吸效应。妨碍区域统一市场形成和公平竞争的各种规定和做法仍存在。三地在市场准入标准、安全管理与监督、检验检疫等方面存在资源要素自由对接对流的限制性规定。一批产品在京津冀三地市场流通，需要经过三轮检验，无形中增加了企业成本。在经济要素流动中，还存在政策抵触的现象，比如高校老师从北京到天津，户口就必须转入天津，不利于北京高端人才向津冀两地的流动。

3. 京津冀三地高端创新载体发展不平衡，是导致三地难以形成合理产业分工体系的重要原因

京津两地先行先试的创新载体建设集中。北京拥有全国排名第一的中关村国家自主创新示范区。天津拥有滨海国家自主创新示范区和设立在滨海新区的天津自由贸易试验区。河北高新区数量较多，但整体排名不及京津两地。河北拥有国家级高新区 5 家，比北京、天津两地高新区总和还多。但依据2016 年科技部关于 115 个国家级高新区的排名，北京中关村居第一位，天津和河北的高新区基本居于 15 名之后。新型孵化器运营也是北京拔得头筹。截至 2014 年京津冀三地国家级科技企业孵化器数量分别为 37 家、30 家和 13家。截至 2015 年年底，京津冀三地国家级众创空间分别为 27 家、20 家和 0家。北京中关村创业大街蜚声海内外，天津的众创空间尚没有形成鲜明的特色和发展模式。津冀两地市场主体数量相对北京较少。2015 年年末，河北省石家庄市的市场主体（包括内资企业、外资企业、个体工商户和农民专业合作社）为 56.1 万户；天津全市拥有市场主体总量达到 70.58 万户，天津同比增长 18.5%，但仅为同期深圳（214 万户）的 1/3 不到，为重庆（194 万户）的 36.4%，上海（191.49 万户）的 36.9%，北京（186 万户）的 38%。津冀两地企业创新创业不如北京活跃。北京科技型企业数量是天津的 4.8 倍、河北的 13.4 倍。而 2016 年 1—5 月北京仅科技型企业数量就增加 3 万家，超过河北省科技型企业数量的总和。北京、天津和河北高新企业数量分别为12 380家、2200 家和 1200 家。北京、天津和河北的高技术企业数分别为 782 家、585 家和 504 家。2015 年京津冀三地申请专利分别为 15.63 万件、8 万件和4.4 万件；2015 年，通过认定的国家创新型企业天津有 17 家，河北有 11 家，北京有 85 家。津冀两地创新型企业数量不足北京的一半。作为新经济代表的独角兽企业，2015 年北京拥有 40 家，津冀两地则为零。由此可见津冀两地企业的创新创业活力不如北京。

4. 京津冀三地经济实力落差大，是导致三地公共资源配置不均的重要原因

河北 GDP 总量最高，人均 GDP 在三地中最低。2015 年，京津冀三地GDP 合计 69 312.9 亿元，占全国 GDP 总量的 10.2%。其中北京 GDP 为22 968.60亿元，天津为 16 538.19亿元，河北为29 806.1亿元。河北人均 GDP

为 4.04 万元，北京人均 GDP 为 10.58 万元，天津人均 GDP 为 10.90 万元。三地 GDP 增速天津最快。2015 年天津同比增长 9.3%，北京同比增长 6.9%，河北同比增长 6.8%。公共财政预算收入北京最高。2015 年北京公共财政预算收入为 4723.90 亿元，河北公共财政预算收入为 2648.5 亿元，天津为 2666.9 亿元。北京公共财政预算收入是天津、河北的 1.8 倍。北京全年研究与实验发展（R&D）经费支出远高于津冀两地之和。2015 年北京全年 R&D 经费支出 1367.5 亿元，占当年 GDP 总量的 5.95%；天津全年 R&D 经费投入为 510.8 亿元，占当年 GDP 总量的 3.08%；河北全年 R&D 经费支出为 340.0 亿元，占当年 GDP 总量的 1.14%。

5. 京津冀三地在政策制定和落实方面依然存在落差，是制约三地协同发展的重要原因

从国家层面来看，支持京津冀三地发展的政策也存在一定程度的不平衡。一是宏观层面政府间跨区域的协调机制需要完善。三地应建立统一的区域发展及战略规划、区域政策法规体系等。二是中观层面的利益共享与补偿机制需要完善。包括三地共享科技协同创新成果和利益分配，区域间的转移支付，涉及环境问题的生态补偿等。三是微观层面多主体（各政府部门、社会主体、创新主体）共同参与的协同创新规则需要完善。从地方层面来看，三地政策也存在较大的落差。以人才政策为例，北京的科技人才政策因其具有独特的区位优势，具有反应速度快、科技政策体系完善的特点。政策的实施有助于中关村科技创新能力的提升，形成全国创新创业示范中心；天津的人才政策具有普惠性，尤其是科技人才创新创业丰富，同时具有大量创新创业配套政策；河北的人才政策存在指导性政策偏多，实施和配套政策少，人才规划缺乏与创新创业政策规律的拟合性，多为确认类政策。如何在京津冀协同发展的背景下，实现三地科技人才政策的协同，合理规避三地人才的竞争关系，突破利益藩篱走向共赢，是三地亟待解决的问题。

2.3 ▶ 重点任务

1. 实施重点产业协同培育工程，打造世界级高技术群落

结合三地发展定位与产业布局特点，理顺产业发展链条，推动产业转移对接，形成区域间要素流动更加合理、优势互补、分工协作、协调发展的产业格局，在航空航天、集成电路、海洋工程、新能源汽车、高性能服务器等产业领域，沿津京科技新干线一带，打造具有全球影响力的特色优势高技术产业群落。

加强京津冀产业协作顶层设计。在产业总体发展规划的基础上，编制重点产业协同创新路线图及行动计划，凝练重点协同的创新产业链、重点攻关项目等。根据三地创新要素分布情况、重要创新节点的对外辐射情况、不同产业和区域创新需求情况、区域之间产业之间创新协同情况，制订出产业协同创新的前期行动方案和后续推进计划。

搭建跨区域产业创新战略联盟。围绕智能硬件、新能源汽车等重点细分产业链条重大技术创新需求，建立以大企业和领军企业为龙头、产学研紧密合作、利益分配机制完善的产业技术创新战略联盟；以联盟为载体，打造上中下游配套协调、发展高端的产业技术创新布局；重点把一些重大科技项目委托联盟组织实施，形成以项目为纽带、以科技成果产业化为目标的优势互补、利益共享、风险共担的联盟合作机制。推进京津冀科技服务联盟建设，建设大型科学仪器设备设施协作共用网，组建京津冀技术交易联盟、京津冀科技服务业联盟和京津冀知识产权服务联盟。

聚焦重点产业技术创新方向。在先进制造、现代服务业等重点领域，积极对接北京市创新资源和科技成果，主动向河北省延伸产业链条，实现产业联动发展。培育发展新兴产业，加快高端装备制造、新能源汽车、生物医药等产业重点核心关键技术联合攻关与产业化。促进新业态大发展，建设大数据、云计算、物联网等设备生产基地，协同推进"京津冀大数据走廊"建设，开展跨界融合创新，促进智能设计、众创研发、协同制造等产业组织模式创新。推动传统产业转型升级，加大对钢铁、化工等传统产业生产技术、工艺流程、能源利用等方面的技术协同攻关与应用示范，支持津冀（涉县·天铁）循环经济产业示范区、环渤海石油海洋化工产业带建设。促进现代服务业发展，依托天津国家自主创新示范区科技服务业试点建设，推动科技服务业、新兴服务业和文化创意产业发展，提升区域服务业核心竞争力。

探索科技型中小企业跨区域发展路径。打造小巨人企业升级版，建设科技型中小企业创新创业示范区。着力提升小巨人领军企业创新能力，支持企业加大研发投入力度，引进、购买科技创新成果，开发竞争力强的新技术和新产品、"杀手锏"产品，支持科技小巨人领军企业建设专业孵化平台，支持裂变式创业、平台型企业发展。加强与京冀两地的合作，重点支持天津企业与京津冀高校和科研院所建立共同开展技术研发、成果转化等持续创新的新机制；面向京冀进一步总结、推广培育发展"小巨人"企业的成功经验，实现三地小企业"铺天盖地"和大企业"顶天立地"创新节点分布图。

2. 实施产业创新载体共建工程，布局跨区域科技园区链

天津推进区域创新资源互联互通和开放共享，以五大创新社区建设为引领，围绕自主创新示范区"一区二十一园"和自贸区等区位优势明显、创新资源密集、特色产业突出的地区，吸引京冀两地园区运营主体共同参与，打造具备完善创新教育、技术研发、技术转移、创业孵化、居住配套等综合服务功能的区域创新高地，参与共同新建一批科技园区和创新社区，构建京津冀科技走廊，打造区域产业创新承接载体，实现跨局域科技园区链的合理布局。

天津与北京中关村高水平共建武清区、北辰区、宝坻区、东丽区、滨海新区 5 个创新社区。支持三地高新区、高新技术产业基地融合发展，构建高新区联盟，整合高新区内人才、技术和资本，打造优势产业集聚区。探索自贸区支持曹妃甸协同发展示范区的发展措施。

借鉴中关村创新创业发展模式，推进天津众创空间的发展。加入京津冀三地孵化器联盟，积极与京津冀创新创业孵化服务等专业资源对接交流，加强与中关村创业大街的创客空间、车库咖啡等合作，将北京的"众创空间"发展模式延伸到天津。完善中关村—武清新型科技企业孵化器试点建设，鼓励北京知名孵化器品牌运营机构来天津建设和运营众创空间，将首都的管理经验和运营模式在天津复制共享；鼓励天津有条件的众创空间向河北输出众创空间的管理模式和运营经验。

3. 实施科技服务资源共享工程，促进创新要素深度融合

推动一体化技术交易服务平台、公共技术支撑大平台、大型科研基础设施平台的建设，促进高端研发机构、创新创业服务机构和社会组织等各类机构提供专业化服务，实现三地人才、技术、资本等创新要素的高效流动。

建立统一开放的技术交易市场。树立成果大转化的新概念，依托北方技术市场等骨干机构，天津与北京开展多种形式的科技成果转化对接服务，包

括北京一次创业、天津二次创业，开展京津冀之间专利技术的许可、转让、转移，合资合作转化等。整合集成现有成果转化服务机构或平台的资源，建设信息共享、标准统一的技术交易、技术转移与成果转化服务大平台。

推动产业综合创新大平台建设。整合创新链资源，尤其是首都创新资源，以促进科技成果研发、转化、产业化为目标，重点围绕天津集成电路、高端装备制造、创新药物等优势产业链，集中力量建设天津清华先进制造研究院、天津北大信息技术研究院、集成电路产业技术研究院、工业机器人研究院、天津市海洋工程装备协同创新中心、直升机产业研究院等20家产业综合创新大平台，把创新前端的基础研究、前沿研究，中端的关键技术和共性技术的研发，后端的应用研究、规模化生产整合成一个有机整体，加速四链融合。

建设大型科学仪器设备设施协作共用网，促进区域内科技资源开放共享。推动天津各类大型科学仪器纳入京津冀大型科学仪器协作共用平台。积极推动建立京津冀科技创新平台联盟和京津冀大型科学仪器设备资源共享联盟，实现"天津市仪器共享服务平台""首都科技条件平台""河北省大型科学仪器资源共享服务联盟"的互联互通和相关资源的共享共用。完善"天津科服网"网站建设，以"天津科服网"为载体，率先整合天津层面的科学仪器、创新创业、科技咨询、公共信息服务、技术研发、检验检测、知识产权等各类服务提供商于"天津科服网"，实现各类创新资源的在线聚集。以科研设施与仪器国家网络管理平台为依托，进一步完善京津冀区域科研创新环境，积极开展科技服务。探索建设先进制造技术硬件资源共享平台，面向企业开放共享。

推进协同科技创新平台建设。依托国家中药研发中心，由天津中医药大学联合北京地区的相关大学、科研院所和企业，建立中药研发协同创新平台，开展中药大品种技术升级。依托国家医疗健康大数据中心和医学基因组研究与服务中心，由国家超算中心天津中心会同北京相关创新主体，建立医疗健康大数据、医学基因组学协同创新平台。依托北方医疗中心建设建立医疗技术协同创新平台，建成符合国际标准的医学康复中心和北方医疗基地。推动新型研发组织建设，探索新型研发组织建设的组织模式和运行机制。积极对接国家制造业创新中心建设工程，争取在天津设立国家制造业创新中心，提高系统集成能力。共同建设一批协同研发机构，如国家重点实验室、国家工程研究中心、国家技术转移中心、院士工作站等。建设京津冀重点实验室联盟，在天津加快形成具有国际影响力的知识创新体系和应用研究开发体系。

推动创新创业资源集聚区建设。以天津大学、南开大学、津南海河大学城、西青高校区、静海团泊洼高校区及科研院所密集区为重点构建京津冀创新创业资源集聚区，形成面向三地开放的科技服务市场。积极承接首都外溢科教资源，推进武清高教园区建设，形成新的科教资源密集区。

4. 实施开放创新发展工程，联手京冀融入全球创新网络

落实《京津冀国际科技合作框架协议》，建立和完善合作机制，充分利用和共享中国（北京）跨国技术转移大会等国际创新合作平台，进一步对接国际创新资源和渠道，推动国际创新项目成果在京津冀地区落地。

共同吸引集聚国际创新资源。紧抓天津自创区与自贸区建设机遇，探索实践国际科技合作新模式。联合京冀共同建设面向海外创新主体的集中咨询、一门受理、联动办理的便捷高效服务平台；促进创新资本跨境流动便利化，协助企业开展境外借款试点工作。实施企业"走出去、引进来"战略，鼓励天津的企业积极与京冀两地企业联合，并购国外公司、技术；支持有条件的大企业与海外跨国公司结成战略联盟，开展高端技术研发合作；扶持中小企业开拓国际市场和开发新产品；在科技资源密集区域，鼓励以并购合作共建等方式建立研发中心，面向海外配置科技资源，跟踪国际前沿技术，提高科技创新效率。支持企业在美欧等技术源头所在地，采取合资、合作或独资等形式，设立海外研发机构，组建海外研发团队，突破前沿核心技术。

打造对外科技交流合作平台。以构筑京津冀科技新干线为核心，围绕新一代信息技术、高端装备制造、新能源新材料、生物医药、航空航天等重点产业，培育建设一批国际化、开放型的创新载体平台。支持共建中外科技产业合作园区，提高天津相关产业发展水平；依托科技外交官服务平台，搭建对外交流合作渠道，实现从国际先进技术推介、项目信息评估、供需对接、市场调研等多形式全链条国际技术转移服务的有效对接。鼓励天津的相关单位与国外知名高校、研发机构、高科技企业开展技术研发及产业化合作，在津设立国际联合研发中心、国际科技合作企业等，进一步聚集国际创新资源、推进海外创新投资、促进技术转移产业服务化发展。

借势"双创特区"的发展，搭建国际技术转移服务平台。充分发挥天津"双区联动"优势，围绕三地产业发展和技术转移需求，在天津"双创特区"（中心商务区）启动国际技术转移服务网络的建设工作。重点支持"天津科技

成果转化交易市场"的建设，支持其搭建国际科技合作的战略研究平台、资源信息服务平台、沟通交流服务平台和政策法规服务平台，为科技型企业开展跨国技术转移提供全方位服务。同时探索在双创特区聚集跨境创新资源、开展跨境技术研发活动和吸引国外高水平技术转移人才的发展模式。

5. 实施人才聚集工程，推进人才无障碍流动与跨区域创新创业

推动三地人才协同的顶层设计，加紧制定京津冀人才协同发展规划纲要。在京津冀协同发展背景下，以疏解首都功能为重点，以带动京津冀协同发展为目标，制定京津冀人才协同发展规划。推动三地跨行政区人才协同发展，同时推进三地各自区域内部的人才战略实施。

共建共享区域人才平台。共同出资建立区域统一、权威的人才网站，集三地产业布局、产业动态、各级各类人才政策、人才需求信息、人才项目申报、创新创业基地、公共服务事项办理、生活服务等一体化的人才服务综合平台，实现三地人力资源市场信息互通。针对三地技能人才培养特点，整合培训资源，推动特色技工院校和培训基地建设。充分发挥天津高技能人才培训基地作用和已经成型的技能人才的培训包，推进市场化运作；通过项目形式支持在河北环京津22个贫困县各建立一所培养初、中级职业技能人才的培训基地。建立京津冀各类培训基地的优质培训渠道目录及相关档案，互通信息。

建立海外人才共引平台。重点支持京津冀联合开展引才活动，组织三地海外高层次人才交流对接会，将其纳入人社部海外赤子服务计划；推动三地联合组织京津冀引进海外人才智力网上交流洽谈会，打造京津冀高端海外人才引进平台。

探索人才政策互利互惠。推进三地人力资源市场从业资格证书互认机制，在法律法规许可的范围内，简化互设分支机构的程序。统一人力资源市场准入制度，统一人力资源市场监管制度，推动人力资源服务标准化、规范化建设。加大区域人才合作的深度和广度。建立鼓励公务员、专业技术人才积极参与京津冀区域内挂职锻炼和对口支援项目，在晋升职务、评定高级职称时将基层服务作为必备条件。为河北省艰苦边远地区公务员、专业技术人才提供交流机会。

建立高端人才资源共享体制机制。建立海外专家资源共享机制。加快国内高层次人才智力资源的共享，建立京津冀区域高端人才数据库，统计三地工作两院院士、高校博导等高层次人才信息，根据三地需求，策划组织高层次专家服务基层活动。

建立和完善互促互进的人才创新创业政策体系。将北京中关村高新技术园区的人才创业优惠政策、天津滨海新区的人才政策复制到河北曹妃甸自主创新区，建立京津冀区域性人才高地。建立京津冀海外人才创新成果交易平台，配合人社部定期组织以"千人计划"专家为主的京津冀高层次留学人员推荐其创新成果，帮其对接融资、产业化等专业机构，为三地创新项目的成果转化创造条件。

6. 实施金融创新改革示范工程，推动三地资金链条互融互补

落实天津在京津冀协同发展中的"金融创新运营示范区"定位，构建现代金融产业发展新体系。完善科技创新投融资体系，充分发挥财政资金引导放大作用，吸引北京、河北更多社会资本投资科技型中小企业，完善全链条科技金融服务体系。建立科技金融合作平台，发展科技金融服务业，完善科技信贷、创业投资、科技保险、融资租赁等多功能、多层次的科技金融服务体系。

联合推动科技金融政策对接与创新。推动天津滨海新区先行先试金融政策体系与北京中关村的对接互动。联合开展扩大促进创业投资企业发展有关的税收政策、保险资金投资创业投资基金、科技保险奖补机制、再保险制度和专利保险等试点，打造良好的区域科技金融创新服务体系。

搭建一体化多层次融资体系。设立京津或京津冀创业投资引导基金，引导更多民间资本进入创业投资。支持和促进地方性引导基金规范设立与运作。简化运作模式，提高运作效率。放宽投资领域限制，提升引导基金吸引力，仅以主要支持中小企业为政策取向。拓宽创业投资资本来源。允许保险资金投资产业处于成长期、成熟期企业或者战略性新兴产业企业。设立京津冀科技成果转化投资金，通过国家科技成果转化引导基金支持地方政府、民间设立科技成果转化创业投资子基金，联合地方政府共同开展风险补偿工作。推动成立京津冀天使投资联盟、创业投资协会等，促进联合投资。

发挥融资租赁的辐射效应。鼓励有条件的企业通过申请设立外商投资融资租赁公司或内资融资租赁公司直接开展融资租赁业务，实现产业资本和金融资本的有机结合。鼓励合作的融资租赁企业为区域内企业提供融资租赁业务，政府给予一定额度的补贴。鼓励融资租赁企业与产业技术联盟等建立紧密合作关系，根据战略性新兴产业领域创业企业的需求，不断开展产品创新和服务模式的创新。鼓励融资租赁企业探索开展融资租赁与创业投资相结合、租赁债权与投资股权相结合的"创投+租赁"业务，为企业提供融资、管理等综合服务，不断拓宽服务领域。

7. 推动知识产权强市建设，促进京津冀知识产权协同

按照资源互享、政策互惠、市场互通、功能互补、融合互动的原则，推动形成京津冀知识产权协同发展局面。完善天津市与国家知识产权相关部门的部市会商机制，围绕知识产权关键环节开展深层次合作，推动知识产权要素资源集聚，探索知识产权服务经济发展新机制，加快知识产权强市建设。加快推进国家知识产权局专利局天津审查中心建设，发挥人才、信息优势，建设知识产权实践基地，发挥审查员服务区域的重要作用。加强天津市与国家知识产权局、北京市知识产权局、河北省知识产权局间的"一局三地"协同发展，建设京津冀知识产权交易市场，搭建区域知识产权人才信息共享平台，共同围绕重点产业领域开展专利信息分析和专利预警，建立京津冀知识产权保护协同联动机制，为促进区域创新驱动发展提供知识产权支撑。

探索建立京津冀可以率先建立跨行政区域的知识产权法院，进一步完善跨区域的执法机制，加强跨区域知识产权保护。参与京津冀三地知识产权流转、交易一体化平台建设，依托华北知识产权运营中心联合中国技术交易所，整合三地资源，以资本为纽带，联合已有的交易市场，建立综合性知识产权运营平台，形成跨区域的知识产权中介服务体系。促进三地开放知识产权服务市场，共同培育知识产权服务业，在政府服务采购等措施方面实现对京津冀区域内的服务企业同等对待，共同培育区域服务市场，逐步形成服务水平高、规模大的知识产权服务产业。

2.4 ▶ 战略路径与措施

2.4.1 国家层面

京津冀作为唯一的跨省级行政区域全面改革创新试验区，其发展方向明确，但是需要中央在促进三地定位实现、共同设立省部协同创新专项基金、建立年度计划和巡查机制、推动创新资源自由流动、支持三地进行创新改革、利税分配改革等方面给予支持。

1. 支持京津冀三地定位的实现

京津冀能够协同创新的基础在于三地的科技要素禀赋优势。在三地定位中，北京打造"科技创新中心"，天津建设"全国先进制造研发基地"，河北建设"产业转型升级试验区"，都离不开国家层面对三地的支持。天津将率先推动三地建立起资源共享、优势互补、分工协作的协同创新体系和体制机制。天津将通过积极推动天津国家自主创新示范区建设、推进天津与河北共建的涉县·天铁循环经济产业示范区、津冀芦台协同发展示范区建设等方式，支持北京科技创新中心、河北省产业转型升级试验区的建设。借助"全国先进制造研发基地"建设，天津将积极打造研发机构集中、企业活力迸发、成果转化高效、创新环境开放的全国产业创新中心。在国家层面，一是希望推动重大科技基础设施（如大型科学装置、国家实验室）、重大产业创新平台（如国家创新基地、国家制造业创新中心、国家技术创新中心）等在天津的布局力度；二是希望支持天津"中国制造2025"区域示范基地建设；三是支持天津开展龙头企业创新转型试点；四是支持天津在生物医药、高端软件与新兴信息服务业、海洋工程装备制造等领域开展国家战略性新兴产业试点建设。

2. 加强三地统筹协调保障机制

由京津冀协同创新共同体工作领导小组定期举办跨部门、跨区域高层联席会议，研究决策京津冀协同创新共同体建设的重大事项，推进三省市在创新驱动发展相关规划、政策和重大项目、重大工程的统筹联动。发挥国家发展改革委、科技部等相关部委对京津冀创新共同体建设工作统一部署、协调督办的作用，构建京津冀三地政府间的统筹协调机制。建立并完善年度工作计划机制和审查机制，由京津冀协同创新共同体工作领导小组委托第三方评估机构对三地上报的年度工作计划执行情况开展评估，强化对创新政策实施情况的跟踪和分析。明确各项工作落实的责任主体，建立京津冀创新共同体工作推进巡查制度，完善相关激励与考评机制，总结各地工作开展中的经验和问题，注重三地间政策的衔接。

3. 共同设立京津冀协同创新专项资金

充分发挥"集中力量办大事"的制度优越性，利用部分中央对京津冀三地财政转移支付中用于科技发展的财政经费，与财政部、科技部、发改委等中央部委共同设立"京津冀协同创新专项资金"，根据产业创新需要和市场需求，实现专项资金的共同设立、共同使用，进一步完善跨区域组织实施关键技术研发和攻关机制。专项资金主要用于支持三地高端科技智库建设，搭建高水平产业研究院、专业化科技服务平台，共建高科技园区；支持企业开展重大科技项目联合攻关、科技成果三地自由转化、促进高端人才在三地的聚集和自由流动等方面，为京津冀开展创新合作提供有力的资金支持。专项资金打破财政资金不能跨地区使用的限制，推进跨区域园区建设、重大项目工程实施、高端人才流动等创新活动的开展，提高三地自主研发和承接成果转化的能力。

4. 促进三地创新要素流动

京津冀三地的协同发展，在于三地能够破除各种制度性障碍，推动三地各类要素资源的自由流动和优化配置，逐步实现京津冀区域创新资源的市场化流动。天津将积极推进相关政策的落实，促进北京原始创新、天津研发转化、河北推广应用的衔接，推动创新链与产业链在京津冀协同创新中的深度融合，为全国提供可复制的经验和模式。在国家层面，一是希望国家能加强重点科学领域资源整合，提升科研设施聚集优势，促进国家重大科技基础设施等创新平台向天津开放。二是希望能推动三地的战略规划、政策体系、管理体制等方面的统筹协调和融合互动，促进京津冀三地创新激励政策融通共享。三是推动三地的国家自主创新示范区、自由贸易试验区、国家级高新技术产业开发区、国家级经济技术开发区等政策互享。四是推动三地创新人才的自由流动。建议国家层面尽快出台统一的人力资源市场管理条例，建立统一的人力资源市场管理制度。完善高端外籍人才在三地自由流动政策，建议由人社部、外专局协调公安部、外交部，促进实行三地高端外籍人才工作、居留证件互认。协调平衡三地高考录取制度、户籍制度、统一社保制度等，构建技术、人才、资本、科技企业等创新资源在流动方面形成自由畅通流动机制的宏观制度环境。

5. 全面支持京津冀创新政策先行先试

作为全国系统推进全面创新改革试验区中唯一的跨区域试点地区，京津冀要充分发挥全国科技创新中心的辐射带动作用，依托中关村国家自主创新示范区、北京服务业扩大开发综合试点、天津滨海国家自主创新示范区、中国（天津）自由贸易试验区、石（家庄）保（定）廊（坊）地区国家级高新技术产业开发区及国家经济技术开发区政策的先行先试经验，全面推动京津冀协同创新共同体建设中创新政策的先行先试，建设成为引领全国、辐射周边的创新发展战略高地，打造中国经济发展新的支持带。在国家层面，天津希望在以下几个方面开展创新政策先行先试：一是，在支持建设全国先进制造研发基地方面，支持天津建设"中国制造2025"区域试点示范基地，结合天津的"小巨人"升级版计划，探索政府支持企业技术创新、鼓励创新和商业模式创新的新机制；二是，在健全市场配置创新资源方面，支持天津推进知识产权支撑和服务平台建设，建立知识产权风险补偿机制，探索支持多种所有制形式的新型产业技术研发机制；三是，在完善金融创新服务体系方面，推动融资租赁业政策创新、制度创新和业务创新，支持天津建立京津冀区域再保险中心，开展投贷联动试点和中长期国际商业贷款等跨境融资业务；四是，在探索天津自贸区支持科技创新机制方面，支持建立 APEC 绿色供应链管理机制，创新跨境电子商务海关和检验检疫监管模式，扩大期货保税交割区域范围及品种。

6. 探索区域利税改革分配试点，破解区域发展难题

以利税分配改革作为突破口，协调区域税收利益，全面优化三地税收征管、税收执法、纳税服务、税收科研等方面合作，探索一个完善的利益共享机制为三地产业对接创造制度优势，为京津冀一体化发展提供动力。

实施创新驱动先行先试税收政策。第一，扩大中关村示范区税收政策适用范围。将中关村先行先试税收政策期限延长，适用范围扩大至首都国际机场临空经济区、首都新机场临空经济区、滨海新区、曹妃甸现代产业园区及其他符合条件的园区等。第二，鼓励科技金融创新。对中关村示范区、北京金融街、天津自贸区以及京津冀产业园区的互联网金融企业，从中小型科技创新企业取得的贷款利息收入，免征企业所得税、营业税和增值税等。第三，促进产业转移要素流动。京津冀享有税收优惠资质的高新技术企业发生区域内跨省迁移时，由承接地税务机关认可，不再进行资质审批等。

制订优化产业及城市布局先行先试税收政策。第一，鼓励制造业转型升级。对京津冀传统制造企业为转型升级而新建项目或新购置设备，享受固定资产加速折旧；压缩过剩产能的，按压缩产能占当年比例减征企业所得税等。

第二，支持现代服务业发展。对创投企业从事京津冀重点扶持和鼓励行业的创业投资，在股权满两年后，投资额可全额抵扣应纳税所得额等。

实施有利于市场一体化的税收政策。第一，建立税收分享机制。每年从京津冀产业园区产生的增值税、营业税和企业所得税中提取 10% 作为园区发展基金，增值税、营业税和企业所得税地方留成部分按三地政府投资比例分成，房产税、土地使用税、契税、土地增值税和印花税全部归园区所在地政府等。第二，提供更便利的纳税服务。建立京津冀基本一致的税务行政审批目录，实现审批事项、环节和流程的规范统一等。第三，推进税收征管互助。建立质监、工商和税务三证联办工作机制等。第四，完善税收协作机制。建立区域税收协调保障制度，设立涉税争议协调机构，建立涉税信息共享机制和共享平台等。第五，清理地方税收优惠政策，避免恶性竞争。取消"即征即退""财政返还"等招商引资政策，统一区域地方税种征收标准等。第六，完善相关领域税收立法。在税收征管法中对地域管辖、级别管辖及管辖权争议做出明确规定。

2.4.2　地方层面

北京、天津和河北三地（政府）是落实国家京津冀全面创新改革试验区建设的责任主体、核心力量、成败关键。三地通过联手推动"四大机制、四类平台、四种工作推进模式"，将务实高效地推进三地功能定位与京津冀全面创新改革试验区战略目标的实现。

1. 完善四大机制

完善四大机制，包括区域协同创新机制、创新资源共享机制、利益分享机制和人才合作开发流动机制。

构建区域协同创新机制。一是重塑天津创新版图，将天津城市规划总体布局由"双城双港，相向拓展"逐步向"双城双港，双向拓展"演进，发挥武清、宝坻、蓟县、北辰等毗邻北京的地理位置便利条件，加快西北部地区发展，更大范围承接首都疏解功能。二是借鉴上海全面创新改革经验，要把体制机制创新作为含金量最高的措施，建立干事业和改革的容错免责机制，提高基层单位、政府官员自我主动改革的积极性。三是进一步完善三地功能定位的耦合与分工联动机制，促进三地在创新链、产业链、资本链、政策链中的相互分工合作，实现中央对三地发展的功能定位。天津要在北京建设全国科技创新中心过程中发挥好配合服务作用，为北京提供更好的技术承接服务，不断增强先进制造研发基地功能，对北京建设科技创新中心提供更大的正反馈，同时"反哺"河北发展。

构建创新资源共享机制。一是实现重大科学基础设施、大型仪器设备和科技信息资源的共享共用，积极推动建立京津冀科技创新平台联盟和京津冀大型科学仪器设备资源共享联盟，实现"天津市仪器共享服务平台""首都科技条件平台""河北省大型科学仪器资源共享服务联盟"的互联互通和相关资源共享共用。建立科技报告制度，推进三地共建科技成果库，支持国家重大科研成果优先在京津冀地区转移转化。二是建立京津冀开放统一的区域共同市场。逐步缩小地方政府对土地、劳动力、资本及技术要素市场的干预，建立京津冀三地金融、技术、人才等要素交易平台，推动天津与北京两地的共同资源向河北延伸，推进京津冀三地基本公共服务均等化，形成协同创新要素流动的链接与服务机制。三是建立统一开放的技术交易市场。树立成果大转化的新概念，依托北方技术市场等骨干机构，与北京开展多种形式的科技成果转化对接服务，包括北京一次创业、天津二次创业，开展京津冀之间专利技术的许可、转让、转移，合资合作转化等。四是积极参与三地共建创新创业资源聚集区，促进更大范围、更广领域的跨三地的产学研协同创新与产业化。支持以天津大学、南开大学、津南海河大学城、西青高校区、静海团泊洼高校区及科研院所密集区为重点构建京津冀创新创业资源集聚区，形成面向三地开放的科技服务市场。积极承接首都外溢科教资源，推进武清高教园区建设，形成新的科教资源密集区。

构建区域利益分享机制。一是联合京冀共同制定出台土地使用、人才引进、基础设施建设等专项支持政策。二是建立合理的跨区域投资、产业转移对接、园区共建、科技成果落地的收益分配体制。三是探索有效的区域间税收分享和产值分计机制。四是推动改革深化，协调平衡三地高考录取制度、户籍制度、统一的社保制度等，构建技术、人才、资本、科技企业等创新资源在流动方面形成自由畅通流动机制的宏观制度环境。五是加强技术对接和技术支援，建立共同富裕、缩小内部发展梯度的机制，可以考虑按照产业链、创新链的分工，建立产业链与技术链梯次对接机制和对口支援机制等，尽快缩小产业、技术发展的落差。

构建人才合作开发流动机制。一是统筹制定京津冀人才协同发展规划，促进三地人才交流和联合培养，推动京津冀人才支持政策、工作体系的相互对接。二是建立海外人才共引平台，推动天津人才绿卡政策与京冀高端人才引进政策交叉覆盖。三是人力资源市场信息互通平台，联合实施高端人才数字化管理、共建行业领域专家、创新创业企业家、领军人才等区域高端人才信息数据库，搭建科技人才资源共享平台。四是用待遇、事业、项目和政策等多种方式吸引和留住人才，通过挂职等方式激励一批科技、经济和管理人才交叉任职，以"请进来"和"走出去"的方式鼓励跨地区、跨行业、跨部门的人才共用共享。建立鼓励公务员、专业技术人才积极参与京津冀区域内挂职锻炼和对口支援项目。五是进一步完善京津冀以人才为本的科技经费使用制度。京津冀创新资源丰富，但与长三角、珠三角相比，在机制改革先行先试、创新创业环境改善方面仍有很大差距。在国家创新驱动发展战略方案中和各地深化科技体制机制改革中，都将人才为本作为破解创新创业活力问题的关键。京津冀三地需改变相对保守的政策制定思路，在国有企业创新机制改革、国有创投机构投资机制改革等众多影响人才积极性方面的政策上有所突破，保持并深化京津冀创新人才聚集优势。

2. 建设四类平台

区域间协同创新需要有抓手、有切入点，平台建设布局和能力提高十分关键。各种协同合作平台不仅是现代平台经济、平台创新的组成部分，而且正在成为跨区域创新合作的主要推动力量和关键抓手。三地应重点建设高水平产业研究院与新型研发组织，高标准产业技术创新战略联盟和知识产权联盟，专业化科技服务平台，推动平台型企业发展。发挥四类跨区域协同创新平台的纽带作用，促进创新主体的跨区域深度融合互动。

推动高水平产业研究院、新型研发组织建设，发挥其在京津冀区域间技术转移转化的链接作用。整合创新链资源，尤其是首都创新资源，以促进科技成果研发、转化、产业化为目标，重点围绕天津集成电路、高端装备制造、创新药物等优势产业链，集中力量建设天津清华先进制造研究院、中科院先进制造研究院、天津北大信息技术研究院、集成电路产业技术研究院、工业机器人研究院、天津市海洋工程装备协同创新中心、直升机产业研究院等20家产业综合创新大平台，把创新前端的基础研究、前沿研究，中端的关键技术和共性技术的研发，后端的应用研究、规模化生产整合成一个有机整体，加速四链融合。着力提高产业研究院的能力和水平，通过共建机制完善，加强政策扶持与引导，进一步推动科教资源向企业和产业集聚，为实现自创区发展和一基地三区定位服务。重点发挥京津冀重点高校产学研合作平台的作用，聚集知名高校的创新成果转化为生产力。

推动建设高标准产业技术创新战略联盟和知识产权联盟，发挥其在京津冀区域间产业链协同创新、供应链协同创新的桥梁作用。一是围绕智能硬件、新能源汽车等重点细分产业链条重大技术创新需求，建立以大企业和领军企业为龙头、产学研紧密合作、利益分配机制完善的产业技术创新战略联盟；以联盟为载体，打造上中下游配套协调、发展高端的产业技术创新布局；重点把一些重大科技项目委托联盟组织实施，形成以项目为纽带、以科技成果产业化为目标的优势互补、利益共享、风险共担的联盟合作机制。二是推进京津冀科技服务联盟建设，建设大型科学仪器设备设施协作共用网，组建京津冀技术交易联盟、京津冀科技服务业联盟和京津冀知识产权服务联盟。

推动共建专业化科技服务平台，发挥其在京津冀区域间服务链金融链协同的融合作用。一是整合集成现有成果转化服务机构或平台的资源，建设信息共享、标准统一的技术交易、技术转移与成果转化服务大平台，推动创新资源大区域共同市场建设，促进创新要素深度融合。二是搭建一体化多层次融资体系。建立科技金融合作平台，发展科技金融服务业，完善科技信贷、创业投资、科技保险、融资租赁等多功能、多层次的科技金融服务体系。推动滨海新区先行先试金融政策体系与中关村的对接互动。联合开展扩大促进创业投资企业发展有关税收政策、保险资金投资创业投资基金、科技保险奖补机制、再保险制度和专利保险等试点，打造良好的区域科技金融创新服务体系。设立京津冀三地政府共同参与的政府引导基金，推动成立京津冀天使投资联盟、创业投资协会等，促进联合投资。

大力吸引北京乃至国内外知名平台型企业在津冀发展分支机构，发挥其"互联网+"在区域资源整合中的带动作用。平台型企业由于其在一个地区新经济和新产业发展中的巨大影响力和带动性作用，受到极大重视，根据全球企业研究中心发布的研究报告，我国合计64家平台型企业，超过美国（62家），居全球第一。中国的平台型企业总部主要位于北京（30家）、上海（14家）、杭州（6家）、深圳（5家）。京津冀协同创新要充分利用好北京的平台型企业对创新资源的整合作用，鼓励平台型企业在津冀设立分支机构。天津要进一步加强与腾讯、阿里巴巴、百度等国内外主导型平台企业的战略合作，发挥平台型企业在大众创业中的作用。

3. 形成四种工作推进模式

京津冀协同创新，需要政府部门、市场力量、民间组织在不同维度通力合作、共同推动。通过作实"一部三地"会商制度、总结推广重点区域合作模式、依靠民间组织推动、发挥智库决策咨询作用四种工作推进模式，进一步调动汇集各方力量，全面参与京津冀创新共同体建设。

作实"一部三地"会商制度。一是充分发挥"一部三地"会商制度，研究制定京津冀协同发展中的重大政策、重大事项及规划实施中的重大问题。二是健全京津冀地方政府合作机制，克服区域治理"碎片化"。京津冀三地协商机制正逐步形成和发展起来，但是由于三地政府间未能有效理顺组织架构和利益分配机制，在合作动力、机构建立、合作项目等方面还存在若干困境，导致京津冀政府合作尚未进入实质性阶段。成立"京津冀协同发展委员会"，管理跨省市的区域性事务。三是探索出台旨在保障区域合作机制顺利实施的京津冀三地政府合作法律保障体系，当区域合作各方发生利益冲突，成员利益与区域整体利益不相符时，用适当的法律制度来规范和限制区域发展。

总结推广重点区域合作模式。科技园区、产业集群创新共同体建设是创新共同体的核心要义，也是三地协同创新的重要实现载体。三地应重点关注高新区、开发区、保税区、临空经济区等各类功能区及产业协同基础较好的区县在推动京津冀协同中的"好思路、好措施、好政策、好模式"，及时总结，面向三地同步推广。例如，天津东丽区通过实施"百家院所"引进计划，在引进大院大所方面成效显著，建立了依托中科院自动化所、哈工大（天津）机器人及智能装备研究院的机器人产业协同创新平台；依托清华大学汽车工程系建立了京津冀智能网联汽车产业研究院、中国汽车技术研究中心、中科院电工所的智能汽车产业协同创新平台等一批国家级高校、院所的产学研协同创新平台。

推动企业、联盟等民间力量参与京津冀协同。一是围绕天津建设"先进制造研发基地"重点发展产业领域，结合三地发展定位与产业布局特点，理顺产业发展链条，支持企业开展产业链上下游的分工协同，形成区域内紧密的产业配套环境，将地理邻近真正转变为产业发展优势。二是通过三地政府间科技合作计划，推动三地企业等创新主体共同参与产业重点核心关键技术联合攻关与产业化，开展跨界融合创新，促进智能设计、众创研发、协同制造等产业组织模式创新。三是支持京津冀创新设计产业联盟等三地政府、企业、高校、研究机构共同参与的跨区域联盟建设。

调动各方力量，发挥对京津冀协同发展的决策咨询辅助作用。一是充分尊重、利用三地各类智库关于京津冀创新共同体建设的政策建议。二是联合筹办召开高层次的京津冀创新共同体发展论坛，组织国内外，包括区域内外和国内外的政府领导、知名企业家、学术界代表人物和专家学者参加的论坛，不断提升论坛的影响力与号召力，为京津冀区域经济发展战略献计献策，为在各种重大问题上形成共识提供讨论空间。

第 3 章

京津冀创新要素共同体

1. 生产要素、创新要素与创新共同体

从传统和广义来讲，创新要素就是指投入到创新活动中的所有要素，包括构成创新系统、创新生态的最基本的创新主体要素、创新资源要素、创新文化要素和创新制度要素。换言之，创新要素不仅包括进行创新活动的所有主体要素，如企业、科研机构、大学、服务机构等；开展创新活动所需要的硬件，即创新资源要素，如人力、技术、资金、实验室、设备、材料等；也包括支撑创新活动不可或缺的软件，即创新的文化要素和制度要素，如政策、管理、人文等要素。从科技统计意义来讲，一般使用科技要素，就是专门指投入到科技活动中的人财物，即科技人力投入、科技经费投入、科技条件设备投入等。

生产要素一般是指进行社会生产经营活动时所需要的各种社会要素、维系国民经济运行及市场主体生产经营过程中所必须具备的基本因素。就像生产要素一样，创新要素也可以理解为进行创新活动所需要的各种要素与必须具备的基本因素，可见，创新资源与创新要素是两个相互关联的概念。创新资源着眼于条件，创新要素既着眼于条件也着眼于创新过程中必不可少的内外部各种因素，所以更加复杂一些。

随着知识产权制度的建立，特别是创新在经济发展中的作用越来越重要，除了劳动力、土地、资本等传统生产要素外，人才、知识、技术、信息乃至

49

大数据等新要素也作为一类生产要素得到越来越大的重视，这一类新生产要素也可统称为创新要素。

所以，创新要素是经济发展和转型过程中最重要、最受关注的新型生产要素。

在现代社会中，以科技创新为核心的全面创新活动所涉及的基本要素有哪些呢？

在实践上，创新要素可以划分为三大类：一是人才、技术、资金、知识、信息、数据、机器设备等创新硬件要素或创新资源要素；二是企业、研发机构、大专院校等创新主体要素；三是以上硬件要素和主体要素正常运行的政策、机制、文化等创新文化要素与创新制度要素。

流动、利用、合作是创新资源要素和创新主体要素跨区域配置的三大方式，其中流动是创新资源要素和创新主体要素配置的主要方式，其配置或为政府主导型或市场主导型，或二者结合的混合型。

2013 年 8 月 15 日，中共中央《关于全面深化改革若干重大问题的决定》全文公布，明确提出市场在要素配置中发挥决定性作用，表明未来经济发展中的自然要素、金融要素、劳动力要素、创新要素都会向更加市场化的目标发展。

按照中共中央《关于全面深化改革若干重大问题的决定》 （以下简称《决定》）的精神和要求，市场在配置科技创新要素中将发挥决定性作用，从而将促进符合科技创新规律和经济规律的体制机制形成和完善。该《决定》对深化科技体制改革各种措施进行了更为细化的安排，特别强调了市场的作用，提出了发展技术市场、建立健全技术创新市场导向机制、产学研协同创新机制、技术创新激励机制、打破行政主导和部门分割、整合科技规划和要素、知识产权制度、人才机制等促进自主创新的体制机制改革内容，抓住了制约科技第一生产力、创新第一动力、人才第一资源作用发挥的关键性体制机制问题。特别是企业的技术创新主体地位将更加凸显，进一步强调要发挥大型企业创新骨干作用，激发中小企业创新活力，推进应用型技术研发机构市场化、企业化改革。

区域创新共同体建设发展的根本目的，当然是提升区域创新的整体效能，通过创新促进区域协同发展、共同繁荣。因此，达到这一目标，基本的途径是打破各种阻碍创新要素流动的行政壁垒，构建有利于创新要素流动和配置的各种制度环境和组织与平台，从而实现创新要素在区域自由顺畅流动和以市场为基础的创新要素合理配置。

2. 创新要素作为一种新生产要素的特点

国务院办公厅（国办发〔2017〕4号）发布的《关于创新管理优化服务　培育壮大经济发展新动能　加快新旧动能接续转换的意见》（以下简称《意见》），提出"培育新动能需要新的要素支撑。要加快相关领域改革，促进知识、技术、信息、数据等新生产要素合理流动、有效集聚，充分发挥其放大社会生产力的乘数效应"。国家发展改革委员会负责同志在答记者专访时，解释的传统生产要素是土地、矿产、劳动力等，而新生产要素是人才、技术、知识、数据、信息等。由此可见，新生产要素基本上等同于创新要素。

其实，索洛在测算技术进步贡献时，人才、技术、知识、数据、信息等综合生产要素的贡献是作为索洛剩余出现的。索洛剩余是指除劳动和资本投资贡献外，由综合要素生产率带来的产出的增长。所以说，新生产要素的贡献就是技术进步的体现，也就是创新要素的贡献。

按照国家发展改革委员会的解释，新生产要素或创新要素的主要特点包括以下几点。

1）人才是最具活力的要素。知识资源很多依附在人的身上，培育新动能很重要的一点就是要激发人的创造性。要落实好激励人才创新的一系列措施，激发原创突破的活力。要进一步优化创新创业生态，创造条件支持高素质人才自由流动，激励敢于创新、勇于拼搏的企业家精神，支持海外优秀人才来华创新创业，让人的智慧源源不断地转化为现实生产力。

2）技术是最核心的要素。特别是要注重颠覆性创新和原始创新的引领作用，支持构建跨学科交叉融合的新型科研体制，强化知识产权的保护和应用，建立专利审批快速通道，建立有利于科研人员利用科技成果进行创业的利益分配机制，建立利用财政资金形成的科技成果向社会定期发布推广制度，让更多前沿科技转变为现实生产力。

3）数据是最具时代特征的要素。信息技术与其他技术深度融合，使得经济活动的数字化转型不断加快，提供了新的供给，集聚了新的动能。数据资源已经成为重要的生产要素。利用数据资源，最重要的是做好开放共享。有研究显示，我国数据资源总量占全球13%，但80%割裂沉淀在不同部门中无法发挥效益。《意见》专门提出，要打破"数据烟囱"和"信息孤岛"，加强政务信息资源的统筹管理。根据数据安全属性，积极稳妥地向社会开放政府数据，同时要做好数据安全防护工作，保护个人隐私，维护国家安全。

事实上，人才、技术、知识、数据、信息这几个词语的含义存在相互交织，很难厘清各自的内涵与边界。比如人才是一种新的生产资源，与传统要素交织在一起，又是新要素技术、知识的载体。技术与知识也是剪不断理还乱的关系，将之并列在一起更是扯不清。

因此，本章将使用人才、知识产权、科技金融、仪器设备等要素来表述创新要素。

3. 京津冀创新要素流动配置与京津冀协同创新共同体发展

京津冀地区拥有丰富的人才、科研机构、科技园区、高新技术企业及创新平台等一系列创新资源，为了实现中国建设世界科技强国的梦想，加速京津科技资源的集聚、流动、辐射与共享，促进生产要素的顺畅流动及产业的合理布局，共建有世界影响的创新中心，最大限度地发挥京津科技资源的效能，是京津冀协同发展的重要目标之一。

（1）京津冀区域的创新要素流动配置的总体特点。

人才、资金、知识、技术等创新资源要素流动的市场化程度高。研究发现，技术交易流动取决于市场的供需双方，是相对更加市场化的配置行为所主导的。人才流动方面，非户籍变动的流动相对比较频繁，基本可由用人主体决定。京津冀跨区域的资金流动、信息流动也较活跃。

企业、研发机构、大专院校、创新服务机构等创新主体要素顺畅流动与合理配置受体制性因素的影响较大，流动的各种障碍较多。主要影响因素有收入水平、教育水平与高校招生录取制度、创新与营商环境、行政管理障碍、恶性竞争与名目繁多的地方性优惠政策。

跨区域的创新要素柔性利用、创新主体合作是京津冀协同创新的潜力所在。目前，多层面的协同创新载体、项目、政策实践活动正处于全面发展中，有望在今后的协同发展实践中取得一系列实质性进展。

目前所谓的逆向流动或京津对河北省创新要素的虹吸效应短期内难以得到根本改变，需要政府在不过于牺牲效率的前提下，建立适当调节机制，促进技术的梯度转移。否则，长期的地区差距，反过来会影响区域共同的长远利益。

（2）京津冀区域的创新要素流动配置问题与制度建设。

京津冀协同发展上升为国家重大战略层面，表明党的十八届三中全会部署的我国由各省市独立建设国家新区等战略向大区域和次区域的协同发展战略转变的改革措施开始进入操作落实层面，这显然是构建全国统一大市场的必然选择，这也为创新要素跨区域合理流动与有效配置带来机遇。建立创新要素顺畅流动和合理流动的制度体系或政策导向，难点在于如何在有效产业链与创新链分工基础上的协同发展，以及如何在不牺牲或较少牺牲创新效率的前提下，兼顾相对落后地区的创新发展。构建京津冀跨区域创新要素流动与配置的制度应当考虑以下几个方面。

1）构建知识、技术、人才、资本、科技企业等创新要素自由顺畅流动的宏观制度环境。要深化改革，如改革完善高考录取制度和户籍制度，形成统一的社保制度等，为构建京津冀大区域统一的要素市场提供宏观条件。

2）构建知识、技术、人才、资本、科技企业等创新要素自由顺畅流动的科技政策环境。如对不利于区域间创新要素合理流动的所有恶性竞争优惠措施一律不再执行，真正让市场在配置京津冀创新要素中发挥决定性作用。

3）建立京津冀联合技术交易、成果转化、科技金融、产业技术大平台，形成协同创新要素流动的链接与服务机制。如在技术交易与知识产权流动转让方面，可以整合集成现有成果转化服务机构或平台的要素，建设一个统一高效、功能齐全、满足市场需求的技术交易、技术转移与成果转化服务大平台。在产业协同创新方面，站在大区域的视角，发挥产业研究院面向京津冀服务的作用。

4）加强技术对接和技术支援，建立共同富裕、缩小内部发展梯度的机制。可以考虑按照产业链、创新链的分工，建立产业链与技术链梯次对接机制和对口支援机制等，尽快缩小产业、技术发展的落差，否则，市场机制也难以更好地发挥作用。

显然，以上创新要素跨区域流动问题的解决，需要构建相应的制度与机制，这也是创新要素共同体形成的必要条件，且具有全国更大范围的时间价值和意义。

以下将从创新人才、知识产权、科技金融、科技仪器设备、创新服务等要素，分别对京津冀主要创新要素共同体建设发展进行案例研究。

3.2 ▶ 京津冀人才协同发展

　　京津冀地区是我国经济最具活力和创新力、人才资源集聚力最强的地区之一，人才是京津冀协同发展的先行要素。近十年来，京津冀区域人才合作稳步推进，建立了三地联席会议制度，签订了一系列合作框架协议，打造了多个创新创业人才集聚平台，挂职交流了一批干部和人才，在促进区域人才资源共享、推动人才政策衔接、打破人才市场相对分割等方面进行了有益探索，取得了不少积极成果。京津冀地区是全国人才高地，2015 年人才总量为 1940 万人，占全国 12.3%；京津冀大专以上毕业生人数为 140.6 万人，占全国的 14.46%，高于常住人口占比 5.46 个百分点；高端人才占比在全国更是凸显，京津冀地区拥有全国 1/2 的两院院士、超过 1/4 的国家"千人计划"入选者、接近 1/3 的国家"万人计划"入选者。

　　京津冀人才一体化进程不断加快。2005 年，三省市主管机关签署了《京津冀人才开发一体化合作协议书》，建立了京津冀区域人才合作的基本框架。2006 年，京津冀人才开发一体化联席会议在天津召开，三方共同签署了合作协议书。2007 年，北京人才网、北方人才网、河北人才网等组建了环渤海人才网站联盟，实现了人才信息资源共享；组织举办了首届环渤海人才网上招聘大会。2008 年，天津、大连、青岛等 37 个城市，共同成立了环渤海区域人才协作联盟。2010 年，北京将区域人才一体化发展的思路写进了首都中长期人才发展规划纲要；2011 年，京津冀区域人才合作推进工程启动仪式在廊坊燕郊举行，会上签署了《京津冀区域人才合作框架协议书》，建立了京津冀区域人才合作联席会议制度，三地人才工作领导小组随后在北京召开了京津冀人才工作联席会议，发布了《京津冀人才一体化发展宣言》。2015 年通武廊三地出台《通武廊区域人才互认标准》《通武廊区域人才挂职交流工作管理暂行办法》等政策文件，逐步打通人才流动的地域、体制壁垒，为三地人才智库资源共享共用创造了制度条件。2016 年，三地全面启动通武廊人才一体化发展示范区建设，初步实现人才引进互融互通、人才评价互认互准、人才培养共育共培、创新平台共建共享；通武廊三地联合发布了《通武廊人才一体化发展示范区建设宣言》，通武廊人才一体化发展示范区建设启动。审议通过了《京津冀人才一体化发展部际协调小组工作机制》《京津冀高级专家数据库管理办法》等文件。京津冀人才绿卡制度正式落地，持服务绿卡的人才将在交流互通、创新创业、医疗保障等方面得到优质高效的均衡化服务；2017 年 7 月，京津冀三地人才工作领导小组联合发布《京津冀人才一体化发展规划 (2017—2030 年)》。2017 年 12 月 28 日起，北京、天津、河北三省市将联动实施部分国家外国人 144 小时过境免办签证政策。

目前三地相关部门除了就专业技术人员职称资格互认的系列、范围和方式等签订了协议，河北教育、科技、文化、卫生计生等部门也与北京、天津相关部门签订了人才流动资质互认手续合作、协同创新发展战略研究和基础研究合作、京津冀三地文化人才交流与合作等协议，为三地人才自由流动提供了更多便利。为有效促进京津冀人才一体化的实现，三地不断探索新举措、深化合作方式。京津冀协同发展科技成果转化促进平台、科技成果转化项目推介会、京石现代农业领域科技合作平台等区域创新创业平台不断涌现，拓展了人才发展空间；三地共同开发的京津冀高级专家数据库平台，为人才资源融合共享打下了基础；三地签署的 90 余项加强人才合作的框架协议，为京津冀各类人才流动互通、信息共享、成果落地等起到了推动作用。

京津冀人才发展十分不平衡。由于京津冀区域内部经济社会发展落差较大，尤其是在就业环境、薪酬待遇、公共服务、社会保障等方面存在较大差距，长久以来，京津地区的"虹吸效应"造成人才资源大量向京津等地集聚，京津周边地区吸引人才存在较大困难的不均衡局面。与长三角、珠三角相比，京津冀区域人才一体化发展程度较低。北京和天津的城市发展尚处于集聚周围要素的时期，远未形成扩散机制，人才从河北大量流向北京和天津的现象也较为突出。目前京津冀三地呈现出人才分布高度不均衡的态势，北京和天津是人才吸纳地，向心集聚现象明显，河北人才力量薄弱，高端人才匮乏。数据显示，在每万名从业人员中，北京、天津、河北三地具有大专及以上学历人数分别为 4974 万、3390 万、2950 万，具有研究生及以上学历人数分别为 563 万、190 万、86 万。京津冀人力资源和人才资源分布不合理，1.1 亿人口中河北占 7400 多万，京津冀每万名从业人员具有研究生以上学历的，北京约为河北 9 倍、天津 2 倍；北京面积、人口分别只占京津冀地区的 7.6% 和 19.6%，但 2014 年党政人才、专业技术人才却分别占 27.2%、26.1%，企业经营管理人才高达 60.7%，高层次专业技术人才——两院院士、"千人计划"

"万人计划"人数更分别占93.4%、86.6%和88.0%。但近些年通过京津冀人才合作，这种状况有所改变，随着部分产业向外转移，目前北京人才集聚现象已经有所改变。未来，北京仍然应该由向心集聚转为向外扩散，加速人才对外流动。

京津冀人才一体化存在的问题其根本原因在于人才一体化资源配置的市场决定性作用尚未发挥，相比长三角、珠三角地区，京津冀整体市场化程度较低，尚未建立一体化的人才市场、统一的人才评价标准和一体化的人才信息交流平台；人才一体化管理体制尚未建立，领导（协调）机构统筹功能较弱，人才政策"碎片化"现象突出，难以形成政策合力；人才一体化创新创业生态系统有待优化，人才一体化发展平台和载体匮乏，人才公共服务水平悬殊，且河北与京津差距不断拉大，人才一体化的法制保障尚未建立；社保关系转续困难、人才评价标准等尚未统一，也让人才在三地之间自由流动还存在着一些阻碍。

近几年已有一些对京津冀区域人才的研究。彭黎（2014）分析京津冀人才一体化协作实施状况，指出实施状况并不理想，人才协作规划本身存在统筹层次低、协作层级不够充分、各地人才政策不协调等问题；杨君（2010）从制度变迁的角度探讨京津冀人才合作的发展历程，并对其未来的发展轨迹做出判断，给出目标、思路和具体举措；马宁（2011）在对京津冀区域人才合作基础、现状和问题进行分析的基础上，提出了实施路径。桂昭明（2011）在对京津冀经济结构与人才结构现状及相关性分析的基础上，就京津冀人才交流融合的路径选择，人才发展一体化的目标、步骤、作为、纽带等方面提出意见和建议；李一凡（2014）通过三地人才结构的差异与特色，从比较竞争优势的角度，提出人才错位发展的思路。但是目前主要是基于宏观的京津冀区域人才合作和一体化的对策研究，偏重于应用层面，在区域人才流动机制和配置机制等方面却少有研究。为此，本节明确了京津冀区域人才流动的理论机制，并借此对京津冀区域人才配置进行理论解释，就如何加速京津冀区域人才流动提出了相应政策含义，试图为区域人才配置和流动提供决策启示。

1. 京津冀区域创新人才配置机制

区域创新人才自由流动是合理配置人才资源的前提。人才资源的配置要突破地域限制和行政壁垒，逐渐由局限于某一省市内的小市场配置，迈向京津冀范围内的大市场配置。小市场具有范围窄、方向单一的特点，更多地依赖人际关系、直接交流实现人才配置。大市场具有范围广、多方向的特点，主要依赖信用规则、虚拟方式实现人才配置。实现人才配置由小市场向大市场转变，要不断加强人才政策协调、强化体制机制衔接、促进公共服务均衡。总体上区域创新人才流动受到了政府管理体制、市场运行机制、信息共享机制和公共服务机制四大机制的影响，这四大机制构成了京津冀区域创新人才有效流动和高效配置的前提条件和必要条件，相互联系、相互影响，缺一不可。其概念模型如图 3-1 所示。

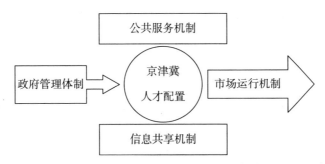

图 3-1　京津冀创新人才配置的概念模型

市场机制是创新人才资源配置的基础。从人类发展的历史长河来看，生产资料所有制同计划和市场的资源配置手段一样，是社会配置其资源的一种手段和方式。明晰的产权制度的建立和完善，对于吸引智力资源奠定了一个市场化的创新主体行为基础。明晰的产权使创新主体能够按照最大利益规则判断、处理经济事务。产权市场化正确反映市场信息，构成创新系统利益的长效机制，有效避免市场主体的逆向选择，激发创新主体的创新行为。劳动者、企业单位及作为劳动需求者身份出现的政府是市场上的三大主体。前者是人力资源供给方，后两者构成人力需求方。人力供给与人力需求的行为动机或准则及趋向是共同的、明确的，双方行为都意在寻求各自收益的最大化，并据此决定各自的供给行为和需求行为。同时，工资形成机制的建立，人力资源供求双方的相互作用决定工资率的形成，工资率又作为价格信号引导调节人力资源在社会各种用途之间的分配，规范的工资形成机制和实现机制是市场正常运行的润滑剂。

市场中介体系和公共服务是创新人才资源配置的条件。市场中介对市场作用的发挥起到促进和润滑作用。与创新人才资源的配置有直接联系的中介群，通过公平的交易场所、完善的人才服务和较低的交易成本为地区的创新主体提供所需要的创新人才资源或信息；与创新人才资源配置有间接联系的中介群，通过为创新主体提供人才信息服务，促进科技人才流动，推动创新人才资源配置的实现；为创新企业提供科技人才信息、人才管理方案、猎头服务等各类服务的人才事务所、公证和仲裁机构、人才评估机构等，对规范市场行为、监督市场主体、提供专业化服务、提倡公平竞争、反对和防止欺诈、调解市场纠纷发挥作用。市场中介体系为建设公平、公正的市场环境，提高资源配置的效率发挥效益。同时，政府提供人才公共服务，政府的主要作用应体现在为创新主体服务上，进行必要的管理和提供公共服务，包括提供各种公共基础设施，优化区域的自然和社会环境。

人才信息和市场信用体系是创新人才资源配置的保障。信息对称是人才和用人单位做出合理选择的基础。人才找不到合适的工作岗位，用人单位找不到适用的人才，是当今人才市场的一个普遍现象。据调查，目前人才市场大都存在两个矛盾，一是用人单位与人才主体之间的矛盾，二是用人单位、人才与市场之间的矛盾。这种"人才短缺与人才闲置并存"的结构性失衡，主要源于用人单位与人才之间的信息不对称。信用是一种资源，是市场秩序的代名词。没有信用，就没有市场经济存在和实施的余地。信用经济是创新人才资源配置的保障。建设人才信用体系，一是要通过人才信用评价体系、政策规章制度、行业协会的章程和企业自我约束机制等来建设市场的信用规范；二是通过政府推动与市场引导相结合的原则，引入竞争机制，不断完善服务功能和服务手段，为创新主体提供方便快捷的人才信用服务；三是强化各创新主体的信用意识，不断地弘扬和建设区域的信用文化，为提高创新资源的配置力度提供信用支撑。

政府宏观调控是区域创新人才资源配置的手段。在经济运行系统中，为有效地配置稀缺的人才资源，解决公共资源建设和市场无效的问题，促进经济健康可持续发展，政府必须发挥其不可替代的作用，致力于创新行为的秩序和制度建设。

（1）政府调控职能的适度实施。

政府调控在人力资源市场化配置运行中起着重要作用。政府动用宏观计划、法律监督等主要手段对市场进行调控，发挥其适度的职能作用，将有利于人力资源的优化配置。政府调控方式推进人力资源配置市场化是我们唯一的选择。

（2）社会保障体系的完善。

社会保障是以国家为主体，通过国民收入的分配和再分配，依据法律规定对劳动者因年老、疾病、伤残、失业等提供物质帮助以保障其基本生活的制度，建立和完善覆盖全社会所有劳动者的社会保障制度，将为人力资源市场配置的正常运行创造良好的环境，增强社会经济发展的有序性，为人力资源的自由流动解除后顾之忧。

2. 京津冀区域人才配置分析

人才资源在区域内部呈现京津冀阶梯式分布❶。北京在教育、科技和医疗卫生人才队伍建设方面成效显著，在薪酬收入和就业机会方面优势明显，在科技投入和科技产出方面全国领先，是京津冀地区乃至中国的人才汇聚中心。河北在政府医疗卫生投入、基础人才资源数量方面有一定优势，但在科技研发投入、知识结构、薪酬收入等方面不但低于京津两市，而且低于全国平均水平，人才开发水平亟待提高。天津大部分指标处于京冀两地之间，在人才经济效能方面比较突出，人才开发总体水平在全国处于靠前位置。总体而言，人才资源在京津冀内部呈现阶梯式分布结构：北京为首，天津居中，河北偏后。

在全国31个省市人才竞争力排名中，北京位居第1位。其中在人才素质、人才科研投入、人才教育投入、人才科技成果产出、人才科研成果转化率产出方面，北京都居第1位；在人才生活环境、人才经济环境方面，北京居第2位；在人才规模方面，北京居第4位。人才竞争力排名中天津位居第8位。其中在人才规模方面，天津人才规模优势不明显，位居第22位；在人才素质方面，排名第3位，大专以上人才占各省总人口数的比率居第2位；在人才科研投入方面，居第9位；在人才教育投入方面，居第22位，高等学校数、国家财政性教育经费、科研院所数均处于中等水平；在人才科技成果产出方面，位居第11位。人才竞争力排名河北位居第13位。其中在人才规模方面，河北位居第10位；在人才素质方面不具有明显优势，排名第18位；

---

❶ 据统计，北京大专以上学历人才是天津的1.5倍、河北的1.7倍，其中，北京本科以上学历是天津的3倍、河北的6.5倍。北京、天津人才以中青年为主，年龄结构较为合理，河北省青年人才流失现象较为明显。

在人才科研投入方面居第 18 位，科技投入占 GDP 的比率和 R&D 经费占 GDP 的比率都处于中等水平；在人才教育投入方面居第 7 位，高等学校数居第 3 位，国家财政性教育经费居第 10 位，科研院所数处于中等偏上水平；人才科研成果转化率产出方面，河北位居第 25 位，其规模以上工业企业增加值中高技术产业份额都居第 22 位；在人才生活环境方面，河北排名第 13 位。

分析京津冀区域人才合作状况，不难发现，现阶段人才合作的多数成果集中在招才、引才与人才交流上，人才培养、使用和激励措施明显偏少。在人才合作过程中，起主导作用的是政府，用人单位的工作热情和智慧尚未得到充分调动和发挥。这根本上源于京津冀人才市场的制度性分割，以行政区划为标志的人才市场分割现象，使得人才配置过程中的活动半径过小。本来是一个统一的大市场，结果被制度分割成若干个小市场。目前京津冀三地人才在区域内的流动性比较低，人才内部封闭和争夺同时存在，高层次人才集中在北京，而且以国有科研机构为主，天津、河北的高端人才也存在这一问题，人才区域流动受限比较明显，由于区域差距较大，受户籍制度、社会保障等问题制约，三地人才以单向流动为主，如北京严格的户籍制度，及附着在户籍制度上的教育、医疗资源，高端人才难以流动，导致人才固化问题严重。

虽然京津冀区域人才市场体系逐步形成，人才的市场配置作用日益明显，但人才合理流动的机制尚未形成。市场机制配置人才的作用只对非国有单位起作用，对大多数国有单位尚未发挥作用，并且市场机制只对中低端人才起作用，对大多数高级人才配置没有发挥应有的作用，与区域发展的真正需求不符。

（1）京津冀跨区域统一规范人力资源市场制度约束不健全。

源于复杂的历史原因和体制现实，目前京津冀区域人力资源市场配置领域的条块分割和各自为政的现象依然存在，特别是原劳动部门所属职业介绍机构、人事部门所属人才服务机构和教育部门所属高校毕业生就业指导机构，以及其他行业部门所属的人才各类服务体系之间职能交叉、建设重复和互相争利，某种程度上降低了人力资源市场的灵活性和资源配置效率。

市场的基本制度性约束缺陷依然存在，主要表现在现行户籍制度、人事档案管理、社会保障体系等制度障碍存在，户籍和社会保障制度不能完全对接。北京、天津作为两大直辖市，其户籍准入政策受到严格控制，不利于人才的自由流动。同时，由于三地社会保障水平存在较大差异，人才养老、医疗、失业、工伤、生育保险统筹层次和保险金额不同，社会保险跨省接续存在困难，形成了人才跨省流动的制度性障碍。某种程度上依然限制着创新人才的自由、合理及充分流动，由此导致在不同市场体系之间，除了工作环境、工资待遇、社会保障、晋升机会等存在明显差别外，还存在着人员相互流动门槛高和成本高，不利于人力资本创新潜能的创造和激发。同时，专家、职业任职资格、专业技术资格等尚未实现互认，三地人才中心仍在致力于着重推进这项工作。京津冀的人才规划主要由三地人社厅局负责落实，而部分问题却并非各地人社部门能够独立妥善解决的。比如社会保险的统筹工作，各地人社部门能够做到本省市的统一已属不易，而要实现跨省份的协调还需要更多部门的、更高层次的协作。另外，诸如资格认证、专家库建设、人才交流共享平台建设等都需要在更高层次的统筹规划下，由其他部门协同参与，人社部门才能最终落实推进相关工作。

（2）京津冀跨区域人力资源市场配置的运行机制不完善，发展不均衡。

源于整个国家层面政治体制改革和组织人事管理制度改革不配套，一方面，京津冀区域，尤其国有单位自主用人、合理流动的公平竞争机制尚未完全形成，特别是国有企事业用人单位进入市场的比例依然偏低，高层次人才积压和浪费现象同时存在；另一方面，价值规律在人力资源市场配置中还没有真正发挥作用，人才价格偏离价值较远，低能高薪和高能低薪的现象还普遍存在。同时，市场机制对分配机制的调节作用有限，技术要素参与分配的机制尚未形成，尤其是对国有企事业单位领军人才的创新激励力度依然有限，市场化激励机制不到位的直接后果就是导致各类人才的创新激励不足。

（3）京津冀区域创新人才市场化配置的信息共享机制缺失。

目前京津冀的人才市场机制作用发挥不充分，区域内统一的人力资源市场尚未形成，人才资源的配置仍以各自区域内部政府主办的人才市场为主导。源于市场供求信息不对称、发布不规范和共享机制缺失等惯性力量，原来人才市场和劳动力市场的信息收集、分析及发布标准依然没有实现充分互联和资源共享，用人单位招聘难和人才求职难现象同时存在，某种程度上制约着人力资源的市场配置效率。有关数据表明，目前企业的平均 R&D 人员稀少、科技人才短缺、创新实力弱小等问题存在，这里除了科技投入不足、高级技工人才匮乏等因素外，市场化配置的信息不平衡及配置能力短缺是一个重要原因。

此外，京津冀区域人力资源市场电子政务发展不充分，人力资源供求信息网络缺乏统一的共享平台，京津冀人才网站及统一的人才信息共享平台未能搭建，未能实现"一网注册、三网发布"。河北人才网新开辟的"京津冀人才网"栏目并非统一的信息共享平台，仅有河北人才发布北京和天津的部分信息，而北京和天津的人才中心不能进入该栏目发布信息。"环渤海网站联盟"同样不是信息共享平台，与一般的网站友情链接无异，未能形成真正的联盟关系。难以满足不同职业群体和不同身份人员等对人力资源供求信息的共享需求，导致创新型人才的布局不合理与分布不均衡，从而进一步加剧各类创新型人才资源的配置成本。

（4）京津冀区域人力资源市场的公共服务能力供给不足。

由于京津冀区域政府人力资源服务机构长期以来依赖和利用行政职能优势，以及事实存在的职能不清、业务交叉和人员身份性质多样等影响，客观上抑制了市场化功能发挥，缺乏服务功能创新的内生动力，导致公共人力资源服务供给能力不强和配置效率不高，难以适应城乡统筹的人力资源市场化配置需要。原人事部门主管的人才市场、原劳动部门主管的劳动力市场和社会上各类人才中介机构同时存在，造成市场分割。人才交流大会尽管规模不小，但成交率低。人才市场服务内容和方法单一，大多只能提供人才招聘和求职信息发布、档案代管等业务，人才高端服务方式匮乏，特别是针对高层次人才特点的服务功能不强。

同时，京津冀区域创新型人才资源开发的公共政策合力不足，也是制约合理配置创新型人才资源的一个主要矛盾。人才政策开放力度较小，多年来京津两市面向国际和国内发达地区引才的意识较强，对区域内人才开放力度较小，人才的准入门槛较高。尽管河北比较重视引才政策环境建设，出台了多项政策文件，但与京津和发达省份相比，河北留住和吸引人才的政策力度还不够，突破点不多，一些政策制度落实得不够好，对国内外高层次人才缺少强劲的吸引力。同时，区域内人才政策不配套。目前京津冀还未制定统一的人才发展规划，尽管各自都形成了人才工作的政策体系，但人才的具体政策制度缺乏协调和配套，从而制约了各类人才在区域内的合理流动。从产业布局的角度看，区域内没有统一的经济发展规划，三地在确定主导产业时很少从区域利益的角度出发统筹兼顾，导致产业同构的现象比比皆是，加深了三地对相关产业人才、技术和资金的竞争，使整个京津冀区域无法发挥各自的比较优势，产业上的无序竞争造成严重的资源浪费。

3. 主要结论及政策建议

京津冀区域需要建立一个既能充分发挥市场配置人才资源的决定性作用，又能切实加强政府宏观管理人才的职能作用，使两者既能有机结合又能相互制约的新型区域人才治理体制和良性互动机制，见图3-2。

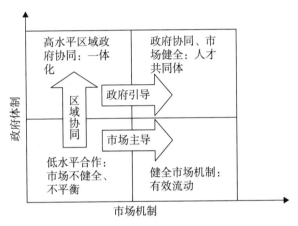

图3-2 京津冀区域人才配置战略

京津冀政府加强协同，政府要从传统的行政干预转变到宏观调控、服务和监督上来。为人才发展和增值创造良好的制度和市场环境，进一步扩大用人单位自主权，简化人才流动办事程序，增强用人制度灵活性，放手推动业内人才认定评价。以市场为导向，消除人才流动障碍。承认和重视人才的主体地位，建立京津冀市场价值取向的人才观。变人才部门、单位所有为社会所有，实现人才管理的社会化，强化人才对单位的选择权和流动权，完善人才市场供给方的主体地位，真正实现各类人才"能进能出、能上能下"。消除人才流动的身份歧视和政策屏障，探索完善京津冀社会保障制度融合，加强各类行业协会和中介组织建设，强化其在人才市场化配置中咨询、中介、信息服务和开发培训等方面的职能，进一步推动人才配置的市场化水平。共建一批国家重大科技基础设施和平台，围绕国家科技重大战略部署，京津冀三地共同组织特色领域的科研机构、领军企业、技术创新联盟等创新资源，联合共建一批行业性、区域性科技基础设施、科研条件平台、高校、科研院所等，共同争取承接国家科技重大专项和国家重大科技计划项目。强化建立部市合作会商机制，要形成组织部、科技部、教育部的联动机制，集中力量，形成合力，支持京津冀人才的一体化和体制机制改革。京津冀三地可选择几个城市或城市内的园区作为创业特区，特别是天津、河北更应通过设立创业特区的方式吸引北京的科研人才来创业，其可在靠近北京的县市设立创业特区。强化人才政策先行先试和复制推广，先行先试离岗创业、兼职兼薪、科技成果转化、科技成果入股、科技人才评价、科技人才流动等，设计比较具体可行的、先行先试的操作性政策。建立通武廊区域人才一体化发展改革试验区，积极推进京津冀人才发展战略规划、政策体系、管理体制等方面的统筹协调与融合互动，加快破解制约人才一体化发展的行政壁垒和制度障碍。建立京津冀人才一体化社会保障体系，搭建互联互通、高效便捷的京津冀人才社会保障对接机制。打破三地户籍、地域、身份、学历、人事关系等制约，建立三地互通的人才落户积分制度。

强化市场的渠道作用，提升人才服务水平。着力加强京津冀人才服务的物理和信息平台建设，不断丰富人才服务的内容、品种、领域和功能，为各类创新人才提供多样化、个性化、高品质化的社会化服务，加快京津冀"互联网+人力资源服务"，建设区域统一的人力资源服务数据平台，以信息化处理、现代化管理及智能化服务，促进京津冀人才市场互联互通、人才信息共建共享。加快京津冀人才一体化，人才评价、人才培训、人才交流、人才信息、人才服务手段的产业化进程，并动态提升服务系统的容量和能级水平。整合现有的人才服务资源，增强服务系统的协同性、专业性，推进京津冀跨区域人才公共服务合作，建立区域间相互衔接的人才服务网络，形成统一开放的人才服务联网体系。鼓励以政府购买服务形式，支持京津冀人力资源服务机构发展。在人才市场体系健全后，政府应逐步减少行政干预，专注于政策制定和宏观调控，推动人才市场的独立运营。鼓励区域内人才共用共享，比如高校学生在满足一定条件下，同等类别的高校之间学生可以流动；探索建立人才租赁转让制度，实行人才在合同期内在不同单位之间有偿租借或转让。加强人才服务体系建设，吸引首都知名人才中介机构来天津开展业务，形成专业化、信息化、国际化的人才服务体系。

3.3 ▶　京津冀知识产权协同发展

　　知识产权是法定确权，定义清晰，因此用知识产权来代替知识、技术等要素来阐明京津冀知识要素共同体发展是合适的。

　　知识经济社会最重要的特点是知识人格化、人才资本化、知识资本产权化。以增加知识价值为导向的激励机制的建立，充分反映了知识资本参与分配，体现知识的生产价值的分配导向。中央办公厅、国务院办公厅发布《关于实行以增加知识价值为导向分配政策的若干意见》的出台，是我国全面创新改革特别是科技体制改革和人才体制机制改革的一项重大政策性改革，充分体现了党中央对知识价值和智力劳动的尊重，对知识资本在分配体系中处于不可忽略的重要地位的认可。世界知识产权组织总干事 Francis Gurry 在一次演讲中指出，财富 500 强企业的资产构成中，1978 年为有形资产占 95%，无形资产仅占 5%，但到了 2010 年，有形资产占比降低到 20%，而无形资产占比则提高到 80%，这代表了企业投资的趋势，企业竞争优势也体现在知识资本上，尤其是体现在技术、设计等创新方面。劳动创造价值是马克思主义的基本观点，智力劳动是劳动的重要形式。按照多劳多得分配原则，付出的智力劳动越多，创造的知识价值越大，理当获得更多收入分配。正像国务院新闻办公室于 2016 年 11 月 10 日举行新闻发布会所解读的，当今世界已经进入知识经济时代。

　　由于知识、信息及其形成的产权在国家、区域、产业竞争中的作用越来越重要和凸显，加上新的技术形态、新的产业的产生，知识产权的种类越来越多。一般认为，著作权、专利权、商标权是知识产权的三大支柱。此外，知识产权还包括技术秘密权、反不正当竞争保护的权利、集成电路布图设计专有权、地理标志、传统知识、植物新品种权等种类。随着网络经济时代和信息社会的到来，域名也正在成为知识产权的保护对象，网络版权保护也受到广泛关注。

3.3.1　我国跨区域知识产权协同发展政策方向

　　检索中国知网各类文献数据，关于中国跨区域知识产权协同发展的相关文献甚少，仅有的几篇研究性文献只涉及知识产权保护合作机制或知识产权行政执法协同机制，其他方面鲜有涉及。这表明，我国跨区域知识产权协同发展到目前尚未成为学术研究热点。在实践中，无论是经济科技合作还是知识产权合作，长三角都是走在全国前列的区域。因此，了解长三角区域知识产权协同发展情况，可以管窥全国情况一二。

大致看，长三角区域知识产权的合作与协调在 10 多年前就开始酝酿，2005 年召开了两次有多个长三角城市参加的"长三角地区知识产权合作研讨会"，并初步建立起了长三角知识产权服务合作网络，其中上海起到了牵头作用。上海市知识产权服务中心发起成立长三角知识产权服务联盟，至 2013 年 8 月签约城市已有 28 个。

2009 年，长三角三省市在上海签署了"长三角知识产权合作框架协议"。根据该协议，当遭遇重大知识产权问题和挑战时，三地将共同制定对策；在与知识产权密切相关的重大产业、特色行业，围绕长三角区域的经济社会发展，将共同研究制定产业规划；联合开展区域知识产权战略研究、重点科技专项知识产权跟踪研究；共建知识产权公共服务平台，促进地区行业协会间合作；加大宣传力度，共同推进专利执法协作机制建设。

从签署合作框架协议以来，连续五年，三省市联合召开新闻发布会，通报区域内年度知识产权发展和保护状况。同时在建立和完善跨地区的知识产权案件移送、协助调查、协助执法等行政执法协作机制方面，取得一定实效，长三角地区省、市、县三级共 27 个知识产权局已经初步形成长三角地区知识产权局系统专利行政执法协作机制。

不过，从长三角乃至全国看，跨区域知识产权协同发展要真正取得突破，必然涉及深层次体制机制问题，显然还有待破解。例如，如何加快建立跨区域的司法保护机制，作为市场要素的知识产权及其承载主体如何实现跨区域无障碍流动，如何形成区域间知识产权服务市场的开放透明等机制与政策问题。

从现实出发，推进我国跨区域知识产权协同发展的政策方向可以考虑以下几点。

（1）先易后难，优先考虑建立和完善跨区域知识产权保护机制。在知识产权法院试点基础上，进一步完善跨行政区域的知识产权审判制度。另外，在已经有所进展的跨区域的知识产权行政执法方面，进一步深化合作，以建立密切信息沟通和执行机制，提高执法效率。

（2）加快建立跨区域知识产权流转、交易的市场化机制。深化经济体制改革，破解区域市场分割、经济要素越来越难以顺畅流动的长期痼疾，构建区域共同市场，是十八届三中全会部署的新一轮全面深化改革的重要内容。知识产权作为现代市场经济中越来越重要的要素，无论其本身还是承载其上的人才要素、技术要素、企业要素等，通过构建流转交易平台、减少政府干预、统一政策尺度等，形成一个统一市场，是跨区域知识产权协同发展机制的题中之意。为促进知识产权作为要素在区域间的市场化流动，可以考虑在跨行政区域间，进一步完善跨区域的知识产权中介服务体系，建立以资本为纽带、市场化的知识产权运营平台等。

（3）发挥各类知识产权主体或载体的主导作用，建立多层次的跨区域知识产权协同发展机制。可以在各区域共同关注的环境治理、产业链协同、创新链协同等方面，依托园区、产业协会、产业联盟等，在多层面建立知识产权协同发展机制。

（4）区域相互开放知识产权服务市场，共同培育知识产权服务业。目前，各省市及其辖区政府部门为推动知识产权发展，通过政府的服务采购等措施，如对企业聘请服务机构开展知识产权战略给予补贴等。类似这样的政策，应采取公开透明的招标程序，对来自区域外的服务提供者一视同仁，逐步形成服务水平高、规模大的知识产权服务业。

（5）加强区域间知识产权政策协调和信息、人才要素交流共享。应加强跨区域间知识产权政策的衔接与协调。加强跨区域知识产权协同发展的战略研究和学术研讨。合作编制发布跨区域知识产权发展年度报告。加强人才培训，共享高端师资等人才。

3.3.2　京津冀知识产权协同发展

京津冀是我国建设世界科技强国的重要区域支撑之一，知识产权资源十分丰富，在不到3%的国土面积上汇集了29.9%的有效专利和46%的有效发明专利。加快京津冀知识产权协同发展，探索共同建设、共同收益的区域知识产权协同发展机制，构建高效快捷的知识产权要素流动体系，将推动京津冀成为知识产权强国的重要支撑点。

1. 京津冀知识产权协同发展的基础与条件

京津冀知识产权协同发展，选择重点突破的领域，按照"取得共识、具备条件、现实急需、符合目标、国家要求"等方向，从趋势导向、基础导向、问题导向、需求导向、任务导向等"五个导向"出发，选择率先突破的工作领域。

（1）从发展趋势看，京津冀知识产权合作不断深入，共识不断增强，能够共建知识产权合作体系。随着区域一体化进程的不断加快，京津冀分别就基础设施、人才交流以及知识产权合作等方面签署多项合作协议，京津冀区域知识产权合作不断深入和加速，正由保护合作向全面合作、政府推动向市场驱动转变。2013 年，签署了《北京市—河北省 2013 至 2015 年合作框架协议》和 11 个专项协议，中关村与天津滨海新区、宝坻区和河北廊坊市、承德市、唐山市等签署了战略合作框架协议，明确了知识产权转化、保护等一系列合作任务；2009 年三省市签署《知识产权保护合作协议》，该协议确定了在知识产权保护方面进一步加深合作；2011 年，京津冀专项行动领导小组办公室签署了打击侵犯知识产权和制售假冒伪劣商品专项行动合作协议。2015 年在国家知识产权局的统筹下，京津冀知识产权局共同完成了《知识产权协作框架协议》的起草工作，开展了多次会商，在知识产权保护和服务业等领域达成合作共识。

（2）从发展条件来看，京津冀是我国知识产权资源最富集的区域之一，具备合作的产业基础，能够资源共用。京津冀地区专利的技术含量和专利密度明显高于全国平均水平，技术含量较高的发明专利占比为 61.2%，显著高于全国 40% 的平均水平；每亿元生产总值的有效专利量达 7 件，显著高于全国 1.5 件的平均水平。而且，专利资源聚集产业重点相似，京津冀的专利资源均高度集中于少数资本技术密集的行业，具有很高的重合度。其中，通信设备计算机及其他电子设备制造业、仪器仪表制造业、专用设备制造业、化学原料和化学制品制造业、电气机械及器材制造业、金属制品业、医药制造业、电力热力生产供应业最为典型。上述 8 个行业在京津冀三地均属排名前 10 位的专利资源优势行业，分别占京津冀专利资源总量的 67.1%、55.8%、50.4%，共集聚了三地 54% 的专利资源。

同时，京津冀具有丰富的知识产权服务资源，具有明显的三大优势：京津冀专利代理机构 306 家，大大高于长三角的 198 家和珠三角的 125 家，仅北京的专利代理人就占全国总数的 40%，"中关村知识产权要素一条街"集聚起 600 余家知识产权服务机构；京津冀技术市场成交合同金额达到 2728.6 亿元，占全国的 42.4%，相当于长三角地区的 2.7 倍，是珠三角地区的 7.5 倍，北京市有效发明专利许可转让位居全国前列；京津冀专利质押融资 352 笔，高于长三角和珠三角，作为全国科技金融中心，北京知识产权质押融资全国领先。

（3）从问题导向看，京津冀区域知识产权面临一些共同问题，可以合作解决（见表 3-1）。尽管三省市处于不同的发展阶段，但是有一些共同的问题。如知识产权保护普遍有待加强，知识产权运用有待突破发展，企业知识产权管理普遍薄弱，知识产权优势企业有待培育，亟须开展国际化知识产权经营等，尤其是知识产权服务产业、推动经济发展的作用有待加强。津冀知识产权服务业相对落后、人才不足，尤其河北知识产权服务业落后，企业知识产权人才缺乏，专利代理机构 21 家，仅占全国的 2%，执业专利代理人 95 人，占全国的 0.97%，仅能提供代理低端服务；在企业知识产权人才方面，全省 360 家知识产权优势培育单位基本胜任知识产权管理工作的专职人员不足 150 人。

表 3-1　京津冀三地知识产权面临的问题

北京	天津	河北
知识产权政策体系建设与首都经济社会发展的时代要求因应不足；知识产权保护的环境有待进一步完善；知识产权综合管理和服务的能力有待加强；知识产权服务中关村建设和中央在京单位的工作有待深入；知识产权促进创新驱动和价值实现的能力亟待提升	有专利的企业与全市科技型中小企业的比例为 1/7；企业知识产权管理处于初级阶段，缺乏具有国际竞争力的知识产权优势企业和品牌优势企业；知识产权流失时有发生，侵权盗版现象时有发生；知识产权管理服务体系有待加强；知识产权人才不足，知识产权政策力度不够、执行不力	创新能力不强，专利申请增长不但落后于沿海经济科技强省，也落后于一些中西部省份；专利工作体系尚不健全，专利管理和执法力量较弱；企事业单位创造和运用专利的能力和水平还不高，核心竞争力弱；社会公众的专利保护意识还不强，专利侵权现象时有发生

（4）从需求导向来看，京津冀区域有共同的利益诉求，可以联合发展，实现规模经济。各省市在知识产权规划和计划中，有共同的发展内容，可以联合开展，能够体现规模效应。如共同推进区域知识产权运营工作，支持构建京津冀知识产权运营平台和知识产权运营工作多元化发展；加快服务机构跨区域流动，建设知识产权服务业集聚发展试验区，加快京津冀知识产权服务业联盟建设；优化和创新知识产权金融产品，建立跨区域知识产权投融资服务联盟；建立跨区域知识产权保护体系，加大企业知识产权保护力度；共同开展加快知识产权预警分析，推动建立重大经济活动知识产权评议机制，

联合推动企业进行知识产权海外预警，支持企业"走出去"；建立跨区域知识产权人才培养体系和一体化流动市场，加强知识产权人才队伍建设等。

（5）从任务导向来看，京津冀区域有着共同的发展任务，可以任务共担，实现协同效应。国家京津冀协同发展规划纲要提出了明确要求，这是国家的任务，京津冀要落实。一是，推动京津冀创新驱动发展，促进创新资源合理配置、开放共享、高效利用，推动形成京津冀协同创新共同体，建立健全区域协同创新体系，共同打造引领全国、辐射周边的创新发展战略高地。这要求，围绕核心技术形成一批高价值专利，将创新园区培育成知识产权聚集区，促进区域知识产权体系一体化，培育跨区域知识产权服务体系，加强区域知识产权资源的开放共享。二是，深化体制机制改革，破除限制资本、技术等生产要素自由流动和优化配置的各种体制机制障碍，打造区域体制机制高地。这要求，推进知识产权要素市场一体化，建立区域知识产权行政协同机制，加强区域知识产权公共服务一体化等。三是，推动产业升级转移，理顺产业发展链条，打造立足区域、服务全国、辐射全球的优势产业集聚区，这要求，围绕三省市产业链、创新链加快知识产权布局，打造知识产权发展载体。

2. 京津冀知识产权协同发展存在的问题与不足

（1）尚未建立京津冀知识产权资源合理配置机制，存在"孤岛""错轨""断崖"现象，专利布局与产业链、创新链对接融合不充分，区域知识产权分工格局尚未形成，区域知识产权体系难以协同。

一是，由于京津冀三地存在行政壁垒，导致知识产权资源出现"孤岛"现象。京津冀知识产权资源配置不合理，导致知识产权出现分散封闭、交叉重复等碎片化、孤岛现象。区域内知识产权人才、资本、服务等要素过于集中，跨省市流动和开放共享程度偏低。如区域内知识产权承接能力不强，知识产权成果主要流向区域以外，知识产权合作大多处于企业自发状态，如2013年首都流向区域内首都经济圈的技术合同为58 668项，比长三角少13 509项；三省市都建设各自的专利信息平台，开展专利预警分析等，利用率不高，存在重复建设和资源浪费。

二是，由于知识产权的供给和需求匹配度不高，导致知识产权资源出现"错轨"现象。北京是全国的知识产权中心，北京的研发高校、研究机构占有重要地位，其知识产权更多的是"高精尖"，而天津、河北受工业化阶段的影响，知识产权的需求更多集中在传统行业领域。从技术层面分析发现，三地多数行业内的技术关注点存在较大差异。在三地专利资源规模平均排名靠前的八大行业中，仪器仪表制造业、化学原料和化学制品制造业、电气机械及器材制造业等行业最为关注的 IPC 小类和最为活跃的 IPC 大类均存在较为明显的差异❶。这导致知识产权需求与供给出现了结构性错位，创新链、产业链与专利布局对接融合不够充分，知识产权梯度转移对接路径尚未形成。

三是，由于发展环境的巨大差距，导致产生"断崖"现象。三地知识产权发展水平存在较大差异，《2013 年全国专利实力状况报告》显示，北京的综合实力指数高于 70，位居全国第 2 位，处于第一梯队；天津的得分在 60 和 70 之间，位居全国第 11 位，处于第二梯队；河北的得分在 50 和 60 之间，位居全国第 17 位，处于第三梯队。北京的有效专利占京津冀有效专利总量的 7 成，发明专利占比为 68%，显著高于天津、河北的 50% 和 37%。同时，津冀两地有效发明专利总量之和仅是北京的 28%，表明京津冀之间专利资源实力差距远大于经济规模差距，区域发展差距悬殊，处于不同的发展阶段，难以有效对接和流动。

（2）尚未建立京津冀区域知识产权协同合作机制，政府缺少协调、市场缺少统一、服务缺少桥梁，区域知识产权协同动力不足，可持续性有待提升。

一是，京津冀区域政府间知识产权合作机制尚未有效建立，缺少协调。发展规划、知识产权政策和重大项目等区域层面的沟通协调制度化程度较低，区域知识产权体系有待进一步健全。三地尚未制订知识产权协同发展规划，三地的发展规划和行动计划也未进行有效衔接；京津冀三地之间知识产权项目布局协调不够，河北与北京、天津的发展差距拉大，《2013 年全国专利实力状况报告》显示，京津两地承担国家级项目指数都是 60 多分，而河北只有 20 多分，排名第 22 位。京津冀三个地区之间的政策沟通协调不够，如专利资助政策存在地区差异、新技术新产品的政府采购政策存在区域歧视和地方保护现象等，这些都阻碍了知识产权资源的高效利用和优化配置。

---

❶ 以化学原料和化学制品制造业为例，从技术关注点看，在北京提交专利申请最为集中的 IPC 为 B01J-催化作用、胶体化学等一般的物理或化学方法，在天津提交专利申请最为集中的 IPC 为 C07C-无环或碳环化合物，河北专利申请最为集中的 IPC 为 C07D-杂环化合物；从技术热点看，在北京提交专利申请最活跃的 IPC 为 G01-测量、测试，在天津提交专利申请最活跃的 IPC 为 C05-肥料制造，而在河北提交专利申请最活跃的 IPC 为 C12-生物化学。

二是，京津冀区域知识产权要素市场体制不完善，缺少分享。资源配置行政色彩浓厚，市场机制发挥不够充分，重大改革措施尚处于起步阶段，没有构建成一个富有活力、统一性、区域性知识产权要素市场，知识产权要素多数只能为地方服务，不能为区域服务，不能自由流动和迅速集结，知识产权资本、成果、人才等要素自由流动和优化配置受到阻碍，知识产权活动不能有效对接协作和互补互助。

三是，京津冀区域知识产权协同的支撑服务体系不完善，缺少桥梁。知识产权协同不仅需要人才、机构跨区域的有效合作，还需要相对完善的支撑服务体系。但受到管理体制条块分割的影响，没有意愿建立跨区域知识产权公共服务体系，信息数据等难以共享，没有建立跨区域、一体化的知识产权公共服务平台。同时，天津、河北支撑知识产权的专业服务体系相对薄弱，使得北京的知识产权成果难以在天津、河北两地转化为现实的生产力。

3. 京津冀知识产权协同发展的对策措施

按照资源互享、政策互惠、市场互通、功能互补、融合互动的原则，坚持问题导向、坚持重点突破、坚持改革创新、坚持开放发展、坚持市场主导，以资源要素统筹利用为主线，推动形成京津冀知识产权协同发展，需要"建立三个机制、实现三个协同"，实现"三位一体"的协同体系；"突出三个抓手、实现三个共建"，打造三大载体。

（1）促进京津冀知识产权规划政策、市场和体系的协同。

加强顶层设计，建立京津冀知识产权协同发展的统筹协调机制，实现京津冀知识产权战略规划和政策协同。在京津冀协同发展领导小组下，国家知识产权局会同相关部门成立京津冀知识产权协调推进工作组，建立"一局三地"知识产权会商机制。建立京津冀知识产权轮值办公会议制度和办公室，加强三地城市、园区、协会、企业等各个层面之间的对接交流。开展京津冀区域知识产权战略研究，共同制订京津冀知识产权发展规划、年度计划及项目表。加快推动中关村和天津国家自主创新示范区先行先试的知识产权政策在京津冀推广落地。建立区域知识产权政策共享和衔接平台，加强京津冀区域知识产权政策的协调与沟通。国家知识产权局等中央部委在资源布局、重点项目及扶持政策等方面给予重点倾斜。举办京津冀知识产权发展论坛，每年定期联合召开京津冀知识产权发展与保护状况新闻发布会。

加强市场导向，建立知识产权要素市场开放机制，突破阻碍要素流动的体制机制障碍，实现京津冀的知识产权要素市场协同。共建共享知识产权服务资源，加强知识产权信息服务平台对接，组建京津冀知识产权服务联盟，构建资源共享的知识产权服务共同体，建立京津冀战略性新兴产业专利信息平台。促进区域知识产权人才自由合理流动，探索建立多形式、多渠道的京津冀知识产权人才联合培养机制，加强知识产权培训基地的共建共享，建立人才信息共享平台和统一的知识产权人才职称制度，建立"一局三地"知识产权管理人员挂职制度，建立京津冀知识产权经理人俱乐部。加大知识产权金融协同，整合金融资源，共建京津冀知识产权质押处置平台，探索建立知识产权银行和互联网知识产权金融平台，成立知识产权投融资服务联盟。

加强联合保护，建立财政投入分担机制，发挥三地各自优势，实现区域知识产权保护体系协同。建立中国知识产权执法华北调度中心，推动建立三地展会知识产权信息共享机制，共建一批京津冀产业知识产权保护联盟，搭建知识产权举报投诉互转和维权援助互通平台，重点在天津自创区、石家庄高新区等建设知识产权快速维权中心，支持建立京津冀知识产权仲裁服务联盟，推进京津冀建立统一的知识产权信用档案，加快形成多元化、一体化、便捷化的纠纷解决机制。

（2）重点建好园区、集群和平台三大载体，构建京津冀知识产权协同发展示范区。

充分发挥中关村自主创新示范区和天津自主创新示范区的先行先试作用，打造京津冀区域知识产权协同的"三大载体"——园区、集群和平台，探索跨区域知识产权协同的有效体制与机制，将京津冀建设成为全国的知识产权协同发展的综合示范区。

共建一批知识产权协同发展园区，实现区域知识产权资源、政策和利益共享。加强自主创新示范区和自由贸易试验区知识产权体制机制创新，推动知识产权管理体制、运行机制、激励政策等方面开展先行先试，建设京津冀知识产权领航区。建设一批知识产权特色产业园区，北京以中关村为核心、以各类产业集聚区为载体、以汇集各类高端知识产权资源为目标建设知识产权原创驱动型园区；天津以滨海高新区为核心、以市级高新区为载体、以促进知识产权转化运用为目标建设知识产权研发转化园区；河北以石家庄高新区、白洋淀科技园等为核心、以各类产业承接集聚区为载体、以专利技术产业化和产业升级为目标建设知识产权产业化园区。

打造一批优势产业知识产权集群，提高产业价值链，加快产业转型升级。建设京津冀支柱产业专利导航产业公共信息服务平台，建成国内领先的国家专利导航产业发展实验区。实施京津冀主导产业专利转移对接行动，加速与首都高校院所合作共建研发机构。设立知识产权密集型产业培育专项资金，围绕京津冀产业集聚区推行知识产权集群管理，建设一批知识产权密集型产业。发布京津冀战略性新兴产业知识产权动态信息，引导知识产权布局，构筑知识产权比较优势。

加强区域知识产权运营平台建设，构建三地协同运营服务体系。组建"京津冀知识产权交易联盟"，形成跨区域、标准化、梯度化的知识产权交易服务体系。共同建立华北知识产权运营中心，打造一站式服务平台。加强京津冀企业与高校和科研院所对接，探索以合作开展共性关键技术研发为手段、以知识产权利益分享为纽带、以研发机构为平台、以创新成果有效转化为目的的跨区域产学研合作机制。加快京津冀交易平台互联互通，举办区域专利技术交易会、优秀专利技术巡展等活动。

3.4 ▶ 京津冀科技金融协同发展

科技金融是促进科技开发、成果转化和高新技术产业发展的一系列金融工具、金融制度、金融政策与金融服务的系统性、创新性安排，是由向科学与技术创新活动提供融资资源的政府、企业、市场、社会中介机构等各种主体及其在科技创新融资过程中的行为活动共同组成的一个体系，是国家科技创新体系和金融体系的重要组成部分（赵昌文，2009）。

3.4.1 战略定位及未来方向

2015 年，《京津冀协同发展规划纲要》明确京津冀三地的功能定位：北京为全国政治中心、文化中心、国际交往中心和科技创新中心；天津为全国先进制造研发基地、北方国际航运核心区、金融创新运营示范区和改革先行示范区；河北为全国现代商贸物流重要基地、产业转型升级试验区、新型城镇化与城乡统筹示范区、京津冀生态环境支撑区。2016 年，《京津冀协同发展人民银行三地协调机制》（银管发〔2016〕289 号）发布，明确北京金融管理、天津金融创新运营、河北金融后台服务功能。

2017年7月，全国金融工作会议明确了服务实体经济、防控金融风险和深化金融改革三项任务，强调质量优先、效率至上，金融发展要更加注重供给侧的存量重组、增量优化、动能转换，强调要推动直接融资发展、改善间接融资结构，强调促进金融机构降低经营成本、避免变相抬高实体经济融资成本等。新时期科技金融成为促进科技开发、成果转化和高新技术产业发展的重要抓手，优化配置京津冀区域内金融资本、拉动产业创新发展成为实现京津冀协同发展的关键问题所在。

3.4.2 主要做法及发展现状

（1）国家高度重视。一是京津冀科技金融协同是国家重大战略的组成部分，《京津冀协同发展规划纲要》指出京津冀要素市场一体化改革的总体要求是探索建立京津冀区域统一的金融投资、产权交易、技术研发、创业就业政策，完善共建共享、协作配套、统筹互助机制，激励三省市按一定比例共同出资建立协同发展基金。二是科技金融生态建设成为新时期推动双创发展的重要措施。2016年8月，国务院发布《"十三五"国家科技创新规划》，提出将"形成各类金融工具协同融合的科技金融生态"作为健全科技金融体系、推动大众创业万众创新的重要措施，重点打造规模壮大的创业风险投资、创新的多层次资本市场和层出不穷的科技金融产品和服务。三是全面推进创新改革试验区建设。2017年9月，《关于推广支持创新相关改革举措的通知》（国办发〔2017〕80号）明确规定京津冀科技金融创新内容：一是对关联企业从产业链核心龙头企业获得的应收账款提供融资服务，二是面向中小企业提供一站式投融资信息服务，三是提供贷款、保险、财政风险补偿捆绑的专利权质押融资服务。

（2）银行金融机构积极配合。一是国开行围绕京津冀协同发展三大领域提供金融支持，为贯彻落实《京津冀协同发展规划纲要》，2015年9月18日，国开行在天津召开"开发性金融支持京津冀协同发展"座谈会，明确在2015—2017年安排2.1万亿元，为京津冀交通一体化、生态环保、产业转移三个领域提供金融支持。二是央行支持天津自贸区发展，2015年年底，央行出台"金融支持天津自贸区30条"，提及建立由国家发改委牵头设立京津冀协同发展基金和京津冀产业结构调整基金。三是建立银行金融机构协调机制，

2016 年 10 月 26 日，人民银行天津分行与北京营管部、石家庄中心支行共同制定了《京津冀协同发展人民银行三地协调机制》（银管发〔2016〕289 号），明确了北京金融管理、天津金融创新运营、河北金融后台服务功能，以及构建跨区域科技金融创新体系，统筹研究支持科技金融创新发展各项政策等内容，建立了三地经济金融统计数据信息共享机制，在推进金融业务同城化、京津冀信用体系建设、全国动产融资中心建设等方面取得了新进展。截至 2016 年年末，天津银行业支持京津冀协同发展贷款余额达 4265 亿元，比 2016 年年初增加 491 亿元。

（3）基金助推区域产业结构优化和产业协同率先实现突破。一是成立京津冀产业结构调整引导基金，拓宽投融资渠道，积极整合资源，大力吸引社会资本参与北京非首都功能疏解和产业转移对接。2016 年 8 月 30 日，京津冀产业结构调整引导基金（100 亿元）在天津自贸区中心商务片区正式设立，主要投向天津高端装备制造、新一代信息技术、航空航天、新材料、生物医药等重点领域，并将对接国家发改委牵头设立的京津冀协同发展基金和京津冀产业结构调整基金。二是成立京津冀产业协同发展投资基金，2017 年 9 月 30 日，京津冀产业协同发展投资基金成立，这是国家出资引导社会资本参与的第一支京津冀协同发展专项投资基金，也是目前国内唯一一支由政府参与的区域协同产业投资基金，基金主体多元化（两级政府和社会出资人）的特点，将促使区域产业结构和体制机制进一步优化，推动产业协同实现率先突破，推动雄安新区和京津冀协同创新共同体加快建设，发挥试点示范的引领作用。

（4）依托"互联网＋金融"创业创新孵化基地培育互联网产业集群。2015 年 10 月，在"互联网＋"、双创发展和京津冀协同发展的背景下，京津冀"互联网＋金融"创业创新孵化基地在天津成立，基地由大唐电信与天津矿产资源交易所共同建立，是全国首家面向互联网金融的创业创新孵化基地。基地充分发挥互联网的资源优化配置作用，依托大唐电信"一体两翼"项目孵化模式（以 369Cloud 技术孵化为主体，以 369 云基金投资服务和 369 云工厂配套创业服务为两翼），主要围绕中小企业发展基金、供应链金融、金融大数据、互联网金融安全、园区金融服务等 5 个方面，重点在教育、医疗健康、文化、体育、金融、保险、物流等领域进行产业化布局和市场化运作，积极推动中小企业互联网金融发展和促进传统金融企业转型，提升实体经济创新能力和生产力，不断构建新价值与新生态，形成了包括移动互联网创业创新服务业务在内的互联网产业群。

（5）打造平台聚集高端资源。一是通过俱乐部整合金融资源和快速传递行业信息。2017 年 10 月，启迪之星与启迪金科共同成立国内首个京津冀科技金融俱乐部，俱乐部的功能定位主要是运用行业领先科技手段，积极整合区域金融资源，为京津冀优秀企业快速传递行业最新讯息，解读热点金融问题，并提供全方位综合金融服务。二是以成立联盟形式打造京津冀金融航母。2017 年 10 月 12 日，集合银行、基金、券商、投资管理公司、资产管理公司、信托等金融机构，规模 20 亿元的"京津冀金融创投联盟"在张家口成立，联盟主要围绕京津冀创新创业企业，汇聚金融资本，降低创业门槛，助力区域经济转型升级和科技产业提升。三是通过打造京津中关村科技城聚集首都创新资源。2018 年 3 月 15 日，"中关村科技金融走进宝坻——共建京津冀科技金融协同创新共同体启动仪式"在天津宝坻区举行。天津京津中关村科技城发展有限公司分别与北京中关村科技担保、科技租赁、创投发展、创投基金签约并揭牌，双方将共建京津冀科技金融协同创新共同体，携手合作打造"类中关村"生态环境。

（6）特色小镇发挥示范引领作用。一是金融支持特色小镇发展。2017 年 2 月，国家发改委和国开行联合发布关于《开发性金融支持特色小（城）镇建设促进脱贫攻坚的意见》，为特色小镇建设提供多元化金融支持，在国家公布的两批特色小镇名单中属于京津冀地区的共有 24 个，其中第一批 9 个（北京 3 个，天津 2 个，河北 4 个），第二批 15 个（北京 4 个，天津 3 个，河北 8 个），通过打造这样一批"三生融合"（生产、生活、生态）、"三位一体"（宜居、宜业、宜游）的特色小镇，将更好地推进区域特色产业和新兴产业发展，助力北京非首都功能疏解和实现京津冀错位协同发展。二是成立科创金融小镇集聚高端金融资源和金融人才。2017 年 12 月 16 日，天津东丽区投资 200 亿元打造国内首个科创金融小镇——东丽湖科创金融小镇，小镇定位为北方股权基金集聚区、京津冀科创金融示范区、北方金融后台服务中心，现已完成产业策划和城市设计等工作，同时被列入天津市第二批市级特色小镇；小镇规划总占地面积约 4.1 平方千米，包括金融核心区、生活配套区和生态涵养区三个板块，按照规划到 2020 年年底，小镇将聚集以股权基金为主的金融机构及周边机构超 500 家，资金管理规模 1500 亿元人民币。到 2025 年年底，吸引各类金融机构及周边机构 1000 家，资金管理规模超过 5000 亿元人民币，金融科技企业和高新技术企业超过 300 家，聚集高端人才超过 1 万人。

京津冀科技金融协同发展相关政策文件见表 3-2。

表 3-2　京津冀科技金融协同发展相关政策文件

时间	文件名称	相关内容
2015.4.30	《京津冀协同发展规划纲要》	①明确了三地功能定位，探索建立京津冀区域统一的金融投资、产权交易、技术研发、创业就业政策，完善共建共享、协作配套、统筹互助机制，激励三省市按一定比例共同出资建立协同发展基金 ②国开行承诺 2015—2017 年安排 2.1 万亿元，重点围绕京津冀交通一体化、生态环保、产业转移三个领域，为京津冀协同发展提供金融支持
2016.7.28	《"十三五"国家科技创新规划》（国发〔2016〕43 号）	提出将"形成各类金融工具相融合的科技金融生态"作为健全科技金融体系、推动大众创业万众创新的重要措施，重点打造规模壮大的创业风险投资、创新的多层次资本市场和层出不穷的科技金融产品和服务
2016.8.30	"京津冀产业结构调整引导基金"在天津自贸区中心商务片区正式设立	①基金总规模 100 亿元，首期 10 亿元，主要以投资高端装备制造、新一代信息技术、航空航天、新材料、生物医药等天津市中长期规划领域为主 ②将对接京津冀协同发展基金和京津冀产业结构调整基金
2016.10.26	《京津冀协同发展人民银行三地协调机制》（银管发〔2016〕289 号）	①明确北京金融管理、天津金融创新运营、河北金融后台服务功能 ②构建跨区域的科技金融创新体系，统筹研究支持科技金融创新发展各项政策
2017.4.6	《关于进一步做好 2017 年金融支持京津冀协同发展工作的通知》（银管发〔2017〕77 号）	①统筹研究三地支持科技金融创新发展的各项财税政策协同，三地高新企业享有同等待遇，北京和天津企业支持河北中小微企业的发展 ②建立滨海中心支行、中关村中心支行、廊坊中心支行、张家口中心支行、唐山中心支行等京津冀三地中心支行合作机制，加强中支层面的交流互通 ③推动中关村示范区和天津自贸区的政策互通 ④推动三地扩大直接融资、税率定价自律机制

续表

时间	文件名称	相关内容
2017.5.19	《关于加快推进京津冀全面创新改革试验工作的通知》（京发改〔2017〕665号）	①支持京津冀地区战略性新兴产业和双创孵化产业发行专项债券，投资者可在三地区域性股权市场投资 ②推进三地示范区外汇改革试点、全口径跨境融资宏观审慎管理试点、合格境内个人投资者境外投资试点 ③继续推动中关村示范区加快建设国家科技金融创新中心，开展先行先试、业务创新管理等科技金融创新试点。加强民营银行、中关村及天津滨海示范区有效联动 ④落实高新技术企业认定管理办法和三地高新技术企业所得税优惠
2017.7	全国金融工作会议在北京召开	①明确了服务实体经济、防控金融风险和深化金融改革三项任务 ②强调质量优先、效率至上，金融发展要更加注重供给侧的存量重组、增量优化、动能转换；强调要推动直接融资发展、改善间接融资结构；强调促进金融机构降低经营成本、避免变相抬高实体经济融资成本等
2017.7.20	全国首单京津冀协同发展债务融资工具成功发行（10亿元）	①全部用于支持曹妃甸京津冀协同发展相关园区建设 ②该债务融资工具的成功发行将发挥债券市场创新工具的示范引导作用，为京津冀协同发展建设开辟新的融资渠道
2017.7	国务院印发《关于强化实施创新驱动发展战略进一步推进大众创业万众创新深入发展的意见》	①拓展企业融资渠道，不断完善金融财税政策 ②创新金融产品，扩大信贷支持 ③发展创业投资，优化投入方式，推动破解创新创业企业的融资难题
2017.9	《国务院办公厅关于推广支持创新相关改革举措的通知》（国办发〔2017〕80号）	①以关联企业从产业链核心龙头企业获得的应收账款为质押的融资服务 ②面向中小企业的一站式投融资信息服务 ③贷款、保险、财政风险补偿捆绑的专利权质押融资服务
2017.9.30	"京津冀产业协同发展投资基金"成立	①基金首期规模100亿元，采用有限合伙制形式 ②国家出资引导社会资本参与的第一支京津冀协同发展专项投资基金，也是目前国内唯一一支以区域协同为主题政府参与的产业投资基金

资料来源：中国人民银行营业管理部、中国人民银行中关村国家自主创新示范区中心支行及相关网站。

3.4.3 京津冀科技金融协同存在的问题及其原因

（1）思想认识不统一，科技金融分离严重。注重北京非首都功能疏解，关注交通、产业和生态环保三个重点领域，没有形成京津冀"大金融、大投资、大服务"的统一认识，各自为政、各自为营的传统观念影响很深。一是资源分布不均带来发展的不平衡与不充分，北京作为全国的政治、文化、科技创新和国际交往中心，聚集了大量的科技创新资源和金融资源，以中关村为典型代表，聚集了一大批科技银行、天使投资人、风投公司、创投基金、信用中介机构、知识产权中介机构、产权交易机构等金融机构和科技中介机构，同时，北京也是金融总部的聚集地，天津、河北则相对较少；科技金融配置和撬动社会资源的功能没有发挥出来，消费结构亟待升级。二是科技金融分离严重，科技金融发展更多靠财政投入，而非科技金融本身。从科技投入来看，2016 年，北京科学研究与试验发展（R&D）经费支出 1484.6 亿元，天津与河北分别为 537.3 亿元和 383.4 亿元，北京的研发投入高出津冀总和，是天津的 2.76 倍，河北的 3.87 倍；从研发投入强度来看，北京为5.96%，天津为 3.0%，河北为 1.2%，京津较高，河北则低于全国平均水平（2.11%）0.91 个百分点（见表3-3）；科技投入对财政的过度依赖带来科研体制僵化、科技型企业创新创业的动力和能力不足。

表3-3　2016 年京津冀 R&D 经费支出及投入强度

地区	R&D 经费支出（亿元）	R&D 强度（%）
北京	1484.6	5.96
天津	537.3	3.0
河北	383.4	1.2

资料来源：2016 年全国科技经费投入统计公报。

（2）政策协同不足，跨区域经营存在较大障碍。针对京津冀科技金融协同的相关政策比较缺乏，缺少专门性、系统性和针对性的法律法规文件。一是科技金融对企业及产业的支持更多体现为财税金融、高企认定、众创空间支持及产业基金等形式，缺少专门的京津冀科技金融协同政策，目前主要有《京津冀协同发展人民银行三地协调机制》（银管发〔2016〕289 号）和《关于进一步做好 2017 年金融支持京津冀协同发展工作的通知》（银管发〔2017〕

77 号）等，政策协同不足导致大量社会资本的闲置和浪费，房地产热居高不下、实体经济发展乏力和金融风险防控艰难即是例证。二是部门协同不足，科技部门与金融部门、产业部门联动协同不足，科技型企业发展更多依靠财政支持，金融资本对科技型企业尤其中早期企业的支持严重不足，资金链对产业链和创新链的有效支撑不足，产业、企业、资本、人才等要素不能有效集聚到一起；同时，金融产品结构单一、银行服务能力不足导致融资渠道狭窄，风险评估、风险防控和监督机制等不健全，共同造成科技资金利用效率低。

（3）企业协同不足，征信体系有待健全。一是企业协同不足，中关村拥有 300 多家上市公司，创新与资本双擎驱动模式已经形成可示范、易推广的"中关村经验"，但目前对津冀的示范带动作用有待提升。二是京津冀三地科技金融统计数据框架体系不完善，导致三地科技金融信息不对称，从而使对京津冀高新技术产业的数据分析不可比，这在一定程度上削弱了金融机构对优质科技型企业的支持力度，国家"双创"示范基地建设和京津冀大数据综合试验区建设步伐加快将会使这一状况有所改善。三是尚未建立统一的区域征信体系，导致企业金融信息和信用信息不能共享，限制了企业间的进一步交流与合作，点对点的随机接触与服务不能满足企业的融资需求，阻碍了科技金融生态环境的优化。

（4）多层次科技金融投资体系协同不足。一是创业企业融资成本较高，《2015 中国创业融资城市排行榜》数据显示：北京以全年融资项目 954 个，融资额高达 1392 亿元排名第 1 位；天津以 25 个创业项目，总融资额 23.58 亿元位居第 10 位，仅为北京的 1.69%；河北则没有一个城市进入前 20 位当中。二是科技金融协同配套服务机制不健全，由于科技保险实践中配套服务不完善，保险机制设计不足，银行、保险、政府多方协同不足，加上信息不对称，导致了风险投资、银行贷款、科技保险风险增加。

3.4.4　京津冀科技金融协同的对策建议

立足各自比较优势和现代产业分工需求，服务京津冀协同发展，加快全面创新改革试验的典型示范应用和经验推广，加强资源集聚和跨区域联通；加强央地联动政策梳理，探索政策协同新举措，构建完善管理专业化、监管规范化、资金来源多元化、运作激励市场化、团队高端化、服务网络化的全链条、大科技金融服务体系，以京津冀产业结构调整引导基金、京津冀产业协同发展投资基金为抓手，加强北京非首都功能转移，优化京津冀产业结构，为打造全国科技创新中心和全国先进制造研发基地提供金融支撑。

（1）加强顶层设计，树立区域"大科技、大金融、大服务"理念。一是加快京津冀金融服务一体化步伐，建立中关村—天津科技创新发展基金等，统一规划城市圈金融资源开发、金融设施配套、金融市场开拓和金融政策，建设金融同城，形成聚合金融模式。二是加快推进城市圈信贷市场一体化、金融信息服务一体化、金融清算一体化和票据市场一体化。推进城市圈金融分支机构管理一体化和信贷保险市场一体化。引导银行业金融机构科学规划，合理分工，积极探索建立城市圈银行分支机构管理同城化、信贷授权授信同城化等新机制。三是深化京津冀金融业在互设机构、打通市场、互通业务、人才交流和协同监管等方面的合作，推动三地开展金融信息共享、金融监管、反洗钱、金融消费者权益保护和金融债权司法保护合作，健全异地授信业务风险管控机制。四是加大"一行三会"对京津冀协同发展的金融支持力度，允许金融机构跨区服务，加快区域股权市场互联互通、互助服务；加强金融基础设施建设；支持三地金融机构在京津冀区域内开展业务创新，尤其发行专项建设债券、绿色债券、PPP、资产证券化等产品。

（2）大力建设科技金融集聚区。一是制订京津冀科技金融资本聚集区规划，加快布局科技金融集聚区，整合科技金融相关扶持政策，大力吸引海内外高端金融人才和资本进入；积极开展股权资本化、智力资本化和资产证券化试点；吸引深创投、粤科金融等品牌创投机构入驻京津冀，合作设立区域产业转型升级引导基金，激活带动外地资金、社会资本和民营资本进入创投领域，实现追赶创新和突破创新；加快建设一批科创金融小镇，充分发挥科技金融小镇的资本集聚和示范带动作用，完善创新创业生态系统。二是引导私募股权投资和各类风险投资基金聚集，引导私募股权基金与国家新兴产业创业投资基金、科技型中小企业创业投资引导基金、国家科技成果转化引导基金等深度合作，积极争取国家资本加大对京津冀科技型企业的投资力度；在有条件地区规划建设私募股权基金产业园区和基金小镇，吸引国内外大型股权投资基金及管理企业入驻，逐步形成私募股权投资聚集区。三是建设中介机构聚集区，支持外资和民营资本发起设立证券公司，积极引导合格市场主体设立小微证券公司；支持证券期货公司设立分支机构，加强综合业务平台和区域管理中心建设；大力发展会计师事务所、律师事务所、信用评级机构、资产评估机构等中介机构。四是建设高端服务功能聚集区，支持有条件的机构设立股权众筹、大数据、云计算等中介服务平台，为科技型企业通过互联网进行公开小额融资提供便利；引导各类创业投资机构和股权投资基金参与平台项目，支持和辅导处于初创期的众筹平台快速发展。五是发挥中关村自主创新示范区带动作用，推广中关村科技金融综合服务一条龙体系做法，在自创区、高新区加快推进中关村示范试点政策，培育一批高新技术企业和独角兽企业；加快推进小额贷款公司跨区经营试点，降低企业成本，加快推动普惠金融和绿色金融发展。

（3）完善创业投资引导机制。一是积极打造全流程科技金融创新创业服务平台，建立完善科技企业融资需求信息库、科技金融服务机构信息库、科技金融人才库、科技企业信息库等数据平台，为不同发展阶段的科技型中小企业提供投融资、知识产权交易、科技咨询、政策支撑、人才培训、信用体系、投贷联动等一站式服务，加强科技创新、市场需求和社会资本有效对接，引导创业投资更多向创业企业前端延伸，并加强对平台的运营管理、服务能力和服务成效的考核监督。二是拓宽创业投资资金供给渠道，不断扩大社会资本参与新兴产业等创投基金规模，做大直接融资平台，鼓励银行业金融机构为创业投资引导基金、创业投资基金提供融资和资金托管服务，做好创业投资引导基金的资金保管、拨付、结算等服务。鼓励保险资金投资创业投资基金，积极推动保险资金对接实体经济。三是发展国有资本创业投资，制定国有资本参与创业投资政策措施，完善国有创业投资机构激励约束和监督管理机制，引导和鼓励国有企业参与新兴产业创业投资基金、设立国有资本创业投资基金等，充分发挥国有资本在创业创新中的重要作用，出台国有产业投资机构和国有创业投资引导基金国有股转持豁免政策。四是推动创业投资"引进来"与"走出去"，落实外商投资创业投资企业相关管理规定，鼓励外资开展创业投资业务；鼓励中外合资创业投资机构发展，支持设立海外创新投资基金，发挥自贸区综合服务平台作用，引导和鼓励创业投资机构加大对境外高端研发项目的投资。

（4）深化科技金融产品和服务创新。一是创新科技信贷产品，引导银行业金融机构与证券业及 VC、PE、天使投资机构合作，针对不同企业特点和不同发展阶段，提供现金管理、支付结算、债券发行、并购重组、上市辅导等一揽子金融服务。二是支持探索开展投贷联动模式和科技型企业直投业务。搭建企业应收账款融资服务平台，推动科技企业应收账款抵押贷款业务发展，扩大动产质押、知识产权质押、股权质押、订单质押、仓单质押、保单质押、纳税信用贷和萌芽贷等贷款规模；鼓励银行业金融机构与保险业合作，探索开展信用保险、责任保险、小额贷款保证保险等银保联动模式。三是创新科技金融服务模式，鼓励各商业银行在国家自主创新示范区设立科技分行；鼓励金融机构在各高新技术开发区设立科技金融专营机构，实行单独运营、单独管理、单独核算、单独考核，并在资源配置上给予倾斜。四是加快发展互联网金融，支持有条件的金融机构建设创新型互联网平台，依法依规设立互联网支付机构、网络借贷平台、网络金融产品销售平台等；积极开展股权众筹融资试点，打造自贸区股权众筹中心，探索建立股权众筹联盟，争取互联网股权众筹平台等方面的优惠政策在国家自主创新示范区先行先试。

（5）加快建立科技金融信用机制。一是创新科技金融信贷管理体制，构建单独的信用评级体系、单独的授信审批机制、单独的产品研发与市场营销机制、跨业合作与风险分担机制、创新科技信贷退出机制，适当提高科技型企业不良贷款容忍度。二是加快建立促进科技创新的信用增进机制、科技担保和再担保体系，探索设立由政府出资控股的集信用评级与担保为一体的金融综合服务平台；鼓励金融机构、中介组织和科技企业发起设立企业信用促进会等促进科技企业增信的社会组织；鼓励高新技术产业开发区、科技园等建设科技金融信用体系建设示范区。三是推动开展小微科技型企业信用评级试点，鼓励与信用状况挂钩的信贷产品创新机制。支持社会信用服务机构进行信用服务产品创新。支持有条件单位设立科技信用评级机构，鼓励信用评级机构创新评级技术，建立针对科技型企业特征的信用评价方法和指标体系，为科技型企业提供更好、更专业化的服务。

（6）完善多层次资本市场。一是大力推动企业上市和上市公司再融资。加强科技型企业上市辅导和培育，积极推动其在沪深交易所、"新三板"、区域股权交易中心上市融资和挂牌交易；鼓励有实力的企业开展并购，鼓励科技型企业股份制改造，多层面、多领域鼓励互联网金融发展，真正解决企业融资难和融资贵的问题。二是积极发展地方要素市场，支持股权交易市场建设，促进区域股权交易市场加快发展，推动金融资产交易市场创新发展。加快推动设立金融资产交易中心、知识产权交易中心、科技创业证券公司等创新型金融要素交易机构。三是加强对外合作，支持外资金融机构参与京津冀资本市场建设，充分发挥亚洲基础设施投资银行、丝路基金、东非基金、亚洲金融合作协会等国际金融机构及组织对区域经济发展、协同创新和对外开放的促进作用。四是加快推进京津冀全面创新改革试验区建设步伐，组织相关金融机构开展融资创新试点，通过投贷联动、无抵押质押信用贷款等方式增加贷款投放；加快推广中关村"带品牌、带项目、带资金、带团队"统筹开发模式，在打造"类中关村"生态系统的同时，共建京津冀科技金融协同创新共同体；加快推广新金融政策，给予互联网金融企业入驻互联网金融功能区房租补贴，支持服务链条关键性平台和基础设施平台建设等。

3.5 ▶ 京津冀科技仪器设备共享共用

大型科学仪器是科技基础条件重要的组成部分，是推动国家科技进步和科技创新的物质基础和手段。科技部、财政部在大型科学仪器设备、研究实验基地、生物种质资源为主要内容的重点调查中，将我国大型科学仪器界定为单台（套）设备原值在 50 万元（含 50 万元）以上的大型科学设备。大型科学仪器因具有价值高、科技含量高、使用成本高、操作复杂等特点，其已成为国家重要的稀缺性战略资源。而作为一种稀缺性战略资源，实现大型科学仪器开放共享，最大限度地发挥其使用效用则具有显著的战略意义。《中华人民共和国科技进步法》第四十六条规定："利用财政性资金设立的科学技术研究开发机构，应当建立有利于科学技术资源共享的机制，促进科学技术资源的有效利用。"第六十四条规定："国家根据科学技术进步的需要，按照统筹规划、突出共享、优化配置、综合集成、政府主导、多方共建的原则，制定购置大型科学仪器、设备的规划，并开展对以财政性资金为主购置的大型科学仪器、设备的联合评议工作。"

可以看出，大型科学仪器作为稀缺性战略资源在法律层面得到了国家的高度重视。不仅强调大型科学仪器在推动科技进步与科技创新中的重要作用，而且突出优化科技资源配置，强调科技资源开放共享、提高科技资源使用效率的重要性。然而从现实情况来看，虽然近年来我国以大型科学仪器为代表的科技基础条件资源建设进展迅速，但大型科学仪器整体布局不合理、共享机制不完善、使用效率不高的状况还普遍存在，大型科学仪器对于我国科技创新的支撑作用未得到充分发挥。

正是在这种背景下，1997 年，科技部联合有关部门及地方政府，建立了北京、上海、广东、四川、陕西、湖北、吉林、沈阳等八个科学仪器设备协作共用试点，并购置、整合相关仪器资源，建立了我国第一个国家大型仪器中心，以促进大型科学仪器开放共享。2004 年，国家发布《2004—2010 年国家科技基础条件平台建设纲要》及《"十一五"国家科技基础条件平台建设实施意见》，旨在充分运用信息、网络等现代技术，对科技基础条件资源进行战略重组和系统优化，以促进全社会科技资源高效配置和综合利用，提高科技创新能力。2014 年，国务院发布《关于国家重大科研基础设施和大型科研仪器向社会开放的意见》，提出利用三年时间，建成覆盖各类科研设施与仪器、统一规范、功能强大的专业化、网络化管理服务体系，科研设施与仪器开放共享制度、标准和机制更加健全，建设布局更加合理，开放水平显著提升，分散、重复、封闭、低效的问题基本解决，资源利用率进一步提高。2017 年，科技部联合有关部门发布《国家重大科研基础设施和大型科研仪器开放共享管理办法》，旨在推动国家重大科研基础设施和大型科研仪器的开放共享，充分释放服务潜能，提高使用效率。

3.5.1 我国重点地区大型科学仪器开放共享

在国家有关部门和制度文件推动引领下，我国多个省市围绕大型科学仪器开放共享出台了系列文件，建立大型科学仪器协作共享网络平台，推动大型科学仪器开放共享，提高大型仪器资源的使用效率。

（1）北京市。在共享平台建设方面，按照"整合科技资源，聚集研发要素，促进成果转化，推动产业形成，服务企业需求，促进社会发展"的总体思路，北京建成了首都科技条件平台，涵盖 27 家研发实验服务基地、12 个领域中心、14 个区县工作站为主体的平台工作体系和科技资源开放服务体系，同时还建立了天津、内蒙古、重庆、黑龙江、贵阳、银川六家区域合作站，有力推动了大型科学仪器资源面向全国开放共享。在体制机制方面，北京积极推进开放共享规章制度建设，出台了《首都大型科学设备共享平台运行管理办法（试行）》《关于加强首都科技条件平台建设进一步促进重大科研基础设施和大型科研仪器向社会开放的实施意见》等系列文件，不断完善开放共享的激励机制和约束机制，强化大型科学仪器开放共享的支持力度；开展了大型科学仪器租赁费、使用费出资入股试点，积极探索大型科学仪器开放共享的新模式。

（2）上海市。在共享平台建设方面，1997 年在国家有关部委的领导下，上海率先组建“上海市科学仪器协作共用网”，成为科技部支持的八个省市科学仪器设备协作共用试点网之一。此后，上海将大型科学仪器开放共享纳入研发公共服务平台建设，于 2004 年启动了“上海研发公共服务平台”。上海研发公共服务平台已聚集大型科学仪器 22 212 台套，仪器服务机构 749 家，大型科学仪器开放共享服务量已达到 704 557 次，共享成效较为显著。在体制机制建设方面，2007 年上海首创国内共享立法——《上海市促进大型科学仪器设施共享规定》，从法规的高度对仪器设备开放共享形成约束；2014 年修订发布《上海市新购大型科学仪器设施联合评议实施办法》，有效避免新购大型科学仪器的重复购置；建立了大型科学仪器开放共享跨部门协作机制，有效打破了部门壁垒和条块分割；建立了大型科学仪器开放共享信息报送制度，有效地解决了信息不对称问题，提高了开放共享效率。

（3）广东省。在共享平台建设方面，广东省在广州地区大型科学仪器协作共用网基础上，于 2012 年建立了广东省大型科学仪器设施共享服务平台，平台涵盖了管委会、专家委员会、平台办公室、平台以及专业服务子平台等。平台汇集了全省大部分高校、科研院所等单位的大型仪器资源，共享 30 万元以上大型科学仪器 4156 台（套），覆盖医疗卫生、食品药品、石油能源等 20 余个领域，促进了科技资源在全省范围的高效配置和共享利用。在体制机制方面，广东建立了大型科学仪器开放共享评价制度，涵盖了新购仪器设备评价、资源共享共建、服务平台管理、运行绩效评价等多个方面；建立了开放共享奖惩管理制度，仪器设备单位必须如实上报科研设施与仪器数据和公开开放与使用信息。对于违规者，相关部门将予以通报，限期整改，并采取惩罚措施；强化开放共享环境建设，以需求为牵引，以市场为导向，充分发挥市场对科研设施与仪器优化配置的主导作用；积极引入第三方运营团队，探索市场化运营模式和利益分配机制，推动公益和商业服务平衡发展。

（4）重庆市。在共享平台建设方面，重庆市遵循市场经济规律，以需求为导向，以共享为核心，以资源整合和集成为主线，按照“整合、共享、完善、提高”的要求，充分利用现代技术手段，建成了重庆科技资源共享服务平台。平台聚集服务单位 130 家，大型科学仪器 3095 台（套）。在共享体制机制方面，重庆建立了较完善的制度体系，包括《重庆市大型科学仪器资源共享促进办法》《重庆市大型科学仪器资源共享促进办法实施细则》《大型科学仪器资源共享考评激励办法》《重庆市大型科学仪器资源共享考评评分细则》，为开放共享提供制度保障；强化了开放共享绩效评价，建立了绩效评价指标体系、绩效评价流程，搭建绩效评价技术支持系统；强化了大型科学仪器开放共享奖惩，调动了大型科学仪器资源共享平台加盟单位、仪器机组的积极性，提高了大型仪器设备利用率。

从全国范围总体来看，我国大型科学仪器开放共享主要还是局限于区域（省域）内部。由于区域（省域）内部行政管理统一，部门壁垒、条块分割以及信息不对称现象相对较弱，政策、资金、技术流通相对畅通，区域（省域）内部大型科学仪器开放共享的效果总体较好。而跨区域（省域）大型科学仪器开放共享进展缓慢。长三角三省一市（江浙皖沪）在跨区域的大型科学仪器开放共享方面进行了有益的探索和实践。

2004 年，在长江三角洲城市经济协调会的指导下，长三角 16 个城市签订了长江三角洲地区城市合作协议，共同开展建设区域科学研发仪器公用服务平台。2007 年，长三角三省一市（江浙皖沪）在各自仪器共享资源的基础上，本着"共建共享、协作服务、优势互补、互利共赢"的原则，采用"分布建设，系统整合"的构建模式，开通建设"长三角大型科学仪器设备协作共用网"，并投入使用运行。2016 年，三省一市共同签署了《沪苏浙皖关于共同推进长三角区域协同创新网络建设合作框架协议》，进一步深化长三角大型科学仪器协作共用网等共享平台建设。"长三角大型科学仪器设备协作共用网"的建设有力地促进了长三角大型科学仪器开放共享，在推动了区域科技创新与协调发展中发挥了一定作用。但从总体上看，长三角大型科学仪器开放共享尚停留在合作框架建设、网络平台建设等浅层次层面，关键的顶层规划制订、统一的政策体系设计、开放共享相关的体制机制创新尚未取得实质进展，长三角跨区域的大型科学仪器开放共享仍有巨大的提升空间。

3.5.2 京津冀大型科学仪器开放共享协同发展

京津冀是我国科教资源重镇，高等学校、科研院所、重点实验室、工程中心、研究中心等创新机构密集，汇聚了全国 1/4 以上的高等院校、1/3 的国家重点实验室和工程（技术）研究中心，大型科学仪器资源极其丰富。推动京津冀大型科学仪器开放共享协同发展，不仅有利于发挥大型仪器资源在跨区域科技创新的支撑作用，也必将对京津冀协同发展产生重要影响。而现实是，受到"委托代理""道德风险"等多种因素影响，京津冀大型科学仪器资源重复购置、资源闲置、使用效率不高的情况仍很突出，京津冀极其丰富的大型科学仪器资源并未得到高效使用。因此，在京津冀协同发展背景下，如何通过体制机制设计，解决京津冀区域间大型科学仪器资源投入分散、条块分割、布局凌乱、效率低下等突出问题，发挥大型仪器资源在科技创新、京津冀协同中的支撑作用，是亟待解决的理论与实践课题。

1. 京津冀大型科学仪器开放共享协同发展的基础与条件

为贯彻落实《2004—2010 年国家科技基础条件平台建设纲要》及《"十一五"国家科技基础条件平台建设实施意见》等文件精神，2006 年，北京、天津、河北、内蒙古、山东和山西六省市共聚北京，共商环渤海区域大型科学仪器设备共享平台建设，开启了京津冀跨区域大型科学仪器开放共享的序幕。时至今日，京津冀贯彻落实《关于国家重大科研基础设施和大型科研仪器向社会开放的意见》精神，以服务京津冀协同发展为目标，围绕京津冀大型科学仪器开放共享协同发展进行了有益探索。

（1）大型科学仪器开放共享平台基础基本具备。京津冀三省市建立了大型科学仪器共享平台（首都科技条件平台、天津市大型科学仪器开放共享平台、河北省大型科学仪器资源共享服务联盟），以共享平台建设作为硬件基础，通过大型科学仪器服务机构及仪器设备的聚集，为推动京津冀大型科学仪器开放共享创造了良好条件。例如，截至 2015 年，首都科技条件平台已汇集了国家级、市级重点实验室、工程中心 743 个，仪器设备总价值 209 亿元，共有 4.05 万台（套）仪器设备向社会开放共享，此举有效弥补了天津、河北 500 万元以上超大型科学仪器的不足。截至 2016 年 7 月，天津市大型科学仪器开放共享平台已聚集中央驻津院所、大学和市属科研机构在内的服务机构 80 家，50 万元以上的大型科学仪器 773 台（套），占全市 50 万元以上大型仪器总量的 45%，设备原值总额近 9 亿元。

（2）大型科学仪器开放共享协同体系初步建立。近年来，以大型科学仪器共享平台为硬件基础，京津冀开始了跨区域大型科学仪器开放共享协作体系建设。京津冀三省市联合建设"京津冀科学仪器维护维修服务联盟"，主要由京津冀36支仪器设备专业服务队伍组成，联盟面向环渤海六省市的大型科学仪器提供专业化的技术支撑与维修服务。2013年，北京、天津联合共建"首都科技条件平台京津合作站"，面向首都科技条件平台开放天津科服网全部用户资源，首都科技条件平台中的服务机构可以在天津市"科服网"注册开店并提供服务。同时，北京积极支持天津航空航天、石油化工、装备制造、电子信息等产业发展，通过积极开展需求对接活动，支持天津企业发展。2016年，"首都科技条件平台"面向"河北省大型科学仪器资源共享服务联盟"开放大型科学仪器相关资源。总体来看，以平台间的资源开放为核心，京津冀大型科学仪器开放共享逐步形成合作关系，大型科学仪器开放共享协同体系初步建立。

（3）大型科学仪器开放共享制度体系初步成形。近年来，京津冀三省市围绕大型科学仪器开放共享、新购大型科学仪器评议以及相关激励制度建设，出台了一系列管理办法，初步构建了大型科学仪器开放共享的制度体系（见表3-4）。同时，环渤海六省市大型科学仪器开放共享相关文件制度的出台，也为京津冀大型科学仪器开放共享创造了有利条件。

表3-4 京津冀大型仪器开放共享相关制度

地区	年份	制度文件
北京市	2007	《北京市关于促进科技条件共享的若干意见》
	2014	《首都科技创新券实施管理办法（试行）》
	2016	《关于加强首都科技条件平台建设进一步促进重大科研基础设施和大型科研仪器向社会开放的实施意见》
天津市	2006	《天津市大型科学仪器协作共用网暂行管理办法》
	2016	《天津市大型科学仪器开放共享实施细则》
	2016	《天津市实施科技创新券制度管理暂行办法》
河北省	2006	《河北省大型科研仪器管理办法实施细则（试行）》
	2006	《河北省新购大型科学仪器设备联合评议工作管理办法（试行）》
	2016	《河北省科技创新券实施细则（试行）》
环渤海六省市	2006	《关于促进环渤海区域大型仪器设备资源共享的若干意见》
	2006	《环渤海区域大型仪器协作共用运行管理办法》
	2006	《环渤海区域科技条件信息平台建设及管理办法》

（4）创新政策工具加快大型科学仪器开放共享。目前，创新政策工具在京津冀大型科学仪器开放共享协同发展中发挥了重要作用，大大加速了京津冀大型科学仪器开放共享。例如，"首都科技创新券"成功引入"专业服务机构"，"专业服务机构"是高校、科研院所等大型科学仪器供给方的唯一对外工作机构，是连接大型科学仪器供给方与大型科学仪器使用方的纽带，通过"专业服务机构"大大降低了信息不对称，有效推进了北京大型科学仪器资源在津冀两地扩散。河北省针对域内科技型中小企业和创新创业团队，采购北京和天津等跨区域的大型科学仪器服务，予以科技创新券扶持，极大推进了京津两地大型科学仪器资源在河北扩散。天津市在大型仪器开放共享中形成了"双向补贴"的发展模式，一方面通过创新券补贴扶持科技型中小企业等大型科学仪器需求方，另一方面给予高校、科研院所等大型科学仪器供给方超过服务费用40%、最高50万元的市级财政资金补贴，提升了大型科学仪器供给方与需求方的积极性。

2. 京津冀大型科学仪器开放共享协同发展存在的问题与不足

京津冀大型科学仪器开放共享工作在平台建设、协同体系建设、制度体系建设以及创新政策工具中进行了有益探索，促进了京津冀大型科学仪器开放共享协同发展。但是总体来看，京津冀大型科学仪器开放共享协同发展仍处于初级阶段，开放共享仍有很大的提升空间。

（1）大型科学仪器开放共享缺乏顶层规划。虽然京津冀大型科学仪器开放共享协同体系初步建立，但指导京津冀大型科学仪器开放共享协同发展的顶层规划缺乏，京津冀常态化的沟通与协调机制尚未建立，这易导致参与大型科学仪器开放共享的众多利益主体（政府管理部门，高校、科研院所等仪器设备供给方，管理、服务人员等仪器设备管理方等）缺乏跨区域的开放共享理念，大型科学仪器开放共享协同发展具有盲目性。同时，缺乏顶层规划设计，区域间条块分割将长期存在，京津冀三地对于大型科学仪器的管理仍将处于封闭状态，这在一定程度上助推了多头重复投资，加剧了京津冀仪器资源的配置不合理，严重影响了京津冀大型科学仪器开放共享协同发展。

（2）大型科学仪器开放共享缺乏统一政策。京津冀围绕大型科学仪器开放共享平台建设、约束机制、激励措施等出台了一系列扶持政策，但这些政策均局限于京津冀各地内部，京津冀跨区域尚未形成统一的政策，这大幅提升了京津冀跨区域大型科学仪器开放共享的难度，也提高了开放共享的成本。

例如，京津冀三地均推出了"创新券"政策，但是"创新券"扶持对象也仅仅局限于各地内部大型仪器设备需求、供给双方，跨区域资金扶持存在障碍；京津冀三地均建立了大型科学仪器开放共享平台，但目前仅仅实现了三地共享平台的简单链接，仍缺乏统一的政策实现京津冀三地大型科学仪器资源的实质融合。

（3）跨区域的绩效考核与长效激励机制缺乏。京津冀跨区域的大型科学仪器开放共享主要依赖于仪器设备供给方的"觉悟"，以及仪器设备使用方的"自愿"，未形成面向京津冀供需双方的大型科学仪器开放共享绩效考核与长效激励机制。一方面，缺乏跨区域大型科学仪器开放共享的考核机制，大型科学仪器供给方（高校、科研院所等）缺少推动大型科学仪器开放共享的压力，大型科学仪器开放共享无约束力。另一方面，长效激励机制的缺失，大型科学仪器管理者（管理人员、服务人员等）提供仪器设备开放、运行、维护服务的动力严重不足，不能吸引更多的仪器设备供给方自愿加入，大型科学仪器开放共享直接受到影响。

（4）大型科学仪器运行维护维修经费显著不足。大型科学仪器设备通常构造复杂、价值较高，在运行过程中需要较多的维护维修经费。但由于大型科学仪器开放共享有偿服务机制尚未建立、仪器设备维护维修基金显著不足，导致了高校、科研院所等大型科学仪器供给方不愿将大型科学仪器开放共享，造成了大型科学仪器设备处于闲置或使用效率低的状态。特别是对于京津冀跨区域的大型科学仪器开放共享来说，仪器设备的供给方为确保设备处于"正常状态"，更是不愿面向跨区域的需求方提供仪器设备开放共享服务，以规避自身可能存在的仪器设备"管理失责"。

3.5.3　京津冀大型科学仪器开放共享协同发展的对策

1. 强化京津冀大型科学仪器开放共享顶层设计

京津冀大型科学仪器开放共享协同发展是一项系统工程，需要强化顶层设计，调动各方力量共同参与、协同推进。一是成立大型科学仪器开放共享理事会。理事会由京津冀三地政府并联合国家有关部门组成，负责大型科学仪器开放共享规章制度的制定，负责跨区域重大事项的决策，负责建立长效沟通与协同机制。二是成立大型科学仪器开放共享专家委员会。专家委员会由京津冀三地专家联合组成，其职责是对新购仪器进行联合评议，并对京津冀大型科学仪器开放共享的绩效进行评价。三是设立大型科学仪器开放共享专项基金。专项基金可由京津冀三地联合出资或向中央财政申请资金设立,主要用于补助京津冀大型科学仪器开放共享费用支出。

2. 建立京津冀大型科学仪器开放共享统一制度

以促进开放共享协同发展为核心,制定京津冀大型科学仪器开放共享统一的管理办法、制度文件等,以此规范京津冀跨区域大型科学仪器设备的购置、管理和使用等相关行为,核心是要求京津冀三地凡是利用财政资金购置的大型科学仪器必须面向京津冀全社会开放,并且引导和激励非财政资金购置的大型科学仪器面向京津冀全社会开放。在此基础上,推进京津冀大型科学仪器开放共享立法调研,努力将京津冀跨区域的管理办法、制度文件上升为区域性的法规,打造京津冀大型科学仪器开放共享的法治环境,以此强化硬约束。

3. 推动京津冀大型科学仪器开放共享机制创新

机制创新是影响京津冀大型科学仪器开放共享的关键因素,而机制创新的着力点在于优化京津冀大型科学仪器资源配置,调动大型科学仪器开放共享供给方、需求方等各利益主体的积极性,使其全面融入大型科学仪器开放共享。

（1）建立京津冀新购大型科学仪器联合评议机制。一是联合评议的主体。联合评议由京津冀大型科学仪器开放共享专家委员会负责完成,按照公开、公平、公正的原则,着眼京津冀全局,对新购大型科学仪器的必要性、合理性进行联合评议,以此优化京津冀大型科学仪器资源配置。二是联合评议的对象。凡列入京津冀财政预算或项目预算的、购置价格超过50万元人民币的单件或成套大型科学仪器设备必须要纳入联合评议。三是联合评议约束力。凡是未通过联合评议,禁止使用财政资金新购大型科学仪器;凡是通过联合评议,并使用财政经费新购置的大型科学仪器设备,必须要面向京津冀开放共享,大型科学仪器运行情况必须接受社会监督。

（2）建立京津冀大型科学仪器开放共享绩效评价机制。由京津冀大型科学仪器开放共享专家委员会牵头,联合京津冀相关管理部门、专家、用户代表,以大型科学仪器共享服务业绩为核心,从京津冀跨区域的大型科学仪器开放共享服务数量、服务质量、服务成果以及服务京津冀协同发展等方面对大型科学仪器开放共享进行绩效评价。对于大型科学仪器开放共享评价结果，面向京津冀区域定期发布，不仅要为公共财政持续投入与滚动支持、专业人才奖励等提供依据，而且也可对京津冀大型科学仪器供给方形成硬约束。

（3）建立京津冀大型科学仪器开放共享的"双向"激励机制。一方面，京津冀三地通过联合出资或向中央财政申请设立大型科学仪器开放共享专项基金，专项基金以京津冀大型科学仪器开放共享绩效评价结果为依据，用于大型科学仪器供给方设备维护维修、改造升级、新技术开发、测试方法与标准制定，并且专项基金还需重点用于一线专业人员、管理人员和服务人员的奖励，切实提高一线人员的积极性。另一方面，进一步拓展"创新券"扶持范围，大型科学仪器使用方面向京津冀采购大型科学仪器开放共享服务均可使用"创新券"，实现"创新券"在京津冀三地的自由流通。

4. 强化京津冀大型科学仪器开放共享模式创新

根据行业和开放共享服务方式的不同，大力开展京津冀大型科学仪器开放共享模式创新，找准切入口，重点突破，切实提高京津冀大型科学仪器开放共享的效率。

（1）面向优势行业的大型科学仪器开放共享模式。瞄准京津冀先进制造、电子信息、生物医药等优势行业，由京津冀三地政府部门牵头采取市场化运作模式，整合先进制造、电子信息、生物医药等行业市场需求较大的仪器资源，建立京津冀大型科学仪器资源行业开放共享平台，为京津冀优势行业发展提供大型科学仪器资源保障。

（2）中介机构为主导的大型科学仪器开放共享模式。以市场机制为基础，京津冀三地政府部门遴选一批中介机构作为大型科学仪器所有者的唯一代理人，发挥其连接大型科学仪器供给方和使用方的桥梁纽带作用，收集大型科学仪器使用方的需求并及时推介供给方的仪器资源，减少大型科学仪器供给方和使用方之间的信息不对称，从而加速京津冀大型科学仪器的开放共享。

5. 强化京津冀大型科学仪器开放共享环境建设

软环境建设是推进京津冀大型科学仪器开放共享协同发展的重要保障。一是营造开放共享的良好氛围。采取多种形式宣传京津冀大型科学仪器开放共享的理念，提高社会开放共享的意识；利用京津冀三地科技平台、新闻媒介等多种渠道，推介京津冀大型科学仪器开放共享服务，让更多的企业、团体与个人了解、使用大型科学仪器资源。二是强化京津冀专业人才联合培养。联合举办京津冀大型科学仪器专业人员培训班、技术讲座，开展多种形式培训和技术交流，增强大型科学仪器应用水平，提高区域性服务能力，更好地提供产业支撑；推进京津冀三地大型科学仪器专业人员联合开展分析测试方法、测试标准、测试技术的应用研究，提高大型科学仪器专业人员的业务素质。

3.6 ▶ 京津冀创新服务协同发展

创新是引领发展的第一动力，是建设现代化经济体系的战略支撑，新常态背景下，科技创新服务经济社会发展主战场，对推动供给侧结构性改革、培育经济发展新动能、促进高质量发展意义重大。科技部火炬高技术产业开发中心《科技创新服务体系建设试点工作指引》指出，科技创新服务体系是由科技服务机构、平台和人才等构成的，集成知识、技术、资本等创新要素，向社会提供研发设计、科研条件、创业孵化、技术交易、知识产权、技术投融资等各类专业化服务的科技创新支持系统。京津冀科技创新服务体系建设是推动区域内"四新"经济发展，促进区域资源流动、企业成长、产业结构调整等的重要抓手。

3.6.1 京津冀科技创新服务协同发展现状

北京作为全国的科技创新中心，拥有丰富的科技创新资源和强大的研发设计实力，以"中关村模式"享誉世界并在全国示范推广，北京科技服务业具有规模大、竞争力强、业态丰富、科技服务体系完善等特点。天津作为全国的先进制造研发基地和产业创新中心，创新实力逐步增强，研发转化能力较为突出。河北科技创新实力较弱、科技服务市场需求落差较大，承接北京非首都功能疏解和科技成果转移转化的能力较弱，存在科技服务体系不完善、科技服务机构专业化程度不高、高端服务业态较少等问题。推动京津冀科技服务协同发展，应立足三地资源、市场、环境等比较优势，整体谋划、分工协作、共同推进。

1. 研发设计资源丰富，科技服务支撑作用显著

一是高层次人才资源丰富。区域内会集了 2/3 以上的两院院士，是全国人才智力资源最密集的区域。2016 年，北京拥有两院院士 750 人，天津 36 人，河北 15 人；北京拥有国家"千人计划"1486 人（不含中科院系统），天津 161 人，河北 36 人。二是优质高等教育资源丰富。2016 年，京津冀共有普通高校 266 所，其中北京 91 所，天津 55 所，河北 120 所；北京拥有"211 工程"院校 26 所，"985 工程"院校 8 所；天津拥有"211 工程"院校 3 所，河北 1 所，大量本科人才集中于京津地区，为科技创新提供了强大的人才支撑。三是研发实力较强，研发机构数量众多，以北京为代表的总部经济特征显著。2016 年，北京市研发强度达到 5.96%，位居全国第一；天津达到 3%，河北为 1.2%，京津研发强度远远超出全国平均水平 2.11%；2016 年，北京市总部企业达 4007 家；世界五百强企业总部企业 58 家，占中国入围企业的 52.7%，连续四年位居世界城市之首；世界知名企业在京设立跨国公司总部达 161 家。

2. 科技产出丰富，科技成果转移转化区域辐射作用初显

一是专利产出丰富（见表 3-5）。2016 年，北京专利申请达到 189 129 件，同比增长 21%；发明专利申请量突破 10 万件，达到 104 643 件，同比增长 17.7%，在国内专利申请量较大的省市中结构最优；专利授权超过 10 万件，达 100 578 件，同比增长 7%；发明专利授权为 40 602 件，同比增长 15%；万人发明专利拥有量 2016 年年末达 76.8 件，位居全国第一。天津 2016 年专利申请达 10.65 万件，专利授权 3.97 万件，其中发明专利 5185 件；有效专利达到 12.48 万件，其中发明专利 2.27 万件；每万人口发明专利拥有量达到 14.7 件。河北省 2016 年专利申请 54 838 件，专利授权 31 826 件，分别比上年增长 24.5% 和 5.6%；有效发明专利 15 755 件，增长 28.3%。

二是技术交易额上升较快。2016 年，在全国技术合同交易中，北京市成交项数为 74 965 项，成交额 3940.8 亿元，其中技术交易额为 2919.26 亿元，以突出成绩位居全国榜首。天津 2016 年签订技术合同 13 060 项，合同成交额 602.32 亿元，增长 11.7%；技术交易额 435.70 亿元，增长 4.1%。河北省 2016 年技术合同交易总额达 244 亿元，较 2015 年增长 32%，其中技术输出合同额 60 亿元，技术吸纳合同额 184 亿元，分别较上一年增长 50% 和 27%，技术吸纳高于技术输出，河北开始注重科研创新能力的提升。对接合作稳步推

进，辐射转移初见成效。

三是区域内技术成果转移辐射带动成效初显。2016 年，北京技术流向津冀技术合同 3848 项，比上年增长 4.1%，成交额 154.7 亿元，增长 38.7%，占北京流向外省市的 7.7%；北京市企业到津冀投资认缴额分别为 899 亿元和 1140 亿元，分别增长 26% 和 100%；中关村科技园企业已在津冀两地设立分公司 2709 家，子公司 3140 家。承接转化也从技术转让、合资入股、设立分支机构等"单向溢出"模式向共建实验室、产业联盟、产业园区等合作模式转变。天津滨海—中关村科技园的成立为北京高新技术企业转移和重大科技成果转化提供了载体条件。

表 3-5　2016 年京津冀专利申请及授权情况　（单位：件）

地区	专利申请	专利授权	有效专利	万人发明专利拥有量
北京	189 129	100 578	—	76.8
	发明专利：104 643	发明专利：40 602	—	
天津	106 500	39 700	124 800	14.7
		发明专利：5185	发明专利：22 700	—
河北	54 838	31 826	15 755	—

资料来源：2017 年京津冀三地科技工作报告。

3. 创新创业孵化与集聚成为科技服务的新兴业态

一是两大国家自主创新示范区发挥了示范带动作用。中关村围绕科技创新和高新技术产业化两条主线，构建了符合示范区经济、科技及产业发展特色的科技服务体系，并涌现出与硅谷同步发展的新兴业态，中关村创业一条街短短 220 米的街道，入驻了 45 家创新创业服务机构，仅创业咖啡馆就不下 10 家，成为中国"创新服务第一股"，为北京建成具有全球影响力的科技创新中心提供了有力支撑；天津国家自主创新示范区坚持"创新驱动、高端引领、开放合作、辐射带动"，2016 年实现总收入 8625 亿元，同比增长 15%；拥有科技型企业 9286 家，高新技术企业 1028 家，其中营业收入超 30 亿元的高新企业 11 家；有效专利数 2.25 万件，其中发明专利占 35%。为天津建设具有国际竞争力的产业创新中心提供了强大支撑。二是滨海—中关村科技园成为京津冀协同创新的发力点、桥头堡和新标杆。自 2016 年 11 月科技园挂牌一年以来，新增注册企业 316 家，注册资本金 49 亿元，围绕时频技术产业园和工控网络安全产业两个特色产业集群的产业集聚显现。十九大之后，京津"双八条"措施共同支持科技园发展，京津政策协同力度空前，未来将进一步发挥先行先试的示范引领效应。

4. 打造一批科技创新服务平台，推动企业和产业转型升级

一是首都科技条件平台立足首都、辐射全国。自 2009 年成立以来，首都科技条件平台在科研仪器设备、科技成果和科技人才方面形成了开放共享格局，自 2013 年以来，相继在天津、河北等七个省市和地区，建立了首都科技条件平台区域合作站，积极推动平台科技资源服务京津冀协同发展。二是京津冀科技创新公共服务平台提供一站式综合服务。自 2015 年成立以来，平台以"线上+线下""互联网+企业服务"的新模式，围绕政策、投融资、科技创新、人才、经营管理、技术平台、园区服务、资信服务等 8 个方面，为创业企业提供从种子孵育、技术研发到成果转化、创新发展等一站式综合服务。三是打造国家技术转移大平台。2013 年 5 月，根据《科技部与北京市政府关于建设国家技术转移集聚区的意见》（国科发火〔2013〕456 号），立足 2020 年建设国家科技创新服务体系标杆，建成具有国际影响力的技术转移集聚区，科技部与北京市决定在中关村西区共建国家技术转移集聚区，包括亚洲产业科技创新联盟、全球顶级服务机构英国西海岸实验室、北京弘顺国际技术服务有限公司等国际化服务机构入驻，国家技术转移集聚区的雏形已经显现。四是加快建设京津冀大数据综合试验区。2016 年 12 月 22 日，京津冀大数据综合试验区成立并正式启动，试验区成立的宗旨在于将京津冀区域打造成为国家大数据产业创新中心、应用先行区、改革综合试验区和全球大数据产业创新高地，主要包括建立京津冀政府数据资源目录体系、公共数据开放共享、大数据产业聚集、大数据便民惠民服务、建立健全大数据交易制度和大数据交易平台等试验探索。

5. 科技金融服务进一步丰富，互联网金融快速发展

一是打造科技金融综合服务平台，加大对科技型企业的支持。北京市科委联手金融部门，推出了无偿资助、贷款贴息、风险补偿、股权投资等科技信贷服务，2013 年，引导银行业对科技型企业贷款余额超过 300 亿元；推出针对科技型小微企业续贷业务的"循环贷"产品，有效缓解了企业因贷款期

限与经营周期不匹配所带来的还款压力。二是中关村互联网金融得到快速发展，形成多元化多层次资本市场。中关村互联网金融行业协会、中关村互联网金融信用信息平台和国家科技金融创新中心建设的加快，使互联网金融得到快速发展。截至2017年10月底，中关村上市公司总数达314家。其中，境内上市公司218家，境外上市公司96家。2013年以来，中关村上市公司总市值以50%以上年均增长率持续增长。截至2018年3月，天津拥有上市公司50家，"新三板"上市公司208家。三是区域科技金融平台联手助推经济转型、产业升级和科技型企业发展，京津冀"互联网+金融"创业创新孵化基地、京津冀科技金融俱乐部、京津冀金融创投联盟等区域科技金融协同创新平台，除为创新创业提供一站式综合服务外，还为降低企业成本、解决企业融资难融资贵难题促进实体经济发展和产业升级提供了平台。

6. 知识产权服务资源密集

2013年，中关村获批成为国家知识产权服务业集聚发展试验区。京津冀协同发展为天津聚集首都知识产权服务业资源。构建知识产权集聚区创造了条件，"知识产权和标准化一条街"集聚优质知识产权服务资源，打造了中国知识产权和标准化服务高地，已形成中关村知识产权大厦、国际技术转移中心、致真大厦三大集聚点，带动了一大批知识产权服务机构在海淀区集聚发展，涌现出一批品牌服务龙头企业。天津市落实京津冀协同发展战略，集聚知识产权优势资源，研究制定了《深入实施天津市知识产权战略行动计划（2016—2020年）》《关于加快推进知识产权强市建设的实施意见》《天津市知识产权"十三五"规划》等重要工作部署，相继以市政府办公厅文件印发实施，强力推进落实知识产权工作新举措，天津市政府与国家知识产权局、北京市政府、河北省政府共同签订《知识产权促进京津冀协同发展合作会商议定书》，建立一局三地知识产权合作会商机制，共同打造京津冀知识产权协同发展示范区。北科大智能装备产业技术研究院、北科大国家大学科技园天津（磁敏）分园暨磁敏产业知识产权示范园落户天津，吸引中国技术交易所等30余家北京专业机构来津开展知识产权运营和服务业务。

7. 京津冀三地人才一体化破局

2016年2月18日，京津冀人才一体化发展部际协调小组会议在北京召开，会议审议了《京津冀人才一体化发展部际协调小组工作机制》《京津冀人才协会联盟建设方案》；2016 年，京津冀三地党委组织部共选派 220 余名干部人才交叉挂职，有效发挥了桥梁纽带作用；三地共同开发了京津冀高级专家数据库平台，为人才资源融合共享打下了基础；举办了首都专家"石家庄行""张家口行"活动，为当地企业和地区发展出谋划策。2017 年 4 月 27 日，京津冀人才一体化发展部际协调小组第二次会议在天津召开，会议审议了《京津冀人才一体化发展规划（2017—2030 年）》，这是我国人才发展史上第一个区域性人才发展规划，也是服务于国家重大发展战略的第一个专项人才规划，对于更好地实施京津冀协同发展战略具有重大意义；2017 年 10 月 15 日，"通武廊人才一体化发展示范区"在天津市武清区揭牌，该区域将率先实行京津冀人才互认的共同标准，建立人力资源共享的平台。

3.6.2 京津冀科技创新服务协同发展存在的问题

由于三地科技经济发展落差较大，产业转移对接尚在进行中、津冀创新能力和需求不足，以及京津冀一体化体制机制等原因，京津冀创新服务协同还存在以下问题：一是还没有形成有效的科技创新服务资源的利用机制，不能满足京津冀协同发展、国家自主创新示范区建设和双创发展需求，财税分成、资源共享、人才标准互认、平台开放、全面创新改革先行先试推广不够快等原因，阻碍科技创新服务资源的流动、开放和共享。二是对高端科技服务资源的开放和利用程度不高，北京拥有国字号国家级大学科技园、国家级技术转移示范机构、国家级科技企业孵化器的数量分别是天津的 14 倍、6 倍、1 倍多，津冀对首都高校、科研院所及高端人才资源的集聚与利用更是不足。三是北京科技成果转移转化呈现"东南飞"格局，承接结构主要以服务型技术为主，深度的研发合作较少。北京科技成果大部分转向津冀以外的长三角和珠三角地区，2015 年，津冀承接北京技术成果转移只占北京流向外省市的 3%，而中关村每年流向"珠三角"的技术成果就超过津冀之和的 1.5 倍；2016 年，津冀承接北京技术成果转移占北京流向外省市的 7.7%，虽有所提高，但依然占比很低；以京津冀机器人的技术合作为例，2017 年，清华大学共有 89 件机器人专利参与合作和技术转移，江苏、湖北、成都 3 省市占到专利量的 62%，京津冀间技术合作和技术转移不足 10%；天津大学机器人专利合作申请和专利技术转移主要面向江苏和山东，占到专利量的 57%，京津冀之间则为零合作。北京输出到天津的技术合同交易类型中，技术服务和技术咨询约占90%，比北京输出外省市同类技术服务和技术咨询的比重高5个百分点。四是公共科技服务和中介服务体系不健全，对科技创新的服务支撑能力较弱。市场化科技创新服务机构功能定位不清，配套政策和规模跟不上。2015年，天津和北京分别拥有国家级科技企业孵化器30个和34个，但天津科技企业孵化器平均公共技术服务平台的投资额和平均收入额仅为北京的31%；2016年，河北拥有国家级科技企业孵化器26家，其公共技术服务的水平更低。政府组织和提供的公共科技服务功能不全、共享不够、服务不深入；科技服务市场不够活跃，科技中介、科技推广、科技信息、金融法律等专业化科技服务机构数量较少，对科技成果转化落地服务和科技型企业成长的支撑能力较弱；缺乏具有全面运营能力的科技服务领军企业以及具有全国影响力的科技服务平台，多样化和高水准的增值服务较少。社会化的创新服务组织、第三方组织、非政府组织（NGO）、志愿者组织等不受重视。

3.6.3 京津冀创新服务协同的对策建议

坚持集群化、市场化、高端化原则，适应国家深化科技体制改革、全面创新改革试验区建设和国家自主创新示范区建设等需要，紧抓京津冀协同发展和雄安新区建设重大机遇，遵循"分类推进、循序渐进"方针，以促进结构调整、产业转型和服务科技型中小企业及新兴产业发展为目标，以中关村和滨海新区为龙头，以京津塘高科技新干线为轴心，以京津冀协同创新共同体建设为载体，充分整合优化科技服务资源并构建区域科技创新服务体系。

1. 分类推进，加强资源集聚共享

（1）加强研发资源协同，夯实科技服务支撑。一是依托滨海—中关村科技园、五大创新社区、高新区和国家自主创新示范区，围绕三地特色优势产业集群，与北大、清华、北航等高校院所联系，联合共建一批大学科技园、产业技术研究院，开展综合性、集成性、公共性技术开发。二是鼓励三地之间开展多样化产学研合作，联合共建实验室、股份制工程中心、企业研发机构、区域特色产业创新中心（生产力促进中心、博士后流动站）等各类研发机构和科技中介服务机构。三是深入推进京津冀基础研究合作专项，加强基础研究政策协同和资源协同，加大资助力度，进一步探索企业共同资助新模式、新机制，开展实质性的合作研究，解决重点领域关键共性问题，打造京津冀青年科学家论坛品牌，支撑京津冀协同创新共同体建设。

（2）发挥北京技术成果扩散效应，促进技术转移和科技成果转化。一是强化科技成果转移转化政策支撑，破除体制机制障碍，围绕北京全国科技创新中心建设、天津全国先进制造研发基地建设、河北产业转型升级试验区功能定位，加快落实《中华人民共和国促进科技成果转化法》和《关于实行以增加知识价值为导向分配政策的若干意见》，激发创新主体活力；加大力度培育龙头企业和品牌企业。二是加快技术合作与转移，促进北京科技成果加快向津冀转移转化，推进经济高质量发展；加强科技中介机构建设，加强津冀与北京技术交易所、中科院国家技术转移中心、清华大学技术转移中心等技术中介机构合作和中关村高校院所对接，通过研发服务、技术合同、技术咨询、知识产权服务等形式，引进吸纳北京技术成果。

（3）聚集整合科技孵化资源，打造并夯实国家级科技孵化器。一是集聚中关村"新型孵化器建设模式"等创新创业服务资源，夯实滨海新区国家级科技孵化器基础；围绕人工智能、新一代信息技术和文化创意产业，打造"创业苗圃—孵化器—加速器—产业园"全过程国家级科技孵化器品牌；围绕智能制造产业，打造一批国家级科技孵化器。二是培育提升众创空间质量，支持鼓励行业龙头企业、科研院所等围绕特色产业、优势专业领域、行业共性需求打造一批专业化众创空间。

（4）聚集科技金融资源，打造"科技+资本+产业"三融合服务模式。一是推广中关村"天使投资+创新产品"经验，加强北京创业创新、商业模式创新、风险投资、股权投资等服务资源向天津扩散辐射。二是建立京津两地创业投资协会定期联席会议制度、创业投资合作论坛等制度化信息交流平台，促进两地风险投资发展和创投机构的联系和沟通。三是加快投贷联动建设步伐，启动一批重大科技攻关项目；充分发挥京津冀产业结构调整引导基金和京津冀产业协同发展投资基金作用，发挥基金对接雄安新区发展和对三地产业结构优化的示范引领作用。

（5）加强科技条件平台开放共享。一是共建共享科技文献、科技报告、科技数据等科技信息资源，打造区域文献资源共享服务平台和技术信息平台。实施"科技资源开放共享工程"，相互开放国家级和市级重点实验室、工程技术研究中心、中试基地、大型公共仪器设备、技术标准检测评价机构、科技信息机构、科技经济基础数据和基础条件，以及软件评测等科技基础设施。二是加快布局建设一批国家重大科技基础设施研发平台，集聚一批全球顶尖人才和世界级科研机构，造就原始创新策源地，引领世界科技前沿。

（6）联合开展重大项目攻关，支持京津冀共同治理区域性生态环境问题。一是鼓励京津冀企业联合，围绕生物医药、高端装备、大数据、人工智能等重点产业进行联合攻关，积极打造先进制造研发基地；积极推动京津冀工业节能减排技术、大气污染联防联控技术、水体污染治理技术等的科技重大技术攻关；鼓励北京大院大所在津设立分支机构，申报联合攻关项目，允许申报单位不受项目数量限制。二是落实京津冀协同发展重大国家战略，以申请建设国家可持续发展议程创新示范区为切入点，积极参与区域乃至全球环境治理，促进人与自然、社会友好协调发展，将京津冀打造成为产业业态高端、城市管理智能、公共服务优质、人民生活美好、绿色生态宜居、社会文明进步的区域创新创业生态系统。

（7）加快人才一体化进程，打造京津冀人才发展新引擎。一是贯彻落实《京津冀人才一体化发展规划（2017—2030年）》，针对区域人才结构不合理问题，共建共享区域人才平台，实施"北京中关村—天津自贸区—河北雄安新区—石保廊全面创新改革试验区域"人才联动计划，实施"人才帮扶"项目，打造京津冀人才发展新引擎。联合建立区域统一权威的人才网站，集三地产业布局、产业动态、各级各类人才政策、人才需求信息、人才项目申报、创新创业基地、公共服务事项办理、生活服务等一体化的人才服务综合平台，实现三地人力资源市场信息互通。二是针对三地技能人才培养特点，整合培训资源，推动特色技工院校和培训基地建设；针对区域人才国际化程度不高问题，建立海外人才共引平台；针对人才一体化发展体制机制不健全问题，建立一体化人才评价机制、跨区域合作利益分配机制和激励机制、人才社会组织联动机制等措施；针对公共服务资源配置不均衡问题，推动社会保险互通、教育医疗资源共享，建立人才公共服务跟随机制、区域创新人才公共服务平台。

2. 创新聚集方式，完善体制机制

（1）加强规划设计，构建对接机制。一是做好统筹规划，制定《京津科技合作服务资源路线图》，组织各区县科委、产业园区和创新基地就研发设计、创业孵化、技术转移、科技金融、知识产权等需求到北京组织对接会。二是借鉴首都科技创新券模式，制定和完善政府采购流程与方式，向北京企业开放部分政府采购业务，明确北京来津承担政府重大专项的企业，应优先

考虑在津注册企业。

（2）加强平台建设，打造产业转移承接载体。贯彻落实《中关村国家自主创新示范区京津冀协同创新共同体建设行动计划（2016—2018年）》《共建天津滨海—中关村科技园工作方案（2016—2018）》和《关于加强京津冀产业转移承接重点平台建设的意见》。一是以滨海—中关村科技园和五大创新社区为载体，创新体制机制，加强社会化服务，加快现有政策的叠加与集成，加大跨区域创新政策和新兴产业政策的改革力度，共建京津冀协同创新共同体，促进中关村科技服务机构、创新管理服务模式向津冀扩散，探索形成可推广、可复制的跨行政区域合作机制，共同打造区域创新生态园区。二是加快平台建设，京津共建纳米电子材料和器件、下一代软件技术、微纳电子技术等高端研发机构，支持北京蛋白质、航空遥感、重大工程材料等重大机构与天津重大创新载体和平台，面向京津两地开展服务，打造全球领先研发中心和转化基地；加快天津东丽国家科技资源服务业基地建设，共建共享京津大型科学仪器设备设施协作共用网；加快京冀协同创新平台建设步伐，打造类中关村创新生态系统，加快"保定·中关村创新中心"等协同创新平台建设步伐。

（3）打造京津冀一体化科技服务联盟。以促进科技成果转化和提高企业自主创新能力为核心，组建京津冀一体化科技服务联盟，统筹聚合京津科技服务资源，提供数据存储与交换、科技成果转化、科技咨询、科技金融、知识产权、创业孵化、人才引进与培养等专业服务和综合科技服务，构建协作共享的科技服务体系，打造产学研用相结合的协同创新服务体系，使之成为推动创新驱动发展的"加速器"。

（4）构建跨区域科技服务合作与交流机制。一是建立京津冀科技服务定期联席会议制度，推动北京科技服务资源向天津流动，促进现有科技服务机构沿"京津塘"科技新干线统筹布局，打造区域乃至国际化科技服务品牌。二是依托首都科技条件平台，开辟北京科技创新资源向天津转移转化的绿色通道，弥补天津科技服务资源尤其是高端人才及团队少而散的不利局面。

第 4 章

京津冀产业创新共同体

在京津冀协同创新共同体建设政策实践中，产业协同创新基础上的产业协同发展是三地都极为关注的，这是因为，只有实体经济的产业竞争力的提升，才是一个地区发展的根基之所在、目的之所在。从产业层面研究一个区域或跨区域的协同创新，是区域创新研究的焦点之一。在实践层面，产业层面的协同创新也有不少新理念、新工具，如产业链与创新链融合、产业创新集群理论、产业创新平台理论、产业创新战略联盟理论等。本章选择了医药产业、软件产业、海洋产业和钢铁产业作为案例，力图从不同产业的特点出发，为京津冀产业创新共同体建设实践发展提供可操作、可借鉴的思路。

医药产业是典型的高技术产业，在京津冀三地均是相对具有较强产业实力和研发实力的产业，是京津冀共同的支柱产业之一，可以实现强强联合、一体化发展。通过专利视角并选取专利相关数据，测算京津冀地区医药制造业的协同创新程度和协同创新水平；实证分析京津冀地区医药制造业创新协同的发展趋势、两两区域的协同度对比差异等；运用专利网络和社会网络分析法，将区域内合作专利权人和分类号等情况做成专利分析图，直观地了解京津冀地区医药制造业的专利分布状况及各自之间的合作关系。

软件产业是典型的战略新兴产业，北京是中国软件产业的发源地之一，天津也较早建立了软件产业园区。早在 2005 年，京津两地科委就资助了软科学项目《京津软件产业共同体发展规划》的研究工作，本部分就是在课题研究基础上改写的。

京津冀从地理位置上均属于沿海开放地区，海洋产业是京津冀共同关注的区位优势产业，北京虽然不靠海，但海洋研发资源仍然雄厚，更是中国的海洋行政和管理中心。京津冀海洋产业各有特色，可以优势互补，共同创新发展。

钢铁产业过去曾经是京津冀共同的重要产业，特别是河北省产量、产值都很大，对经济和环境影响都很大。随着首钢搬迁到唐山，钢铁制造产业退出北京，但北京在钢铁产业的技术研发方面的优势十分突出，在实现钢铁产业结构调整、绿色发展、低碳发展、循环发展和京津冀建设钢铁产业创新共同体方面具有特殊意义。

4.1 ▶ 京津冀医药产业创新共同体

随着京津冀协同发展上升为重大国家战略，"京津冀协同创新共同体高峰论坛"等各种活动明显多起来。打造产业协同创新共同体，促进区域内产业的高度融合和相互带动，对区域内持续、高效创新具有重要意义。京津冀创新共同体关键在创新要素合理配置，落脚点在产业创新一体化。纵观全球范围内发展良好的地区或产业，大多是依靠区域或产业协同的力量作为有力支撑，从而实现经济的腾飞。当前各国致力于寻找新的经济增长点和深化结构调整，高技术产业正是突破口之一。医药制造业（以下称医药产业）作为高技术产业的重要组成部分，关系国计民生和经济转型升级，同时也是京津冀地区的支柱产业之一。京津冀三地医药产业均具有较好的产业基础和相对较强的创新实力，从产业发展水平看，属于强强合作产业，为京津冀率先形成产业创新共同体提供了一个较好的选择。

4.1.1 打造京津冀医药产业创新共同体的基础

我国医药产业从中华人民共和国成立时起开始初步发展，虽然起步较晚但一直发展平稳。国内许多学者对我国医药产业协同创新的发展情况和未来趋势进行过研究，其他研究主要是从纵向产业链角度和横向产业集群角度展开，从理论层面上弄清医药制造共同体的协同机理、从现实层面上明确共同的发展基础对共同体的打造和协同的推进都是至关重要的。

1. 京津冀三地医药产业科技创新状况

从区域总体情况来看：创新投入方面，2016 年京津冀地区 R&D 活动内部经费支出分别为 1484.6 万元、537.3 万元和 383.4 万元，占 GDP 比重分别为 5.96%、3.00% 和 1.91%；创新产出方面，2016 年北京市万人发明专利拥有量为 76.8 件，居全国第 1 位，天津市万人发明专利拥有量为 14.7 件，居全国第 3 位，但同北京市相比已经存在一定差距，河北省万人发明专利拥有量为 2.89 件，居全国第 23 位，同京津地区存在较大差距。

基于以上对整个区域创新投入、产出和成果转化的分析，可以得出经济带整体的创新能力情况。对比区域协同较为成功的长三角地区：长三角经济带创新投入远高于京津冀地区，但江苏省投入水平独高，浙江省和上海市相比之下较低；而京津冀内部虽然天津市和河北省高技术产业的创新投入能力较低，但差距明显小于长三角经济带；创新产出方面，北京和天津、河北的差距开始拉大；创新成果转化方面，长三角内部的差异较为明显，江苏省的成果转化和产品面向市场的能力更高，浙江省同京津两地水平相当，而河北省新产品的销售收入明显较低，可见成果的转化和市场的开拓水平均有待提高。

通过折线图将京津冀三地医药产业的创新投入产出和成果转化水平同长三角地区适当对比（见图 4-1~图 4-4）。创新投入方面，江苏省和浙江省 R&D 资源投入最高，其余的四个省市创新投入水平和趋势相当，2015 年相较于 2010 年，京津冀医药产业整体 R&D 人员投入分别增长了 2.33 倍、2.30 倍和 1.63 倍，R&D 经费内部支出分别增长了 5.78 倍、3.09 倍和 2.96 倍，有 R&D 活动的企业数从 2010 年的 68 家上升到 2015 年的 262 家。创新产出方面，可以看到医药产业的有效专利数量波动幅度较大，江浙地区和河北省表现出波动上升的趋势，江苏省则一直保持平稳高速增长，京津冀内部有效专利数量较 2011 年分别增长 2.93 倍、2.09 倍和 2.01 倍。创新成果转化方面，除江、浙两省水平较高外，其余四省市中，河北省医药产业的销售收入在 2015 年达到 194 亿，领先于其余三市，说明河北省显现了主导产业和广阔的医药服务市场的优势。

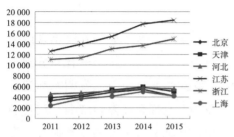

图 4-1　京津冀和长三角地区医药产业
R&D 人员投入情况（单位：人年）

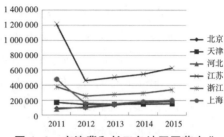

图 4-2　京津冀和长三角地区医药产业
R&D 经费内部支出（单位：万元）

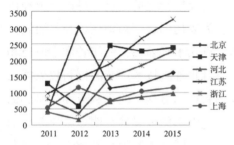

图 4-3　京津冀和长三角地区医药产业
有效专利数量（单位：件）

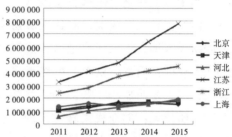

图 4-4　京津冀和长三角地区医药产业
新产品销售收入（单位：万元）

下面分别从医药产业的发展现状和优势、医药组织或政府活动及出台医药政策三个方面分别分析京津冀各自医药产业现状。

（1）北京市。"十二五"末北京市医药产业主营业务收入达到 1300 亿元，10 年间医药产业的产值累计增长约 6 倍，平均产值占到 6.8%，可见医药产业是北京工业发展的重要一环。我国共有医药企业 6000 多家，北京市独占 500 多家，拥有同仁堂、以岭、默克等多家知名企业，覆盖各地分销终端；拥有中关村生命科学园和大型医药产业基地、亦庄医药产业园等医药研发园区，在前沿领域都有重大突破，另外还有中国医学科学院、北京协和、同仁等多家著名医院。2010 年以来，启动了"G20 工程"和"十大疾病科技攻关与管理"等工作，将生物医药产业作为八大科技振兴产业工程之一，培育了一批国际化水平的创新引领企业，推动了百余个创新药和创新医疗器械新品申报和临床试验。2014 年 11 月，第九届全球药品监督机构首脑峰会在京召开，峰会围绕药品检测和应对合作探讨了未来医药行业的发展趋势；2017 年 1 月，北京市医药行业协会举办了医药行业发展论坛，深入解读了《医药工业发展规划（十三五）指南》，并在专业技术交流会中提出打造医药产业新兴服务模式。

（2）天津市。2016 年，天津市规模以上医药产业产值达到 1500 亿元，同比增长 11.8%，计划在 2020 年达到 2200 亿元的规模，未来的发展将致力于生物医药研发和成果转化。天津市先后被认定为生物医药产业基地和药品出口基地，市内从事医药研发的企业超 500 家，包括天津药业、天津金世制药、天士力制药等著名公司，形成了一批包括化学、生物药物在内的优势产业，建成了天津国际生物联合研究院、中国医学研究院天津分院等医药研发中心等医药产业创新平台。2016 年 7 月，天津医药联合哈药等其他五大医药企业联合签署《筹建联合医药平台合作备忘录》，实现企业间的合作以降低成本谋求共同发展。《天津市生物医药产业发展"十二五"规划》规划建成领先的干细胞产业基地和药品研发基地，对天津市医药产业的发展进行规划；天津市的医药产业已经形成了一批优势领域，在化学药物、现代中药、生物制品和医疗器械领域都保持着先进水平，接下来将会从医疗器械、生物技术、化学药物和现代中药四大医药产业链方面着力发展医药产业。

（3）河北省。一直以来河北省利用医药资源优势发展，制定了切实可行的发展战略。计划到 2020 年预期主营业务收入达到 2000 亿元，省级以上工程（技术）研究中心和重点实验室达到 50 家，不断优化产业结构，使化学药品制剂、生物医药、现代中药占比达到 80% 以上。河北省有近 300 多家医药制造企业，省内重点企业开始进行产业结构的转型。河北省作为传统中医药大省，有悠久的发展历史。中国医学科学院研发的世界第一个治疗缺血性脑血栓的胶囊药就落户于石家庄四药有限公司。2014 年，河北安国建设中药都，促使河北省中药产业上档升级，建设了一个完善的物流交易平台和成熟的工业区；2015 年起，沧州市实施"百镇千村千人"项目，建设特色示范村卫生室，培养基层医药人员，项目共建成 69 个医堂，累计投入 1200 多万元；2016 年 2 月，石家庄市中医院和万全县中医院等 8 家医院被认定为河北省中医药文化建设示范医院；2016 年 9 月，河北冀和医药联盟成立，拥有 53 家成员单位，联盟年销售额达 35 亿元。2016 年 9 月，河北省工信厅印发《加快我省生物医药产业发展的若干政策措施》，从加大资金扶持、降低企业成本、完善园区建设、加大人才引入力度等方面对今后医药产业的发展做出规划；2017 年 6 月，河北省发布《河北省改革完善药品生产流通使用政策》，强调深化药品流通改革，完善补偿机制，规范机构合理用药等。

2. 京津冀医药产业科技创新合作现状

2014 年我国医药产业竞争力排名情况中，京津冀三地均列为"较强"行列，除上述京津冀三地各自的医药产业发展，区域内也积极加强合作和协同创新，主要体现在以下几个方面。

（1）医药产业相关活动方面：2015 年 10 月，京津冀三地高校合作启动了"百名博士河北行"，先后有北京大学、河北大学等高校博士对河北省生物医药产业进行了专项调研；2016 年 7 月，北京市卫计委主任在"市民对话一把手·京津冀协同"系列讲话中表示，京津冀医药和耗材将实现统一招标采购，以此降低医疗费用，医药协同发展的关键就是要实现公共服务的均等化；2016 年 8 月，京津冀生物医药产业大会在京召开，论坛推动区域间医药产业的合作工作，建立合作交流平台协助三地了解国家医药产业改革发展趋势；2016 年 2 月，京津冀三地质监局召开药品质量管理规范联合检查会，指出建立完整的跨区域医药产业链和中医药产业创新联盟。

（2）共建产业园区方面：河北省正着力打造渤海新区生物医药产业园，协调省内和京津知名企业的医药产业对接，成为科技成果转化的绿色发展示范区，2016 年 10 月，300 多千克匹多莫德原料药在该产业园问世，这是北京药企集中在河北生产的首批药剂；河北省优化重点产业布局，打造环京津冀健康养老产业圈，打造绿色生态的养护基地；建设渤海新区医药工业园，引进实力强的重点医药企业，落成药品规模化生产的基地。

（3）官方协议决议方面：2015 年 1 月 19 日，北京市经信委与河北省工信厅共同签署了《共同推进京冀生物医药产业发展区域合作框架协议》，达成了共同打造北京·沧州渤海新区生物医药园的战略决策；另外，京津冀还先后签订了《卫生应急协议》《疾病预防控制协议》《医疗卫生全面协同发展的协议》《药品医用耗材的联合采购协议》等协议，共同协调发展并应对医药产业挑战。

无论是区域内自发的还是政策带动下的医药产业合作，京津冀三地都展现出良好的协同创新的发展势头。北京市生物医药产业存在生产前端环节不完善和企业需求无法满足的矛盾，而天津市可以出色地完成医药的提取和制造，河北地区则是原料药的集聚区，三地不同的优势促使合作向着优化产业结构、提升产业能级和激发企业动力的方向定位。

3. 区域医药产业协同创新存在的问题

共同体内发展基础良好且有广阔的发展前景，但同时共同体内依然存在一些问题。首先，区域内产业技术梯度差别大：北京市已具备医学前沿的整体科技布局，同时拥有国家领先的研究成果转化基地，天津市也建立了一系列医药产品基地，河北省长期以来依靠丰富的医药自然资源实现产业持续发展，但创新性不高，目前虽然省内重点企业开始实现恢复性增长和产业结构调整，但现有的技术梯度差异仍然较大。其次，医药制造各项投入不足：现阶段我国高技术产业的发展依然主要依靠 R&D 资金带动，因此提升 R&D 资金的投入强度对我国高技术产业发展的作用依然巨大。但相比于发达国家和国内其他经济带，天津与河北两地经费投入强度仍较低。最后，科技活动受到行政壁垒影响：结合我国具体国情，珠三角经济带和长三角经济带的经济发展奇迹起初都是由于行政手段的实施，但改革开放后经济发展主要依靠自身力量，生成科技创新的内在动力。2014 年京津冀协同发展上升为国家战略后，共同体内依然存在较强的行政壁垒，导致人力、物力资源流动有障碍、信息传递受阻等问题，区域内部经常出现诸如医疗资源配比不平衡、研发活动由于区域归属问题无法攻关等问题，例如我国药企必须在注册地生产、受检，跨区域则只能重新审批，而审批周期也较长。

4.1.2　京津冀医药产业创新共同体协同程度测算

传统上从创新资源投入、创新产出成果、创新产生绩效、成果价值实现、创新支撑环境等几个方面构建指标，但是衡量创新能力的最直接也是最具说服力的指标是专利指标。早在 1969 年，就有学者提出利用专利数据作为衡量产业创新能力的指标，其后更是出现了一批学者就专利信息和技术创新之间的关系进行深入研究，认为专利是创新的直接产出，只有一部分创新符合专利条件并提出申请，技术创新水平才更具有代表性。

1. 专利协同创新有序度指标设定

尽可能地全面挖掘专利各方面的情况，依托传统的衡量创新能力的指标构架，建立基于专利视角的指标体系。分别为专利数量子系统、专利价值子系统、专利结构子系统、专利效率子系统和专利价值子系统。

（1）专利数量子系统。这是专利信息中最直接、最方便的指标。其特点是数量公开、易获取，数据简单、量大，不涉及专利创新之后的应用和存续情况。一般涉及专利申请数量、专利授权数量、专利申请和授权增长率等。

（2）专利质量子系统。该指标更多关注专利在存续期、科技含量和技术点方面是否覆盖广泛等问题，因此更能反映申请经授权专利的内部信息。专利质量不仅强调去除"专利泡沫"之后专利的实际授权情况，也注重考察专利经授权后的专利维持和专利应用。

（3）专利结构子系统。根据医药产业的特点，发现京津冀医药产业的专利均为发明专利和实用新型专利。从专利维持年限和专利引证两个角度考查哪一类有序度更高。一般来说，发明专利比实用新型专利的科技含量更高，且在医药制造产业发明专利更能反映创新的真正水平。

（4）专利效率子系统。专利成果是否高效反映专利产出在多大程度上充分利用了创新资源和科技投入，在多大效率上转化为产出成果。专利效率刨除创新投入的绝对数量因素，是对专利质量的一个延伸。

（5）专利价值子系统。专利价值指标衡量专利产出后转化为真正生产力直至商业化的能力。专利只有有效地转化为生产力才能发挥专利的价值，为下一轮的创新营造更好的经济和创新环境。

2. 复合系统协调度模型构建

首先，界定协同的概念是指区域内部协同创新系统中子系统间相互影响、相互作用，形成一种能超越各区域创新简单加总的最佳度量。建立协同创新系统 $R = \{R_1, R_2, \cdots, R_k\}$，其中 R_j 是整个系统 R 的第 j 个创新子系统，对于每一个创新子系统又有 $R_j = \{R_{j1}, R_{j2}, \cdots, R_{jn}\}$，$R_j$ 由若干序参量或子要素组成，这些组成要素相互作用，形成协同创新的机制。

设定子区域创新体系 R_j（$j \in [1,k]$）的序参量变量为 $e_j = (e_{j1}, e_{j2}, \cdots, e_{jn})$，其中 $\beta_{ji} \leq e_{ji} \leq \partial_{ji}$，$i \in [1,n]$。$\partial$、$\beta$ 分别为系统稳定临界点上序参量 e_{ij} 的上下限，且 e_{ij} 的最优取值集中于特定点周围，而不是过大或者过小。

定义子区域创新体系 R_j 的序参量 e_{ij} 的有序度为

$$\mu_j(e_{ij}) = \begin{cases} \dfrac{e_{ij} - \beta_{ji}}{\partial_{ji} - \beta_{ji}}, i \in [1, l_1] \\[3mm] \dfrac{\partial_{ji} - e_{ij}}{\partial_{ji} - \beta_{ji}}, i \in [l_1 + 1, n] \end{cases} \qquad (4-1)$$

由此可知，$\mu_j(e_j) \in [0, 1]$ 取值越大，e_{ij} 对子区域创新体系的作用越大。由于研究目的在于从专利视角测度京津冀医药制造共同体协同创新能力，因此不仅需要衡量三地区各自的医药产业协同度，还需要建立复合协同度模型，深入分析复合系统整体协同度。定义复合区域系统的整体协同度（DWS）：给定初始时刻 t_0，各自机制序参量的有序度为 $\mu_j^0(e_j)$，$j = 1, 2, \cdots$，k，假定复合创新系统从初始时刻 t_0 演化到时刻 t_1，则它的机制序参量的有序度为 $\mu_j^1(e_j)$，$j = 1, 2, \cdots, k$，由此定义 t_0 到 t_1 时间段的复合创新系统整体协同度是：

$$DWS = \theta \sum_{j=1}^{k} \omega \left[|\mu_j^1(e_j) - \mu_j^0(e_j)| \right] \qquad (4-2)$$

其中：

$$\theta = \frac{\min[\mu_j^1(e_j) - \mu_j^0(e_j) \neq 0]}{|\min[\mu_j^1(e_j) - \mu_j^0(e_j) \neq 0]|}, j = 1, 2, \cdots, k$$

$$\omega_i \geqslant 0, \quad i = 1, 2, \cdots, n$$

$DWS \in [-1, 1]$，复合区域创新系统的整体协同度取值越大，说明整体协同度越高，反之则越低。并且参数 θ 只有在 $\mu_j^1(e_j) - \mu_j^0(e_j) > 0$，$\forall j \in [1, k]$ 时，才有意义，说明复合区域创新系统协同度为正，在 t_0 演化到时刻 t_1 过程中，整体的复合系统是协同演进的。

计算集成有序度首先要对选取的指标赋权并且进行相关性分析。首先邀请专家对协同创新的五个子系统进行赋权，然后采用因子分析这一客观方法对序参量权重加以计算。得到各自的因子特征值和方差贡献率见表 4-1。

表 4-1　基于专利视角的协同创新能力指标体系

系统	子机制	编号	序参量
某地区医药产业协同创新能力评价体系	专利数量指标 （0.125）	A1	专利申请数量（0.347）
		A2	当年专利授权率（0.185）
		A3	授权专利增长率（0.245）
		A4	专利相对产出指数（0.223）
	专利质量指标 （0.25）	B1	发明专利占比（0.295）
		B2	发明专利授权率（0.301）
		B3	平均同族专利数量（0.125）
		B4	平均专利要求权项数（0.279）
	专利结构指标 （0.125）	C1	发明专利平均维持年限（0.301）
		C2	实用新型专利平均维持年限（0.218）
		C3	发明专利平均被引证数（0.166）
		C4	实用新型专利平均被引证数（0.315）
	专利效率指标 （0.25）	D1	万名就业人员发明专利拥有量（0.326）
		D2	宣告无效的专利数量（0.288）
		D3	专利发明人平均专利数量（0.120）
		D4	IPC 主分类号覆盖范围（0.266）
	专利价值指标 （0.25）	E1	有效发明专利数量（0.282）
		E2	专利许可数量（0.194）
		E3	有效专利存活率（0.193）
		E4	涉及诉讼专利数量（0.206）
		E5	新产品销售额（0.125）

3. 各自创新系统有序度测算

将收集到的京津冀地区医药产业专利数据代入式（4-1）中，得到北京、天津和河北专利指标序参量的有序度。再通过线性加权法，将序参量的值代入式（4-2）确定子系统的有序度，结果如下。

北京市专利协同创新子系统有序度测算结果显示：专利数量子系统从1995 年开始至 2010 年基本保持 0.100～0.300 的协同度，个别年份协同度在0.400 以上，2011 年后稳定在 0.500 以上；除此之外，专利质量、专利结构、专利效率和专利价值子系统的协同度改善情况均优于专利数量子系统，其中前三个子系统的数值在京津冀医药产业中居于首位，说明北京市仍然是京津冀区域内医药产业高水平专利的领军人。北京市的专利价值子系统提升最快，专利价值子系统中的有效发明专利和涉及诉讼的专利数量排除了专利泡沫和维持年限短的问题，调查年度内专利质量子系统有序度提升显著也说明了这一点（见表4-2）。

表4-2 北京市协同创新系统有序度

年份	子系统有序度				
	专利数量	专利质量	专利结构	专利效率	专利价值
1995	0.252	0.141	0.128	0.328	0.007
1996	0.146	0.233	0.140	0.361	0.017
1997	0.184	0.324	0.133	0.357	0.029
1998	0.130	0.292	0.149	0.506	0.071
1999	0.286	0.312	0.194	0.236	0.057
2000	0.496	0.407	0.163	0.235	0.057
2001	0.133	0.623	0.148	0.422	0.054
2002	0.250	0.583	0.200	0.337	0.172
2003	0.273	0.625	0.275	0.467	0.177
2004	0.210	0.695	0.311	0.383	0.239
2005	0.425	0.766	0.330	0.379	0.290
2006	0.159	0.751	0.434	0.469	0.301
2007	0.135	0.710	0.442	0.405	0.289
2008	0.298	0.675	0.454	0.519	0.346
2009	0.487	0.636	0.467	0.633	0.440
2010	0.255	0.679	0.448	0.512	0.388
2011	0.573	0.656	0.484	0.503	0.499
2012	0.525	0.601	0.463	0.696	0.597
2013	0.572	0.560	0.543	0.751	0.735
2014	0.570	0.558	0.589	0.752	0.800
2015	0.627	0.703	0.736	0.916	0.856

天津市专利数量和质量子系统表现为波动上升趋势，2014年和2015年才

重新显现协同趋势。专利结构、专利效率和专利价值有序度改善明显（见表4-3）。专利结构趋于合理，发明专利和实用新型专利的各自占比情况更适合天津市医药产业的发展，同时专利的产出可以有效地转化为实际价值；专利效率子系统的有序反映了单位产出专利占用的创新资源减少；专利存活率和转化率的提高，说明专利价值增高。天津市越来越多地承接了北京市医药制造产业专利的生产，同时作为渤海湾重要的外贸港口，拥有内陆和海外双向销售市场，这些都是协同创新子系统有序度改善的优势条件。

表4-3 天津市协同创新系统有序度

年份	子系统有序度				
	专利数量	专利质量	专利结构	专利效率	专利价值
1995	0.059	0.103	0.079	0.029	0.066
1996	0.279	0.157	0.185	0.043	0.071
1997	0.093	0.245	0.089	0.021	0.046
1998	0.151	0.205	0.126	0.028	0.031
1999	0.118	0.282	0.154	0.049	0.026
2000	0.435	0.262	0.162	0.056	0.032
2001	0.481	0.247	0.321	0.073	0.044
2002	0.247	0.435	0.215	0.101	0.071
2003	0.472	0.569	0.222	0.137	0.119
2004	0.275	0.604	0.281	0.124	0.150
2005	0.415	0.653	0.380	0.151	0.231
2006	0.277	0.640	0.375	0.170	0.304
2007	0.179	0.720	0.500	0.178	0.272
2008	0.439	0.679	0.514	0.211	0.334
2009	0.492	0.598	0.528	0.275	0.469
2010	0.408	0.608	0.530	0.263	0.451
2011	0.588	0.540	0.569	0.442	0.493
2012	0.621	0.458	0.611	0.595	0.684
2013	0.552	0.486	0.592	0.697	0.842
2014	0.634	0.455	0.609	0.769	0.829
2015	0.681	0.605	0.807	0.911	0.862

河北省医药产业专利质量子系统和专利效率子系统从开始时就表现出协同且一直保持稳定的态势，2015 年专利质量水平有序度提升不明显但水平较高（见表 4-4）。专利数量和专利价值有序度均从 2012 年开始显著提升。河北省利用医药产业传统的发展优势，调动专利申请的积极性，扭转医药产业创新能力不足的局面，另外专利价值子系统趋于有序，说明河北省的医药产业拥有较广阔的服务市场，在创新成果转化为服务产品方面越来越有优势。

表 4-4　河北省协同创新系统有序度

年份	子系统有序度				
	专利数量	专利质量	专利结构	专利效率	专利价值
1995	0.110	0.205	0.085	0.348	0.029
1996	0.081	0.406	0.134	0.326	0.041
1997	0.175	0.435	0.152	0.275	0.042
1998	0.349	0.425	0.120	0.306	0.048
1999	0.190	0.444	0.328	0.286	0.038
2000	0.280	0.405	0.092	0.297	0.036
2001	0.435	0.464	0.174	0.299	0.034
2002	0.251	0.493	0.145	0.276	0.041
2003	0.310	0.606	0.156	0.375	0.076
2004	0.416	0.605	0.215	0.368	0.135
2005	0.482	0.679	0.276	0.362	0.163
2006	0.426	0.716	0.419	0.439	0.276
2007	0.265	0.675	0.327	0.468	0.235
2008	0.584	0.723	0.365	0.392	0.272
2009	0.458	0.499	0.336	0.510	0.369
2010	0.594	0.465	0.361	0.467	0.284
2011	0.485	0.531	0.361	0.523	0.393
2012	0.713	0.501	0.465	0.582	0.577
2013	0.533	0.470	0.382	0.671	0.658
2014	0.733	0.556	0.526	0.662	0.744
2015	0.860	0.659	0.661	0.882	0.808

4. 整体创新系统有序度测算

整体系统度模型是在 t_0 到 t_1 的一个时间段内，考察协同度的变化和是否得到改善的情况，由于本书选取了京津冀医药产业 21 年的数据量，对 1995—2015 年时间范围内每年的整体协同度进行测算，在一个较长的时间范围内动态地考察京津冀三地医药产业的整体协同度。然后在协同度模型中加入区域层级，测算整个区域医药制造产业的协同度。2013 年京津冀协同概念的提出以及三地医药产业合作的趋向频繁，有理由将三个地区的医药制造产业统一到一个系统，了解随着时间和政策的推进这个系统内部三个地区的合作协同的变化情况（见表4-5）。

表4-5 京津冀整体医药产业协同创新系统整体有序度

年份	北京	天津	河北	整体
1996	0.022	0.021	0.081	0.041
1997	0.051	0.033	0.034	0.039
1998	0.086	0.062	0.093	0.080
1999	0.045	0.039	0.021	0.035
2000	0.090	0.043	0.096	0.076
2001	0.143	0.089	0.152	0.127
2002	0.162	0.115	0.093	0.123
2003	0.219	0.157	0.192	0.188
2004	0.228	0.180	0.134	0.179
2005	0.287	0.206	0.177	0.221
2006	0.288	0.244	0.180	0.235
2007	0.257	0.230	0.138	0.206
2008	0.312	0.257	0.241	0.267
2009	0.380	0.293	0.296	0.320
2010	0.316	0.265	0.235	0.270
2011	0.380	0.298	0.297	0.322
2012	0.430	0.335	0.363	0.372
2013	0.484	0.391	0.387	0.416
2014	0.506	0.418	0.421	0.444
2015	0.623	0.508	0.499	0.538

首先，从京津冀各自医药产业协同有序度来看：以 1995 年为时间基期，在 21 年的时间跨度里京津冀三地的整体协同度均未出现负值，说明在较长的一个时间范围内，通过行业自身的发展和国内有利的政策环境的带动，京津冀三地的医药产业一直呈现有序状态。1996—2000 年，京津冀三地专利方面的创新协同系统的协同度都没有太大的提升，说明整体上医药产业内部表现出协同度不高的状态，2000 年起整体协同度明显增长；2000—2006 年，三地医药产业整体协同度呈上升趋势，其中河北省的协调度波动幅度最大，某种程度上反映出河北省医药产业对专利创新的不太稳定，医药产业的创新缺乏规划和对创新效果的预判；2007 年和 2010 年的整体协同情况均有一个小幅度的回落，表现系统内部偶有发生协同度降低的情况，但 2010 年之后，三地整体协同度均呈现出较为明显且持续的增长，而且 2013 年之后呈加速增长趋势，说明 2010 年后，京津冀医药产业逐步摆脱我国经济下行压力，有效地应对医改带来的药品需求和医药产业对技术创新的需要。虽然从数值上三地的整体协同度水平仅分别为 0.623、0.508 和 0.499，处在较为中等的水平，但从图 4-5 中的折线走势可以看出，2013 年之后的医药产业各自协同度增长势头较好。

其次，将京津冀医药产业统一到一个整体系统后，在复合系统协同度概念模型的基础上加入一个区域层级，先将五个子机制规划进区域层面，再按照相同的比重将三个地区医药产业的整体协同情况纳入整个区域系统中，计算出整体的协同度。

图 4-5 所示的整体系统的协同度走势大致和各自协同度走势相似，但可以发现，整体协同度始终低于北京市的协同度，始终高于河北省的协同度，而大部分年份略高于天津市的数值，但同津冀两地的协同情况相差不大，相比之下，同北京市的协同度相差略大。这说明区域内医药产业整体协同度的提升在长时间内是依靠北京市来带动的，天津市能够做到与整体程度持平发展，而河北省则需要依靠京津两市，因此在整体协同系统内还处于比较薄弱的环节。北京市医药产业自身的协同度发展水平较高且较快，也说明在整个系统中可能存在整体溢出的负效应，如果津冀地区长期无法解决协同度低且无法在整个协同系统中发挥效应的问题，北京市以其自身系统良好的协同性很可能丧失同津冀两地合作的积极性。

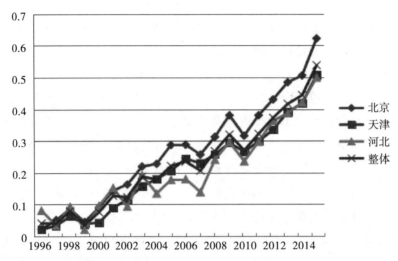

图4-5　京津冀整体医药产业协同创新系统整体有序度（1996—2014年）

4.1.3　合作专利技术点分布

通过以上对京津冀医药产业专利方面的创新系统协同度测算，发现从专利视角出发，共同体呈现协同创新的态势，尽管一些子系统和序参量的协同度偶有反复甚至出现不协同的状态，但由于其他子系统的带动作用，专利协同创新整体发展良好。由于医药制造共同体的协同创新是一个区域范围内的主体合作、共同创新的概念，因此有必要对专利合作情况做更加深入的分析。采用专利地图和社会网络分析的方法，解析京津冀医药制造共同体合作专利的技术热点。

1940年，"社会网络"的概念由英国人类学家Radcliff Brown在《论社会结构》一文中首次提出，并提出社会现象应关注人群中的协作方式，这个概念最大的特点就是不过分关注社会行为的主体，而关注行动者之间的关系和关联状况。

1. 专利类型和PCT专利申请

共同体内京津、京冀和津冀医药产业的专利合作分别始于1998年、2001年和2005年，迄今为止的合作专利数量分别为73件、55件和21件。

从京津合作的专利类型来看，其中 64 件专利为发明专利，9 件专利为实用新型专利，发明专利占比达到 87.71%，说明京津两地医药产业的合作专利技术含量较高；所有专利中 PCT 专利有 12 件。PCT 是 Patent Cooperation Treaty 即 "专利合作条约" 的英文缩写，是一个专利国际条约。PCT 专利的申请人通过国际专利受理局，可以向多个国家申请专利，因此 PCT 专利的申请反映了专利国际化的程度。

京冀两地合作专利中发明专利占比 85.45%，略低于京津合作专利中的发明专利占比，但专利发明绝对数较小，为 47 件；合作的 55 件专利中有 8 件 PCT 专利，也略低于京津合作中 PCT 专利的数量，但说明京冀医药产业的合作也面向国际并且初见成果。

津冀合作专利同京津和京冀两两合作的专利数量相比较少，从 2005 年至今合作专利仅有 21 件，其中发明专利占比为 85.71%；且津冀合作的专利中没有国际专利受理局受理的专利，仅有一项专利在美国授权，说明津冀的专利合作还存在合作不密切、产业内创新互动少和国际化水平较低等问题。

2. 合作专利的专利权人及其研究领域

从专利权人角度归纳合作专利中前八位的主要专利权人，考察医药产业专利创新的带头人的研究领域，把握当前医药产业专利开发的方向。

由图 4-6 得出，京津两地合作的专利中，排名前三位的专利申请人共申请专利 29 件，但其所涉及的专利技术点比较单一，主要是关于人体脊柱的检测、无损检测等方法。其余排名较为靠前的专利申请人主要包括各种生物医药公司和基因药物公司，还包括北京市中医药大学，大学通常作为专利创新的后备力量，也是产业企业专利创新的智库，因此大学专利申请排名较靠前也说明创新后劲十足。

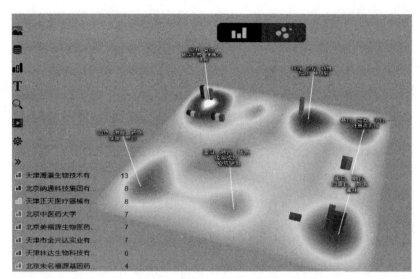

天津溥灏生物技术有	13
北京纳通科技集团有	8
天津正天医疗器械有	8
北京中医药大学	7
北京美福源生物医药	7
天津市金兴达实业有	7
天津林达生物科技有	6
北京未名福源基因药	4

图4-6　京津合作专利主要专利权人及专利技术点

由图4-7可以看出，北京市和河北省医药产业合作专利申请数量最多的前两位申请人共申请专利15件。排名前八的专利申请人中有企业两家、研究院三所和高校两家。排名首位的北京量子高科研究所研发的技术领域集中在盐酸、抗炎药物的制造上。京冀医药产业的专利合作主要在各种药物和制剂的制造上，这是由河北省的优势医药自然资源和北京市先进的制备技术和创新方法共同决定的。

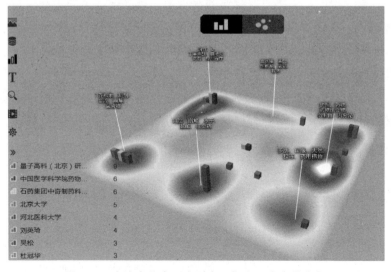

量子高科（北京）研	9
中国医学科学院药物	6
石药集团中奇制药科	6
北京大学	5
河北医科大学	4
刘英玲	3
吴松	3
杜冠华	3

图4-7　京津合作专利主要专利权人及专利技术点

直观地看，图4-8显示出天津市和河北省的专利合作涉及的范围比较广泛，且各方面专利分布较平均。排名前八位的合作专利主申请人中科研院所和高校占六家，其余两个专利申请人均为医院。天津市和河北省的合作专利基本上平均分布在低频或脉动磁场、特殊物理、护理皮肤、外用药的治疗等方面。河北省的优势自然资源和天津市产业的发展优势，使得津冀医药产业的合作集中在医药护理和医药材料的制造方面。

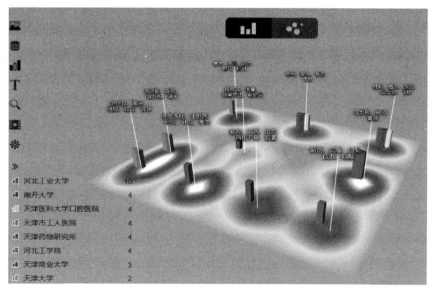

图4-8　津冀合作专利主要专利权人及专利技术点

3. 合作专利主分类号覆盖范围

以下从具体的专利主分类号角度来说明京津冀医药制造共同体合作专利的主要技术领域，发掘京津冀地区医药产业专利的技术优势和发展趋势。

北京和天津两地医药产业的合作专利主分类号应用最多的两项分别是A61P35/00和C07K19/00（见图4-9），分别代表一种抗肿瘤药物和一种杂合肽，共包含专利28项，占全部专利数量的38.36%；其余较集中的专利主要包括聚合物药物轭合物，来源于原生动物、病毒等的源于微生物的材料，肽类衍生物或降解产品，治疗伤口和疤痕的药物等。除排名首位的分类号外，其余的技术领域分布较平均。京津合作专利分类号前几位显示出的技术点和主要专利权人研究的技术点大致相当，但比专利权人网络中的技术点增加了各类药物专利。

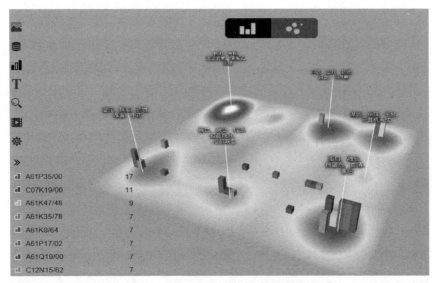

图 4-9　京津合作专利分类号覆盖范围

　　北京市和河北省的合作专利主分类号（包括专利数量最多的）是 A61K9/20（见图 4-10），该专利分类号主要指一种丸剂、锭剂或片剂的医药品，包含 11 项专利；A61K9/10 包含 9 项专利，分别涉及治疗局部缺血或动脉粥样硬化疾病。可见京冀两地的合作技术点全部在各类药物上，由于河北省基础药物资源优势，加上北京市先进的药品研发优势，决定了京冀的合作几乎专门攻关药物创新。

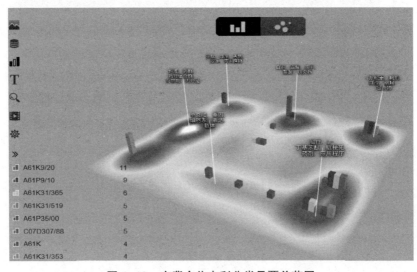

图 4-10　京冀合作专利分类号覆盖范围

天津市和河北省医药产业的合作专利数量较少，但是分布较为平均（见图 4-11）。这些专利涉及的技术点主要有：A61C5/00，用于填补牙齿或加保护层的材料，能够移植入人体的空心或管状的器官；A61N2/04，类似于低频或脉动磁场的一种可变磁场，用于储存或应用固体或膏状的包装和一种护理皮肤的制剂。津冀合作的专利分类号基本都类属于含有机有效成分的医药配置品或者化学药物制剂、治疗方法。

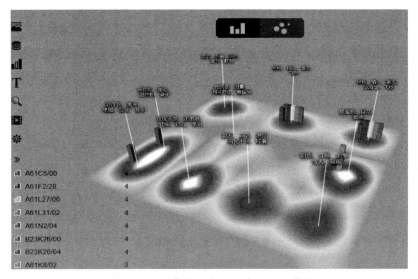

图 4-11　津冀合作专利分类号覆盖范围

4. 专利分类号网络

对应专利地图中的分析，再对京津冀医药制造共同体合作专利的分类号绘制网络图，找到热点的技术领域，明确合作专利的技术发展趋势。下面给出的医药产业合作专利的分类号网络中，将合作专利按自然数顺序编列，然后将其与涉及的专利分类号连线，自然数和专利分类号节点的大小分别表示专利涉及的专利分类号的多少和分类号被包含的专利数量的多少。另外，由于一个专利涉及多个分类号，对不涉及医药产业的专利分类号同样进行人工剔除。

图 4-12 显示京津医药产业的合作大致表现为一大一小两个网络，涉及的专利分类号广泛且相关性密集，其中 A61P35/00 和 C07K19/00 的节点度分别为 14 和 12，说明有相当一部分专利涉及这两个分类号，它们分别是抗肿瘤药

物和混合肽。其他节点度在 8 以上的技术点还包括：A61K47/48 非有效成分被化学键键合到有效成分上，例如聚合物药物轭合物；A61K8/64 蛋白质、肽，其衍生物或降解产品；A61Q19/00 护理皮肤的制剂；A61P17/02 治疗伤口、溃疡、烧伤、疤痕等的药物。结合京津两市医药产业的研发水平和科技资源，网络呈现出的背后的深层原因是北京丰富的科技创新资源和全国领先的技术水平的引导。

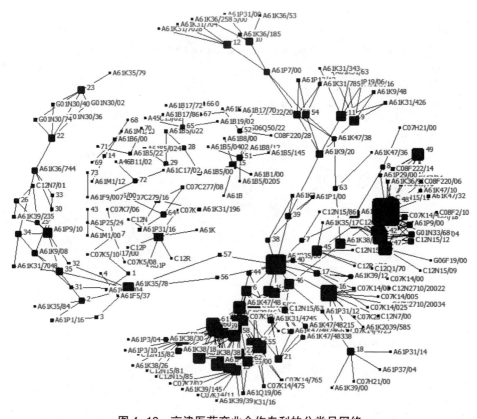

图4-12　京津医药产业合作专利的分类号网络

京冀医药产业大体上同样表现为一大一小两个整体的网络（见图4-13）。医药产业的合作中最热的技术点是 A61K9/20 丸剂、锭剂或片剂，涉及 11 项专利；其次是 A61P9/10，代表治疗局部缺血或动脉粥样硬化疾病的，如抗心绞痛药、冠状血管舒张药、视网膜病、脑血管功能不全、肾动脉硬化疾病的药物，涉及 9 项专利；其他涉及专利 5 件以上的分类号还有 A61K31/365 内酯，A61P35/00 抗肿瘤药等。明显的是合作专利多集中在各种药物的制造上，这反映了北京市高科技水平和河北省丰富的医药原材料的良好对接。

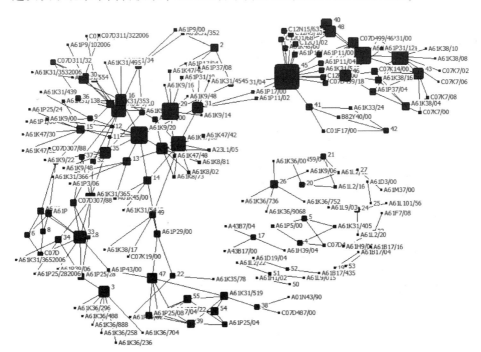

图 4-13　京冀医药制造业合作专利的分类号网络

　　图 4-14 反映出津冀医药产业合作专利的专利号分布较散，专利的主要技术点不统一，但从另一角度看，也反映出津冀医药产业合作涉及的技术领域较广泛。图中专利分类号节点度数最大为 4，涉及的专利分类号和代表的技术领域主要是：A61F2/28 骨骼植入；A61C5/00 填补牙齿或加保护层技术；A61L31/02 外科用品的无机材料；A61L27/06 植入假体的钛或钛合金；A61K8/02 以特殊的物理形状为特征的配置品；A61Q19/00 护理皮肤的制剂；A61N2/04 可变磁场，例如低频或脉动磁场。从技术点的特征来看，津冀医药产业的合作专利主要侧重于卫生材料及医药用品制造，而对各类药品、饮片等涉及较少。这说明河北省丰富的药物原料优势发挥不充分，或者其优势同天津市医药用品大规模工厂化制造的优势对接不畅，合作专利主要由天津市主导。

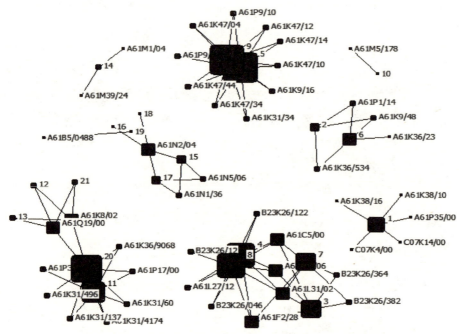

图 4-14　津冀医药产业合作专利的分类号网络

4.1.4　小结及对策建议

京津冀地区医药产业总体创新投入产出水平低，成果转化与长三角地区相比差距大。长三角地区在江苏和浙江两省的带动下，整体创新水平明显高于京津冀。京津冀地区内部河北省三个指标的水平都较低，京津两地水平同长三角地区也存在一定差距，使得京津冀整体的创新投入、产出和成本转化水平较低。

京津冀地区医药产业各自协同情况良好，整体协同度与各自医药产业协同发展存在差距。北京市医药产业专利创新子系统中，专利质量、专利结构和专利效率子系统有序度均居首位，专利价值创新子系统提升较快；天津市医药产业专利数量子系统提升较快，且专利结构及专利价值子系统居于领先地位；河北省专利质量和专利效率两个子系统一直保持较高的有序度水平，专利数量和专利价值两个子系统从 2012 年开始快速趋于高水平的有序状态。并且，京津冀三地医药产业整体协同创新有序度都呈现出有序水平，调查年度内均未出现负值，且一直呈现波动上升的趋势。将三个地区统一到一个协同整体后，整体医药产业的协同度表现出明显低于北京市内部的协同度，高于天津和河北各自内部的协同度，这说明整体的医药产业的协同主要由北京市带动。

两两合作专利差距明显，合作专利表现出不同的专利领军人和不同的技术导向。京津、京冀和津冀医药产业的合作专利数量差距显著，京津合作专利数量较多，京冀合作其次，津冀合作专利数量有待进一步提高。三地医药产业的合作专利中，发明专利所占比重都较高，说明专利有一定的质量，但津冀合作专利中PCT专利数量较少，可能存在专利发明与国际水平脱轨等问题。另外，合作专利表现出不同的专利领军人物特征和不同的技术导向：京津医药产业的专利合作主体主要是医学科学院和研究所或研究中心等，专利导向偏重基因工程、治疗方法等的创新，这是由京津两地都拥有全国领先的技术研发基地决定的；而京冀医药产业的合作的专利权人表现为明显地集中于各大医院和医药类大专院校，对专利快速实现医用提供便利条件，技术导向主要集中于药物和制剂的创新制造上，由河北省的优势医药自然资源和北京市先进的制备技术和创新方法共同决定；津冀两地医药产业的合作专利权人集中于各大院校，企业和医院合作较少，专利多为医药护理和医药材料的制造。

加快构建京津冀医药产业创新共同体，需要从以下几方面推进。

一是加大创新投入力度，重视医药产业创新成果转化。一直以来，医药制造产业都是京津冀地区的发展优势产业，面对新的创新时代背景，要想快速有效地得到创新成果，加大创新投入力度是必由之路。创新投入的不足导致京津冀医药产业的创新产出水平偏低，进而创新的成果和成果转化水平都偏低。医药产业作为高技术产业的重要组成部分，其发展特征要求产业不断进行创新，而创新过程需要不断地投入创新人员和经费保证创新的持续。同时创新成果产出后，要及时将创新成果转化为有效的生产力，这样创新才有现实意义，因此，还应该充分重视创新成果的转化，可以采用在区域内设置成果转化中心、积极推进各大医院对专利成果实现医用等方式促进成果转化。

二是促进整体医药产业的协同，重视河北省创新薄弱环节。医药产业各自内部协同度水平一直处于有序状态，但协同度并没有达到偏高水平，说明其各自医药产业的协同创新水平仍然有待提高，这需要各系统内部协调各个子系统各自的发展，将其统一到一个整体使其趋于有序。另外，京津冀整体医药产业的协同水平反映出其协同度始终低于北京市医药产业自身的协同度水平，而高于津冀两地。因此，应该在借助北京市优势协同度的同时，重视津冀两地医药产业的协同度提高，尤其是河北省应该借助其自身医药产业的传统优势，借鉴北京市医药制造产业的成功发展案例，努力缩小与京津两地的差距。区域内的协同不能只靠政策带动，如果北京市医药制造产业长期存在专利创新的溢出效应，很可能丧失同津冀合作创新的积极性。

三是发挥各自比较优势，真正实现京津冀医药产业协同创新。由专利地图和社会网络分析呈现出的专利权人和技术热点，不难看出三地医药产业两两合作中的创新侧重点各有不同，这是由各自医药制造产业的优势资源不同决定的。因此，区域内部专利创新需要实现优势互补。从专利创新子系统有序度的测算数值看出，北京市的创新优势在于专利质量过硬、专利效率高、专利结构优良，因此，北京市在医药产业的协同发展中应该更多地承担专利研发和攻克技术难关的工作，而天津和河北地区专利价值子系统有序度提升迅速，对北京的科技成果的对接和转化成效日渐明显，可以越来越多地承担专利成果转化的角色。另外，天津市的医药大规模生产制造和完善的生产流水线也是不容忽视的优势，河北省丰富的医药资源和历史发展优势是医药产业协同发展的有力依托。

4.2 ▶ 京津软件产业共同体

4.2.1 建立京津软件产业共同体的背景

1. 京津软件共同体建设意义重大

京津软件产业共同体顺应了经济全球化和区域经济一体化发展要求。经济全球化和区域经济一体化是当代国际经济社会发展的两大趋势，产业界如何在经济全球化和区域化浪潮下寻找机会，正是区域经济顺应这一中心主题要探寻解决的关键问题。软件产业作为京津两市重点发展的高端产业，建立京津软件产业共同体是京津两市开展区域科技与经济合作的一个重要探索行动，将推动区域共同市场的形成，使两地企业更深地融入全球经济体系之中，增强竞争优势。

京津软件产业共同体顺应了我国区域 IT 产业中心不断北移的发展趋势。改革开放以来，我国形成了珠三角、长三角和京津冀（环渤海湾）地区三大 IT 产业基地，体现了 IT 产业明显的区位选择特征。我国 IT 产业中心正处于不断北移的发展过程中，目标是转向以京津为核心的环渤海区域，与珠三角和长三角以技术输入型产业转移为主要特征不同的是，作为我国科技资源最为密集的京津地区将以资源内生为特征，不断提高自主创新为目标，体现更多的原创和本地技术，更加切入 IT 产业的核心领域——软件和软件服务，京津软件产业共同体建设将加速 IT 产业中心北移，打造环渤海中国未来 IT 产业核心区。

京津软件产业共同体是两市实质性推进科技密切合作的重要切入点。2004 年京津签署了《京津科技合作协议》，京津软件产业领域的合作被列为两市科技合作的启动项目之一。选择软件产业领域的合作作为突破口或切入点水到渠成：一是软件产业是两市科委主管推动的领域；二是软件产业仍为我国的幼稚产业，与美国、日本、欧盟、印度等国际软件强国差距较大，需要政策的扶持；三是两市在软件测评、企业合作等方面已具备一定的合作基础。因此，京津两市科委、两市软件产业界提出并建设京津软件产业共同体，希望借此"整合政策资源，产生广泛的市场效应，对树立两市在软件产业中某些重点领域的优势地位，推动京津软件企业做大做强，增进区域合作交流，增强跨国公司对环渤海经济圈的投资力度等方面都将起到重要的促进作用"。

京津软件共同体建设有利于京津软件产业共同应对国内外市场竞争。目前全球软件产业已经形成了以美国为技术主导，以美国、欧洲、日本为主要市场，以印度、爱尔兰、以色列为主要出口国的分工格局。美国、欧洲、日本等发达国家在软件产业的竞争中占有明显优势，印度、爱尔兰、以色列等国家的软件产业也呈现快速增长势头。中国的软件产业规模仍然较小，在全球软件产业中的影响力较弱，在国际市场还没有形成规模和品牌优势。随着国际市场 BPO 业务的兴起，国际软件产业竞争将日益加剧，中国软件产业也将面临更加严峻的竞争压力和前所未有的发展机遇。作为国内软件"领头羊"的北京和具有丰富软件资源的天津联手合作，可以整合两地的优势产业资源，构建更为完善的软件产业生态链，使大企业做大、小企业做专，以期在更短的时期内迅速扩大软件企业规模，显著降低运营成本，提升产业整体竞争力，实现超常规发展，加速融入国际市场，共同在新一轮的国际分工中占得先机，提高中国在国际软件产业中的地位。

有利于提升京津软件企业的整体创新能力和核心竞争力。随着国内和国际市场竞争的加剧，包括京津在内的我国软件产业普遍缺乏核心竞争力的问题愈发突出，表现在自主创新能力不强和没有形成上下游紧密衔接的产业链。京津软件共同体有利于加强两地大型企业、中小企业、高等院校、跨国公司、研发机构、中介服务机构等产业链条各个环节的联系和合作，形成以企业为主导、协作分工的产业组织形态和产学研结合的新机制，增强两地企业细分市场的创造能力，促进有实力的大型企业增强自主创新能力，带动中小企业快速成长，突破跨国公司建立的技术壁垒，提高两地企业的整体创新能力和核心竞争力。在努力开拓国内市场的同时，京津联手开拓软件出口，增强软件企业"走出去"的实力，以承接日本、美国和欧洲市场更高层次的外包业务。

有利于形成区域经济科技合作的示范和带动效应。受种种因素的制约，我国地区之间竞争大于合作，跨行政区域的经济、科技合作取得实质性进展的案例并不普遍。今后地区之间的相互依赖性将会进一步加深，特别在地区产业、资本、技术、人才、资源等具有互补性的条件下，将会逐步认识到协作的必要性，增强建立跨地区共同体的重要性的认识和具体推动的渴望。京津软件产业共同体发展的成败已不仅限于京津软件产业，而且具有创新价值和示范意义。京津软件产业共同体是对产业区域合作模式与方法的有益探索，探索突破区域行政规划和技术合作障碍的有效途径，以期充分发挥软件产业在区域经济社会发展中的辐射、渗透和先导作用，对其他区域经济合作具有很强的示范和带动意义。

2. 京津软件产业共同体的界定和特征

京津软件产业共同体是指京津两地政府共同推进建立，基于北京和天津两市软件产业发展的共同利益，旨在加强两市技术资源、人才资源、市场资源的互通、互补、互惠和互动，促进两市在软件产业领域开展政府、园区、行业、企业间多层次、全方位的合作，以谋求软件产业共同繁荣的跨区域的产业联盟，最终建成全国首个跨省市一体化软件产业基地。

京津软件产业共同体不是两地软件产业的简单叠加，而是在两地产业之中保持特色、求同存异，寻求双方能够互惠发展的要素，共同推进两地软件产业的快速发展。京津软件产业共同体包括创新共同体、政策共同体、市场共同体和服务共同体。

1）创新共同体。建立人才、技术等创新资源要素，软件企业、高校、科研院所等创新主体要素顺畅流动、有效配置的产业创新体系。

2）市场共同体。建立有利于形成企业联盟的协调统一的市场体系；共同培育和发展软件产品与服务的新兴市场；共同培育和发展软件人才、技术、投资、信息等产业要素市场；共同维护市场的公平有序；共同保护知识产权等。

3）服务共同体。建立统一的服务体系，共同构建公共基础资源，以及教育培训、技术、投融资等服务体系。

4）政策共同体。即从政府角度看，京津软件产业共同体包含政府主导的软件产业基础设施投资合作与协调、政策法规的协调、相互认可的资质和技术标准等。

京津软件产业共同体具有目的性、层次性、发展性和开放性四大特征。

1）目的性。就其自身的目的而言，京津软件产业共同体首先是利益共同体，共同的利益催生了产业共同体。就其宏观意义而言，产业共同体的发展也将促进市场体系的发育，在一定程度上改变产业无序发展的现状。

2）层次性。表现在政府、产业、园区等不同层面的横向结盟，以及企业、高校、科研院所等不同主体间的纵向联合。

3）发展性。体现京津软件产业联合的力量，调动各方资源共同提升产业核心竞争力，推动京津两地软件产业实现更大的发展，加速融入国际软件产业分工体系，走向国际软件价值链的中高端。

4）开放性。在经济全球化大环境下，京津软件产业共同体不可能是一个封闭式的区域合作模式，必将展现出更加开放、更加外向的姿态，并在开放中增强发展动力，提升竞争实力。

4.2.2　京津软件产业共同体建设的可行性及制约因素

1. 具备建立京津软件产业共同体的基础

人文环境和交通建设奠定产业合作基础。天津与北京地缘相连、人缘相结、血缘相通的人文优势使两地的软件企业从未停止过相互学习和合作，相当多的北京软件企业在津设立分支机构，天津的软件企业也更多地将运营机构和窗口设在北京，两地软件企业自发的沟通联系频繁。京津快速通道在空间上不断拉近两市的距离，跨越京津两市的空间障碍逐步消除，软件企业和人员交往更加便利，对促进两地乃至环渤海地区的合作意义重大。

各具特色的软件产业基地建设奠定园区合作基础。京津两地政府十分重视软件产业基础设施的建设。北京软件产业基地已形成了以软件园为主体，孵化器和专业基地为节点，以基于宽带网络的公共技术支撑体系为纽带，服务辐射全市软件企业的产业特色，形成了"三三三"产业发展格局：即中关村软件园、北工大软件园和昌平中软软件园三个专业软件园；北京信息安全基地、北京软件出口基地和 863 软件园三个专业基地；863 软件孵化器、六所学园孵化器和中关村软件园孵化器等三个孵化器；建立了以"三库四平台"为核心的软件技术支撑服务体系。天津也形成了以软件出口为特色的华苑软件园，与以 IC 设计和系统集成为特色的泰达软件园遥相呼应。天津国家级软件出口基地和国家 863 软件专业孵化器使天津软件产业发展纳入国家重点布局。

软件教育培训体系具备互补合作的基础。北京是全国智力密集度最高的地区，聚集着一批软件研究、开发、应用等方面的学术、技术权威机构，拥有以中科院、清华大学、北京大学等院校为主的两百多家科研院所和近百所大专院校。北京市的高级计算机软件人才约占全国的1/3，这使北京软件产业在全国具有得天独厚的优势。天津也是国内教育资源较为丰富的城市，拥有天津大学、南开大学两所教育部直属重点大学，30 余家地方大学和职业学院，以及一大批培养软件蓝领的高职高专院校和比较规范的社会培训机构。总体上看，北京对高级软件人才的培养要优于天津，但天津软件相关的职业教育和专科教育院校均多于北京，软件蓝领人才相当丰富。两地的软件教育资源具有一定的互补性，可以结合两地的比较优势，形成从软件蓝领至软件金领完整的培训体系。

京津传统工业和现代服务业的信息化建设提供了联合发展的市场空间。京津两地的传统工业比重均较高，北京的现代服务业较发达，天津是我国重要的工业城市，天津提出要建设世界性加工制造基地和物流中心，以信息化带动工业化，加速产业结构的调整与提升仍是两地今后发展的主线，信息化建设客观上为两地企业提供了联合的市场，给信息化核心的软件和软件服务提供了巨大的市场需求。两地软件企业可以通过组建企业战略联盟，建立合作伙伴关系，在政府引导本地市场的基础上，共同开拓国内外市场，由政府引导逐步过渡到市场主导下的企业之间自发的联合、兼并、重组，不断完善产业链条，壮大产业规模和实力。

2. 两地软件产业具有互补发展的条件

据不完全统计，国家软件产业投入的 1/3 投向北京，北京已经初步形成了产业集聚的规模态势。但是北京的软件成本较高，中低端研发人员成本是天津的 1.5~2 倍，办公用房的房租是天津的 3~4 倍，生活用房的房租是天津的 2 倍以上，部分的北京中小软件企业已经不堪重负。而天津不仅具有人力资源丰富的优势，同时作为紧邻北京的直辖市，天津具有更为优越的低人力成本优势，软件人员平均工资为北京的 60% 左右，在软件出口外包业务的承接方面有较强优势。

无论是从产业的总量规模，还是在某些领域的核心技术研发方面，北京都具有绝对的优势，天津应该充分利用北京的技术优势，进一步提高核心竞争力。

在显性成本方面，天津比北京低 10%~30%，但在隐性成本方面天津不具有优势。天津应引进北京经验，控制隐性成本；北京企业应利用天津显性成本低的优势，在天津设置分支机构或子公司，控制企业成本，提高竞争力。

在软件公共服务体系建设方面，北京起步早、投入大，天津也有一些投入，但投入总量远小于北京（如软件测试平台投入仅为北京的 1/100）。两地要积极搭建资源共享平台，避免重复建设。

在人才培养方面，北京国家级的院校和科研院所多，天津拥有国家级院校，同时又拥有一批职业技术教育院校，既可衔接又能互补。

从软件产业的发展进程上看，京津软件产业发展处于不同的发展阶段（见表 4-6）。北京已经构建了较为完整的软件产业链条体系，产业的各要素资源初步得到优化配置，基本完成了区域内创新环境的营造，实现了产业的集聚发展，建立了良好的产业自生长机制；政府的主要作用是引导产业发展，建立服务网络体系，更高效地为企业提供服务；企业的主要需求是如何形成自主创新产品技术和扩大市场规模。天津仍处于吸引国内外软件企业和研发机构、构建产业链条体系、大力营造环境的阶段，处于产业吸聚发展阶段，产业规模尚小，仍需要政府主导推动产业发展。因此，处于不同发展阶段的京津软件产业的合作性大于竞争性，两地软件产业应本着不影响京津企业自身利益，尽量减少对现有市场分配造成障碍因素的基础上，共同开拓能够带来新的发展机会的新兴市场，以满足产业不同阶段的发展需求。

表 4-6　京津软件产业的优劣势比较分析

	北京	天津
比较优势	①软件产业已经成为产业发展要素完备、高度符合首都定位的产业，政府高度重视，先发优势明显 ②产值、出口规模、软件企业和产品数量、软件从业人员规模等均占据全国三分之一左右的比重，形成了"三三三"的产业发展格局和产业集聚的规模态势 ③优势业务领域有政府、互联网、电信、制造、金融、教育等行业应用软件，ERP 软件、文字语言处理软件、教育软件等行业通用软件，对日本市场的 IT 外包服务等方面 ④形成了神州数码、亚信（联想亚信）、用友、金山、数码大方、中讯、中软等龙头企业 ⑤教育科研资源丰富，人才密集，具有较强的人才吸引力 ⑥对产业规划的重视和对政策的贯彻落实形成了良好的政策和产业环境，创新创业氛围浓厚	①北方最大的国际港口城市和中国北方重要的经济中心，以信息制造业为主的跨国产业集团聚集，区位和开放优势明显 ②建成全国重要的现代化工业基地 ③软件产业运营成本低，具有更为优越的低人力成本优势，软件人员平均工资为北京的 60% 左右，办公用房房租为北京的 1/3～1/4 ④软件出口工作扎实有效，拥有国家级病毒工程中心，在嵌入式软件开发方面拥有资源优势 ⑤高等院校大多数都设有与软件相关的本专科专业，软件人才培养潜力巨大，软件相关的职业教育和专科教育院校均高于北京，软件蓝领人才丰富
比较劣势	①生活和商务成本较高 ②市场份额主要被跨国公司和少数国内大型企业占据，受大企业挤压，中小软件企业在北京市场处于竞争劣势 ③企业员工流动性过高，超出正常的良性流动的范围，给企业业务的延续性和管理效率的提升带来了很大的挑战	①产业整体规模小，缺乏核心技术和自主知识产品 ②软件企业数量少，缺乏大企业支撑 ③中高端人才匮乏 ④融资渠道不畅，企业发展受阻 ⑤政策环境有待完善，尚未建立完善的技术服务体系，创新创业氛围不浓

京津软件产业在区位、产业基地、基础设施、产业链分工、出口、教育培训及发展阶段等诸多方面具备互补合作的基础和条件。天津软件产业要实现超常规发展必须借助紧邻北京的区位优势，充分利用北京丰富的市场信息资源、良好的国家品牌形象以及国家与地方政府巨大投入创造的存量资源，加强与北京的互动联系，两地联手共同开拓新兴增量市场。北京软件产业要克服发展中的障碍因素也要与天津联手，发挥天津良好的区位和开放优势，

利用天津人才稳定、商务费用较低的特点，形成在北京设市场窗口及设计的前端，在天津搞软件研发、加工及售后服务的产业分工体系，协作进行中高端长线产品的开发，降低运营成本，逐步构建企业间战略合作伙伴关系，调整两地产业布局，建立软件生态产业链。两大直辖市通过建立京津软件产业共同体，可以联手打造软件产业发展高地，树立软件产业跨区域合作典范，最终形成京津一体化的软件产业发展格局，辐射和带动全国软件产业加速发展。

3. 制约京津软件产业共同体建设的主要因素

一是行政体制分割。京津软件产业共同体建设面临的最大障碍就是京津各自为政的行政体系，这种行政性区际关系削弱甚至替代了市场性区际关系，导致经济圈内因地方行政主体利益导向而难以做到资源的优化配置和各要素的融合互动。突出表现在：①行政体制易形成较严格的利益边界，使非合作竞争时有发生，造成合作的最大障碍；②存在严重的不合理重复建设，这不仅体现软件企业的同质化，而且在软件基础设施领域尤其，包括京津软件产业基础平台的重复投资建设；③政策的不协调，两地的政策和规划更多地从本地区的发展角度制定，更多地考虑了本地区的产业布局，不利于两地产业错位发展。

二是产业链不完整。两地多数企业以集成为主，没有形成以高端产品为龙头的软件产业链，表现在两个方面：①大企业规模还不够大，带动作用不强。北京最大的国内软件企业不超过 5000 人，天津最大的国内软件企业不超过 500 人，大企业是产业群落中的旗舰，是品牌的承载者和配套企业的整合者，也是面向中小企业的采购者和发包人，但是现在两地的大企业还很难承担这样的责任，无法带动配套企业的发展。②两地软件企业对软件开发的过程控制能力还很薄弱，发包非常困难。软件企业成功发包的前提是精确的开发过程管理，能够对价值链进行切割，界定好每一段工作的责任，对输入输出的价值链不仅能够做定性管理，还能进行定量描述，两地软件企业在过程控制管理上都还很薄弱。

三是平台资源共享不充分。两地基础设施和服务平台还没有实现全面的资源共享，两地仍然没有建立良好的信息互动渠道。尽快实现两地基础设施、服务平台及信息的共享，是资源优化配置和合理利用的前提。如何利用两地教育资源的互补优势构建完整的人才培养体系，形成人才资源共同培养和共同使用是两地建设软共体需要解决的重大问题。理想的软件人才体系构成应该是"金字塔"形：处于顶层的、具有国际战略眼光的项目高级管理人才以及能够进行软件整体开发设计的系统分析员，这部分人将决定软件产业发展的方向和水平，决定软共体将来在国际软件产业链中的地位；处于"金字塔"中间的"中端"软件人才是高级程序员，他们是两地当前软件人才的主体；此外还需要大量处于"金字塔"底层的从事软件编码等初级工作的程序员，这是两地软件产业发展实现产业化的基础所在。不同层次的人才可以完成不同层次的工作任务，合理科学的人才匹配既可以做到人尽其才，又能使高级软件设计人员投身到更多的软件开发、设计工作，创造更多更大的利润。

四是投融资环境亟待改善。由于软件产业高技术、高投入、高回报和高风险的特性，相当多的软件企业规模小，资本实力弱，迫切需要借助资本市场迅速发展壮大。与大企业相比，中小企业是市场中的弱势群体，而中小软件企业还要面临更多的技术风险，有着更多的生存和发展危机。长期以来，我国对中小软件企业技术创新和发展的投融资体系极不健全。银行商业化运作的体制，使其不愿向既无抵押能力又无担保能力的中小软件企业的技术创新活动提供资金支持。近年发展起来的创业投资也大多将资金投向成熟的企业，远远没有真正起到中小软件企业科技创新助推器的作用，创业投资支持真正风险大、最需要资金支持的研发阶段的项目仍然不足。发达国家通行的风险投资机制在我国还远未形成，包括退出机制及其配套的法律环境建设的投资环境还很不成熟，限制了外国投资者的进入。

五是知识产权保护面临挑战。软件具有易复制性、复制成本极低等性质，不少软件企业面临猖獗的盗版威胁。软件盗版极大地损害了版权所有者的合法权益，挫伤了软件厂商的积极性和创造力，严重制约了软件产业的进一步发展和成长，削弱了中国本地软件的整体竞争力。保护知识产权是软件产业有序竞争的保障。推动两地软件产业的健康发展，首先要在软共体内部加大力度，严厉打击软件盗版。对盗版软件的生产、销售和使用要依法给予严惩，力争从源头上制止盗版现象的发生，从流通环节割断盗版软件的传播，从应用环节上杜绝盗版软件的使用。还要加大宣传力度，充分利用各种有效载体，加强相关法律法规的宣传，让知识产权保护方面的法律法规深入人心，在软共体内部创造有序竞争的氛围。

六是软件企业合作的积极性有待提高。京津软共体合作的主体是企业，两地企业的合作仍处于零散的自发合作状态。从企业层面上看,北京的软件企业更多面临的是提高自主创新能力和迅速扩大市场,天津的软件企业更多考虑的是如何保护本地市场,迅速壮大实力;天津的软件企业有惧怕心理,唯恐合作会带来北京软件企业大举占领天津市场,甚至与自己形成正面竞争;而北京的软件企业更多看重的是天津的市场,与企业合作的积极性不是很高,这与京津软件产业发展的不同阶段和水平也有一定关系。从政府层面上,北京则希望通过对天津市场的开拓,获取资源、锻炼队伍、积累用户,为进一步开拓国内外市场打基础;天津更希望北京的软件企业、研发机构和中介机构在天津建立分支机构,以便更多地吸纳北京的科技资源。因此,京津软共体建设的前期必须是政府引导推动,找到两地合作的利益对接点,大力营造合作环境和氛围,逐步提高企业的合作积极性,最终建立市场驱动机制,推动两地软件产业走向一体化发展。

4.2.3 京津软件产业共同体战略定位和发展思路

1. 战略定位

把建设京津软件产业共同体作为京津协同发展实现科技经济一体化的突破口,突破京津行政区划界限,在更大范围、更广领域和更高层次上优化软件资源配置,提升软件产业对京津两地乃至环渤海区域经济社会发展的辐射和带动作用,发挥京津在软件产业自主创新中的引领作用,共同创造软件产业区域协调发展的优良环境,集聚更多国内外技术、人才和资金资源,促进京津软件产业加速融入国际产业分工体系,为环渤海地区其他城市软件产业的跟进融合创造示范效应,带动整个环渤海地区和全国的软件产业发展。

2. 发展目标

京津软共体的总目标是围绕战略定位,利用京津优越的城市区位条件,发挥两地各自的比较优势,优化资源配置,促进资源共享,形成京津软件产业研发、出口和应用的综合优势,建立"软件资源融合互动、软件政策互通协调、软件市场规范有序"的共同体合作与交流新机制,使京津软件产业保持较快的增长速度,在全国的地位进一步提高,国际竞争力显著增强,共同把京津软件产业共同体打造成全国产业发展环境最佳、技术创新实力最强、规模最大的跨省市一体化软件产业基地,成为"环渤海中国未来 IT 产业核心区"和"世界软件产业新兴增长极"。

3. 主要原则

优势互补、合作双赢。以合作促进确定重点领域的绝对优势地位，带动京津软件产业的信誉和能力的大幅度提升；以合作促进资源在更广泛的基础上整合，调动和利用更多的政策资源；以合作为软件企业向外发展推波助澜，增强京津企业整体实力。

激活存量、共享资源。充分利用京津已有软件基础设施和信息资源，以共同利益为纽带，优化配置增量资源，有效激活存量资源，最大限度地整合激发京津现有资源的潜能，实现京津软件资源共享。

政府引导、市场驱动。京津软共体建设主要靠政府引导和市场驱动双向作用推进。前期政府推动重点领域的合作示范，以用促研，搭建合作平台，营造良好环境；后期要充分发挥市场的驱动作用，以市场为导向，建立以企业联盟机制为核心的软共体市场化运作机制。

整体规划、分层推进。整体规划京津软共体制度和政策框架，在政府、产业、园区和企业等层面分层推进，推出一批促进政府合作、产业合作、园区合作和企业合作的示范引导项目。

4. 发展思路

通过两市政府引导推动，充分依托北京的软件产业在国内的"龙头"地位，发挥天津软件产业的比较优势，以市场资源配置和共享资源整合为切入点，以构建企业战略合作联盟为目标，以"立足现状、加强互动、面向未来、实现联动"的基本思路为指导，充分体现"高起点、多层次、新模式"的特点，通过"政府推动引导、园区合作对接、企业互动联盟"，在"软件研发、软件外包、软件应用"三个层面找到合作对接点，启动软共体建设。逐步消除软件产业要素流动的障碍因素，推进两地软件产业优势互补和资源共享，形成布局合理、错位发展、分工有序、协作紧密的软件产业生态体系。

4.2.4　京津软件产业共同体的重点任务

1. 京津软件产业共同体的重点任务目标

以市促联，以联构链，共同开拓新兴市场。通过政府采购和重大合作示范工程，鼓励软件机构捆绑对方机构联合承接重大工程项目；以大型企业

（软件上市公司、系统集成商等）为龙头，推进以大带小的解决方案集成模式、研发外包模式和认证合作伙伴模式，开展大企业与中小企业的交流对接活动，带动京津一批有技术专长的中小企业发展。积极探索多种以软件企业为龙头开展产学研合作和企业联盟的新模式，促进以企业为主体的技术创新体系的建立和完善，构建利益分享与风险共担的产学研合作互动的机制与模式和企业战略联盟机制。在此基础上，共同开发海内外外包市场，探索新兴的 BPO 模式，促进京津软件产业再上新台阶。

园区对接，构建网络，营造软件产业生态环境。通过多种形式的交流合作，建立两地软件产业基地（园区）的合作对接机制。在此基础上，组建跨区域的京津软件企业联合会和行业协会，鼓励创办金融投资、技术服务、管理咨询等方面的跨区域软件企业专业服务机构，形成布局合理、分工明确、功能互补的软件产业服务体系。与此同时，以应用为核心，以服务为宗旨，以激活和整合为途径，开展京津软件共享平台建设工程，为两地企业营造良好的发展环境，进而促进两地企业间的实质性合作。

协调政策，统一行动，共同建设京津软件产业共同体。通过两地政府及非政府组织的合作，建立协调统一的两地产业政策，使得北京、天津能够更加充分地发挥自身的优势，并通过行业协会、交流平台、门户网站等多种形式，加强企业之间互动，引导企业建立战略合作伙伴关系。与此同时，以"京津软件产业共同体"名义定期在国内外宣传，提升京津软件产业的知名度和在国内外的整体形象，吸引海内外优秀人才来京津创业发展，使更多的风险投资机构投资京津软件产业，营造"发展软件在京津"的良好环境氛围。

2. 京津软件产业共同体建设的行动计划

京津软件产业共同体从政府、市场、园区和行业协会四个方面入手，协同行动，共同建设。政府主要从政策引导、主导市场分配等方面开展工作，园区则主要集中精力建设共享资源和服务体系，而行业协会则主要负责企业间的交流与合作，共同促进企业走向联合，形成适宜软件企业发展壮大的软件产业生态环境。

一是制定和落实协调统一的两地产业政策。天津市在软件技术人员薪金参考标准、高级管理和技术人才奖励政策、北京企业驻津分公司/子公司优惠政策、天津企业驻京补贴方法、企业 CMM 认证补贴方法等工作上取得突破。京津两地在制定各类软件企业认定、企业资质、产品质量检测等互认机制、软件服务企业优惠政策、服务型软件企业优惠政策、政府采购市场准入规范、重大示范工程联合投标补贴办法、其他相关政策方面取得重大进展。

二是开展面向京津两地软件企业的"红娘"计划。建立两地软件企业数据库和软件企业交流平台，使得软件企业可以主动遴选可能的合作企业，并通过平台交流互动，进而建立企业间的战略合作。

三是联合开发两地社会经济信息化工程市场，积累合作经验，形成核心技术。以中关村软件园和华苑软件园为主体，选择一批综合实力较强的大型系统集成公司，并由这些公司负责考查和选择相应中小软件企业作为其下游企业。在此基础上，开展以现代物流信息化工程、钢铁、化工等特殊行业信息化工程实施和辅助产品开发、京津两地社会信息化工程等政府主导工程领域的联合开发和实施。通过上述政府主导工程的承包和分包，培育一批具有重大工程系统集成能力的大型公司和大批掌握核心专业技术的中小型软件公司，从而满足需求，锻炼队伍，提升水平，形成一系列具有自主知识产权的软件核心技术。

四是构建出口软件企业联盟，共同开拓软件出口市场。以两地软件产业出口基地为主体，构建软件出口联盟，共同拓展日本市场，开发欧美市场。主要工作有：策划外包企业在京津的总体布局，将需要降低成本的开发活动转移到天津，完成出口企业在京津两地的布局。建立出口信息发布和管理、出口企业管理、出口的项目管理、软件出口门户、软件开发过程沟通等出口系列平台。每年在两地筛选一批有条件的中小出口企业重点培育，实施在岗培训计划，培训面向出口的交流、编码、测试和质量控制人员，使其尽快达到 500 人以上的规模企业。每年以"京津软件产业共同体"的名义开展对日出口软件交流和合作论坛一次，扩大京津两地软件产业在日本的影响，进一步拓宽出口业务渠道。利用中、美、印软件合作的契机，突破欧美市场，满足电子政务需求。

五是开展以软件园为主体的共享平台建设工程。以应用为核心，以服务为宗旨，以激活和整合为途径，开展京津软件共享平台建设工程，为两地企业营造良好的发展环境，进而促进两地企业间的实质性合作。共享平台分为两个层次：即基础资源共享平台和领域资源共享平台。基础资源共享平台包括以北京的"三库四平台"为核心的公共基础软件资源平台、公共信息发布和交互平台以及公共技术交流与服务平台等；领域资源共享平台包括自主创新平台、软件人才培养平台、软件出口平台和资本运作服务平台等。

六是构建面向两地软件企业的区域性服务网络。组建跨区域的京津软件企业联合会和行业协会，促进行业间、企业间的自律，以行业协会来推动企业的经济、技术合作，促进产业协调发展；以两地软件出口基地和行业协会牵头，成立京津软件出口联盟，为软件出口企业提供咨询服务，帮助企业打入国际市场；鼓励创办为软件企业提供软件开发指导和认证的专业服务机构，特别是从事软件产业风险投资、资本运营的机构；重点扶持建立以软件企业为服务对象、有标准化的服务产品、有领域专长的软件专业服务机构，参照扶持软件企业的做法，加大对其的支持力度。逐步建立面向京津软件产业的专业服务机构网络，提升软件中介服务机构的核心服务能力，形成结构合理、分工明确、功能互补的软件服务体系。

七是联合开展软件及其应用的关键技术研究。两地应充分发挥在基础软件开发等方面的优势，联合开展基于开源软件的基础软件平台、下一代互联网关键技术、计算机病毒监控、预警及应急处理体系等方面的基础类软件产品和技术的研发，共同开发市场。开展数字内容产业等领域的合作。积极推动自有基础软件在现代物流等应用领域的综合示范应用。

4.2.5 京津软件产业共同体的保障措施与政策建议

1. 保障措施

建立京津软件产业共同体发展联席会议制度。在京津两地软件产业领导小组的基础上，建立京津软件产业共同体发展联席会议制度，定期召开由两地主管科技的副市长、两地科委主任及其他有关委办任局负责人参加的京津软件产业共同体协调工作会议。联席会议下设京津软件产业共同体联席会议工作办公室，办公室设在两市科委，组织制定京津软件产业共同体发展规划，落实和实施京津软件产业共同体工作方案和计划，定期沟通软共体建设发展过程中的重大问题，推动两地软件产业合作进程。

建立京津软件产业发展合作基金，资助两地软件共享平台建设、重大合作项目工程等。在两市软件产业发展专项资金中设立京津软件产业发展合作基金，主要用于资助：两地建立公共网络基础设施、基础软件研发、公共信息和服务等公共基础资源共享平台建设；两地在电子政务、电子商务、企业信息化、教育信息化、现代物流等重点合作领域的示范工程和合作项目；对软件企业进行风险投资补贴等。

开展两地相关民间团体协调行动。由两地科委委托，民间协会协办，每年定期举办京津软共体发展论坛，就京津软件产业的合作机制、企业的合作模式、政府如何推动软共体建设等重大合作问题开展研讨。开展经常性的项目展示洽谈、产业合作对接活动，推动两地软件企业建立合作共赢意识，为软件企业合作提供制度化的信息交流平台。

建立软件创业企业投融资保障体系。建立软件企业风险投资补贴和保险基金，对投资企业在一定程度上给予政策上的补贴和保险，同时建立一支风险投资、企业管理、商业规划的咨询队伍，专门为中小型软件创业企业提供全方位的咨询服务，从而降低中小型软件企业的投资风险，建立切实可行的退出机制，解决软件创业企业发展的投融资瓶颈。其主要工作包括：①帮助公司进行流动资金的融资运作；②向公司推荐人才；③为公司的经营进行咨询服务和指导，提供绩优公司的经营经验；④控制公司之间的协调和合作；⑤向企业提供政府、大学、研究机构、商务、法律等关系网；⑥策划公司上市或收购。

2. 政策建议

促进两地软件产业发展战略和政策上的互通和融合。两市要对各自的软件发展战略进行全面梳理，明确本地产业发展方向，突出软件产业共同体建设使命，使京津两地软件产业从制定战略开始就为合作对接创造发展空间；加强两地在制定软件产业政策上的互相沟通，今后在一些重大政策的制定上要考虑与对方更多融合，逐步消除软件产业政策隔阂，促进政策发挥协调一致；逐步建立统一的行业技术标准，实现"双软"认定等局部政策统一。

建立两地软件产业基地（园区）的合作对接机制。签订两地软件产业基地（园区）对口合作协议，设立信息共享和开放平台，联合建立京津软件产业基地信息网络平台，建立两市软件产业基地、软件园和孵化器的无障碍信息交流合作机制。建立园区之间的交流互动机制，定期开展工作交流互访、人员代培，联合举行企业推介、人才招聘、合作论坛等活动。

建立软件基础设施和信息资源共享机制。京津相互开放现有软件产业测试、研发平台等基础设施和信息服务平台，以无偿或最优惠、协作开发、最大化资源效用为原则，形成共建共用、运行高效、服务京津、辐射全国的京津软件公共服务平台网络。可先期启动京津软件产业信息服务网络的内部联网，逐步在软件测试和研发服务等网络平台实现互通互联，互为用户，建立起各类平台资源共享、优势互补的良性互动机制，提高京津软件资源的使用效率，显著降低软件企业科技创新成本，推进京津软件技术交流与合作，提升京津地区软件产业的整体科技创新水平。

建立软件人才培养共享机制，推进资质互任。鼓励两地软件学院到对方设立分支机构，定期交流培训内容，合作办学；两地行业协会在对现行"双软"认证制度进行综合评价的基础上，建立统一的评价标准，促进京津两地软件企业和软件人才资质互认，逐步消除软件人才资质障碍。在遵循市场主导、开放自主、互惠共享、优势互补等原则的基础上，推进京津软件人才开发的资源共享和服务贯通，逐步形成统一软件人才大市场和人才服务体系，最终实现京津人才的双向自由流动与共享。

加大知识产权保护，规范软件市场秩序。将知识产权保护作为建立京津软件产业生态环境的核心，制定"京津软件知识产权保护联合宣言"，在全社会形成软件知识产权保护的良好氛围，树立京津软共体知识产权保护的正面形象。全面推进软件正版化工作，加强保护软件知识产权服务工作，发挥知识产权保护中介机构的作用，联合推广宣传有助于保护正版和打击盗版的先进技术。

4.3 ▶ 京津冀海洋产业创新共同体

进入 21 世纪以来，海洋在国家经济发展和对外开放格局中的作用日益重要，在维护国家安全和发展利益中的战略地位日益突出。大力发展海洋经济，加快建设海洋强国，已成为今后一个时期重要而紧迫的战略任务。京津冀地区作为我国重要的海洋经济带，拥有大陆海岸线 641 千米，管理海域面积达1.2 万平方千米，已经形成了包含海洋交通运输业、沿海旅游业、海洋油气业和海洋化工业、海洋船舶工业、海洋盐业、海洋渔业等产业在内的海洋经济结构，打造了一批颇具竞争力的海洋企业。2016 年，环渤海地区海洋生产总值24 323亿元，占全国海洋生产总值的比重为 34.5%，在京津冀地区社会经济发展中扮演着不可或缺的重要角色。将海洋经济打造成为京津冀发展的

"蓝色增长极"，对于保障京津冀地区海洋经济可持续发展、促进京津冀协同发展具有重要的现实意义和战略意义；不仅是拓展天津海洋经济发展空间，培育新的经济增长点，加速提升天津海洋产业的创新能力，促进海洋经济发展方式的转变，实现建设海洋强国的重要举措，也是在全国范围内发挥示范带动作用和引领作用的客观要求。

1. 海洋产业是京津冀最有可能率先实现协同发展的领域

总体来看，京津冀区域海洋产业协同发展和协同创新的机遇很大、互补很优、合作很顺和产业很强，具有率先实现区域协同发展的有利条件，有望成为京津冀区域产业协同发展的突破口。

（1）机遇好：国家双重战略的叠加。

习近平总书记在主持中央政治局第八次集体学习时指出，建设海洋强国是中国特色社会主义事业的重要组成部分；并且党的十八大做出了建设海洋强国的重大部署。十九大报告更是指出，坚持陆海统筹，加快建设海洋强国。习近平总书记强调实现京津冀协同发展是重大国家战略，北京非首都功能疏解步伐加快，要坚持优势互补、互利共赢、扎实推进，加快走出一条科学持续的协同发展路子来。海洋经济是京津冀区域经济合作中的重要组成部分，特别是在京津冀协同发展的大背景下，整合京津冀区域内资源与环境优势，使海洋经济成为京津冀区域经济合作发展的重要增长极，更是落实京津冀协同发展的先行领域和重要抓手。《京津冀协同发展规划纲要》中提出，"在天津临港经济区建设高端装备制造产业基地"。

（2）互补优：产业利益之争阻力最小。

京津冀三地海洋产业优势互补，有利于推动形成"北京海洋科技研发＋天津海洋高技术产业化＋河北海洋传统产业"的区域海洋经济发展合力。

北京的海洋科技实力雄厚，尽管没有海洋产业，但其海洋科技资源占全国的三分之一以上，拥有中科院微生物研究所、中科院理化研究所等相关海洋科研机构 25 个，位居全国第一；科技活动人员 10 968，占全国的比重超过 1/3；科研机构经费收入 781.3 亿元，占全国的 39.95%；发明专利授权 466 件，占全国的 47.2%。

天津市海洋产业基础良好，海洋生产总值由 2010 年的 3021.5 亿元增加到 2015 年的 5506 亿元，年均增速达到 12.75%，海洋生产总值占全市生产总值的 33.3%。产业结构不断优化，海洋装备、海洋石化、港口物流、海洋旅游及海水淡化产业成为区域优势产业，尤其是海洋新能源业、海洋生物医药业等战略性新兴产业初具规模，天津南港工业基地、临港经济集聚区域、天津港主体区域、塘沽海洋高新技术产业基地、滨海旅游区域、中心渔港六大海洋产业集聚区域初步建成，产业集聚效应进一步体现，天津建设海洋强市具备了坚实的基础。

河北省海岸线长487千米，海岸带总面积11 379.88平方公里，占全省陆地总面积的6%，沿海地区水资源总量为106.2亿立方米，湿地面积941.9千公顷，海洋资源丰富。海洋产业中，海洋交通运输业、海洋工程建筑业、海洋渔业、海洋船舶工业、海洋化工业等海洋传统产业占据主导地位，而海洋船舶业、海洋工程建筑业、海洋生物医药业、海水综合利用等新兴产业方面发展程度还不足。

（3）需求同：加强区域海洋经济发展的重要前提。

三地有着相近的发展需要。①京津冀地区跨流域水环境污染监测及防治机制尚未建立，天津海洋生态环境质量不容乐观，陆源入海污染压力持续存在，入海河流和陆源入海排污口水体中氮磷和化学需氧量等主要污染物普遍存在超标现象，典型海洋生态系统处于亚健康或不健康状态；河北近岸海域和岸线开发利用强度大，部分海域污染加重，海岸侵蚀、海水入侵、赤潮、风暴潮等灾害时有发生。解决大范围共同性海洋生态问题的需要，有利于共同加强区域海洋环境保护。②海洋产业结构有待优化，河北海洋产业仍处于资源依赖型和粗放发展型为主的阶段，产业附加值低，市场竞争力弱，海洋战略性新兴产业尚未形成规模；天津海洋油气、海洋化工等传统产业仍然占据主导地位，海洋战略性新兴产业虽然增长速度较快，但总体规模不大，只占全市海洋经济总量的10.5%；海洋服务业偏低，占比仅为36.3%，海洋高端服务业份额较低。③海洋自主创新能力需进一步增强。天津科技创新对海洋产业发展支撑引领不强，国际领先的研发成果不足，产学研用结合不够紧密，涉海企业自主创新能力有待加强，重要领域缺乏领军人才，海洋科技成果资本化、产业化程度较低，海洋科技创新还不能完全适应转变经济发展方式的需要。河北海洋经济科技创新服务支撑能力较弱，海洋科技创新能力不高，海洋专业人才匮乏。④海洋治理能力有待提升。天津海洋管理能力和业务支撑体系建设有待完善，海洋经济运行监测评估体系不够健全，海洋依法行政效能和服务水平有待进一步提高。河北海洋经济综合管理机制有待完善，产业发展缺乏有效指导，地区间海洋产业比较优势发挥不够充分。⑤三地都缺乏淡水资源，应抓紧建设海水淡化产业，努力解决三地尤其是北京的淡水需求。

（4）合作顺：加强区域海洋经济合作的重要基础。

京津冀海洋经济合作进展十分顺利，取得了一大批合作成果。在港口口岸合作方面，津冀两地合作建设无水港项目总数达到 5 个；北京海关与天津海关在天津签署关际合作备忘录，初步实现了两地海空运一体化。京津冀三地渔业依托协同发展合作框架协议，在产业政策、技术交流、科研开发、执法监督、市场服务等方面加强对接，努力形成工作同向、措施协同、利益相连的渔业协同发展新格局。在成果转化方面，中科院海洋所在天津技术成果转化迅速、合作项目进展显著，建设了"天津海洋生物技术研究院"；在教育方面，国家海洋局与国家教育部共建天津大学涉海学科；在基地合作共建方面，国家海洋局与天津市共同建设渤海监测监视管理基地，基地具有海洋综合管理、技术研发和国际交流与合作三大功能；国家海洋局预报中心与天津市海洋局签署战略合作框架协议，在海洋预报关键技术、科研项目、人才培养等领域开展多层次深入合作。

（5）产业强：区域海洋经济协同发展的有利条件。

2015 年，天津海洋生产总值 5506 亿元，"十二五"期间年均增长 12.75%，全市单位岸线产出规模超 35 亿元，继续位居全国前列。海洋工程装备制造业和海洋船舶修造业走向国际市场，国家石油化工基地和原油战略储备基地初具规模，海洋工程建筑业市场扩展到五大洲，海水淡化产能达到 31.7 万吨/日，继续保持国内领先。《中国海洋经济发展报告》显示，天津是我国八大海洋产业集聚中心，产业集中程度在全国沿海省市中最高。《天津海洋经济科学发展示范区规划》获批，天津成为继山东、浙江、广东、福建之后，又一全国海洋经济发展试点地区。国家海洋局下发的《关于认定天津临港海洋高端装备产业示范基地为国家科技兴海产业示范基地的批复》中要求，天津临港基地要充分整合利用京津冀协同发展、天津自贸区、国家循环经济示范区等区位优势，建设国家科技兴海产业示范基地，力争建设成为国内海洋工程装备制造的领航区。塘沽海洋科技园是天津高新区、核心区的重要组成部分，是全国唯一的以发展海洋产业为主的国家级高新区，是天津市国家海洋经济试点"科技兴海"示范基地。天津海洋科技创新能力不断提升，海洋工程装备制造、海水淡化等领域的科技创新水平保持全国领先，海洋化工、海洋盐业等传统海洋产业的高新技术含量逐步增加。打造了一批海洋科技自主创新平台和海洋科技成果产业化基地，被国家确定为海洋高技术产业基地试点城市，省部级以上海洋重点实验室达到 15 个，海洋研发中心、工程技术中心和海洋仪器装备质量检测中心达到 13 个。北京的海洋科技实力雄厚，总体来看占全国的 1/3 以上。

河北省海洋产业规模位居全国第九，海洋经济总量持续较快增长，2015年海洋生产总值 2070 亿元，海洋生产总值占全省生产总值比重达到 6.9%，全省涉海从业人员 99 万人，年均新增就业人员 1.3 万人，秦皇岛海洋经济区、唐山海洋经济区和沧州海洋经济区错位联动发展，海岸带、临岸海域、近海海域科学有序开发利用机制初步建立。

2. 京津冀区域海洋经济较为分散

尽管京津冀区域海洋产业具有协同发展的有利条件，但是也面临一些不足，主要是"三个较为分散"：经济合作体系较为分散、产业分工体系较为分散和区域创新体系较为分散。这使得京津冀区域海洋经济的协同发展受到制约，没有形成发展的合力。

（1）海洋经济合作体系比较分散，总体上合作水平处于初级阶段。

京津冀区域海洋产业协调机制尚未建立，缺少顶层设计和整体安排，多种因素阻碍区域合作，对要素流动、信息获取以及区域合作都有一定的阻碍；彼此之间相互分割、重复投入的现象仍然没有完全消失，巨大的合作潜力有待进一步挖掘，制约着三省市技术、资源、条件共享以及研发成果产业化的迅速推进；区域内还缺少在资本、人才、管理、运作、品牌等方面联系密切的企业集团，企业间合作多为一次性或短期合作，缺乏长期、规范、稳定、深入的联系。京津冀海洋产业提升行业竞争力，需要冲破区域壁垒，强化协同发展意识，变单打独斗为优势互补的跨区域抱团合作。

（2）海洋产业分工体系比较分散，没有形成发展的合力。

京津冀海洋产业分工体系尚未形成，区域合作缺乏系统化。京津冀三地的海洋产业或海洋科技自成体系，在各个行政区内都有分布，而且较为分散，产业集群化发展水平不高，各种生产要素的区域间流动受到多种因素阻碍，得不到最优配置，如北京的海洋科技资源大量为广东、浙江等地所吸引，天津已有较强的产业发展基础，但缺少科技创新支撑；同时天津与河北在海洋化工、海洋交通运输等传统领域存在竞争关系。

（3）区域海洋科技创新体系比较分散，还没有形成有效流动。

京津冀区域海洋科技资源分散，分属于不同的体系，从行政区域来说有京津冀三地之分，从隶属体系上来说有国家海洋局、农业部、气象局、中国科学院、交通部及中海油等，从机构类型来看有研究院所、高校和企业等，这些机构之间缺少有机联系和有效合作，并且存在一定的重叠；并且创新资源的流动不充分，联动效果差，亟须改变自成体系的现状，需要进行跨行政区域的海洋科技合作与交流，需要集中有限的海洋科技资源，联合攻关，集中力量办大事。

3. 建立京津冀海洋产业化示范区是最有力的合作平台和抓手

总体来看，京津冀区域海洋经济协同发展缺少一个聚焦点，即缺少合作平台。当前京津冀海洋经济合作缺少渠道、产业合作缺少载体、科技合作缺少平台，为此，亟须整合京津冀区域海洋经济的产业优势、创新优势、改革优势，建立"京津冀海洋产业化示范区"，以此为基础建立海洋经济区域合作渠道的汇聚高地，可以打造成为京津冀海洋产业联合的重要载体，可以建设成为区域海洋科技资源的整合平台，建设成为集"自主创新、产业协同、改革开放"为一体的示范区，这将成为京津冀区域海洋经济协同发展的最有力的抓手和最有效的平台。把京津塘海洋产业化示范区打造成为具有全球竞争力与影响力的海洋产业前沿技术创新中心，海洋新兴产业发展引领区，开放型高端创新要素聚集新高地，海洋改革开放和创新驱动发展的先导区。

4. 建设思路与措施

建立京津冀海洋产业化示范区，将以海洋战略性新兴产业为目标，以塘沽海洋高新区为依托，以联合共建"京津冀海洋产业技术研究院"为重要平台，以"国家海洋科技国际创新园"为核心，全面整合国家部委和京津冀地区海洋产业优势资源、科技优势资源和政策优势资源，坚持研究开发、企业孵化、生产制造和贸易流通一体化发展，打造开放、共享、联合的综合性海洋研发技术平台和孵化平台，努力营造国际化、人性化、专业化的园区环境，带动环渤海乃至全国海洋产业的快速发展。

搭建全方位、多层次的区域产业合作平台。实施"八个一工程"："一院、一园、一行、一平台、一中心、一联盟、一会和一机制"，搭建全方位、多层次的科技合作平台，整合全市相关创新资源，建立开放、流动、竞争、协作的运行机制。"一院"即京津冀海洋产业技术研究院,"一园"即国家海洋科技国际创新园,"一行"即成立天津海洋开发银行,"一平台"即建立天津国家海洋技术交易服务与推广平台,"一中心"即建立天津海洋科技孵化创业中心,"一联盟"即跨区域的京津冀海洋产业技术联盟,"一会"即举办"国际海洋经济大会"和"一机制"即国家海洋局、京津冀等局省市合作机制。

（1）联合共建京津冀海洋产业技术研究院。

作为示范区先期启动建设的技术研发功能载体,京津冀海洋产业技术研究院要建设成为与国际接轨的、世界一流水平的研发基础设施、公共技术研发平台,建立高效的管理体制和运行机制,使之成为国内水平最高、功能最完善的海洋技术研究基地,吸引和聚集中国水产科学院、国家海洋局第一海洋研究所、中科院海洋研究所等国内外知名研发机构、企业研发中心、高端人才和研发项目,形成开放、联合、流动的海洋研发链,打造前沿技术研究、关键技术研发、工程化一体的海洋科技创新链,聚集大批具有国际水平的海洋战略科技人才、科技领军人才、青年科技人才和高水平创新团队。组建天津海工装备研究院,解决海洋装备产品共性技术问题,促进成果转化和产业化;建设临港经济区海水淡化与综合利用创新及产业化基地、临港经济区海洋高端装备制造产业技术基地。建设海上石油钻井采油技术仿真模拟平台、深海压力舱实验平台、海洋药物发现及中试孵化服务平台、海洋腐蚀与防护技术服务平台。

（2）联合共建国家海洋科技国际创新园。

以塘沽海洋高新区为依托,与国家海洋局、科技部等部门,以及北京和河北联合共建创新园,争取建设成为国家级海洋高新区,并不断拓展建立分园。加强国内外尤其是京津冀资源的聚集,坚持海洋高端装备制造、海水利用、深海战略资源勘探开发和海洋高技术服务、海洋医药与生物制品等重点产业发展。编制京津冀海洋科技资源分布地图,重点吸引清华大学、北京大学、北京医科大学、北京石油化工学院、中国石油大学（北京）、中国地质大学（北京）、国家卫星海洋应用中心等海洋专门和相关知名高校或科研院所在园区设立研发机构、建立海洋学院或建立科技研发基地（见表4-7）;引进国际跨国公司在园区单独设立或与天津市企业合作设立研发中心、分支机构。与国家外国专家局共建"中国海洋科技创新引智园区（天津）";与教育部共建天津大学涉海学科。成立海洋经济监测评估中心,加强海洋信息领域高校、科研机构和企业界的合作,共同推动环渤海水域信息网络系统建设,建设京津冀海洋信息产业新基地，打造"海洋智谷"。在产业政策、技术交流、科研开发、市场服务等方面加强对接，实施"水产工厂化循环水养殖工艺技术和养殖规模""海水鱼工厂化养殖成套设备与无公害养殖技术"等重大项目，建设滨海杨家泊水产科技园区，打造我国北方最大海珍品基地。加快整合现有海洋教育与科研资源，探索建设"天津海洋大学"。

表4-7 首都部分科技资源列表

机　构	主　要　资　源
中科院	中科院微生物研究所（海洋生物医药）、中科院理化研究所（海洋新材料）、中科院声学研究所（深海技术装备）、海洋研究所、南海研究所等
国家海洋局	国家卫星海洋应用中心、海洋遥测工程技术研究中心、海洋一所、海洋战略研究所、国家海洋局预报中心、海洋学会、海洋工程协会、海洋数据共享平台等
科技部	863、973等海洋技术领域项目支持，海洋领域重点实验室、工程中心等平台支持，共建深海海洋科研与产业化基地
教育部	共建天津大学涉海学科，支持建立重点实验室
国土资源部	统筹海陆资源利用机制创新、海洋地质和矿产调查等
国家外国专家局	共建"中国海洋科技创新引智园区（天津）"，成为引智创新基地、引智成果研发推广平台，成为海洋国际化人才培养中心和国际海洋人才智力优质资源的集聚高地
清华大学	清华大学海洋技术研究中心、海洋学部、电子系、生物系、深圳研究生院、生物芯片北京国家工程研究中心、海洋可再生能源等
北京大学	大气与海洋科学系、海洋研究院、天然药物与仿生药物国家重点实验室等
北京医科大学	天然药物重点实验室等
北京石油化工学院	海洋工程连接技术研究中心等
中国地质大学（北京）	海洋学院等
中国石油大学（北京）	海洋油气研究中心、船舶与海洋工程等

（3）筹备设立天津海洋产业基金。

该基金将以海洋及相关产业为主要投资领域，包括临港工业及工业集群、港口服务业、滨海旅游业、现代海洋渔业、海洋高科技及新兴产业等，通过调动金融资本，为天津海洋及相关产业提供全面专业的金融服务，支持天津市海洋基础设施建设，形成产业核心竞争力，促进海洋资源可持续循环开发；提高资本利用效率，促进高新技术与海洋产业发展相结合，促进海洋产业结构升级，提高海洋产品附加值；以建设和完善现代海洋产业体系为核心，优化海洋产业布局，促进海洋产业之间及其与陆域产业的融合，提升海洋产业的发展层次。建设具有京津冀特色的海洋科技金融服务体系，建设京津冀地区海洋科技金融创新示范区；建立涵盖广泛、重点突出、多方共认、应用广泛的京津冀海洋企业金融信用服务体系，逐步规范京津冀海洋企业金融信用服务市场发展，营造京津冀海洋企业金融诚信发展环境，建立京津冀海洋企业金融信用奖惩联动机制；根据京津冀地区海洋企业的特点，设计并建立符合其成长与发展的信贷服务体系；逐步引入海洋贷款保险制度，扩大保险公司的业务范围，推出海洋中小企业贷款保险产品，引导和鼓励保险机构探索建立巨灾保险和大宗水产品出口保险制度，开展水产养殖互助保险试点和远洋渔业政策性保险；设置海洋中小企业融资担保专项资金，完善商业性担保机构的风险补偿机制，切实发挥融资担保机构连接银企的纽带作用；探索设立海洋经济发展引导基金，发展涉海私募股权投资基金和海洋产业创业投资基金，引导民间资本领投或跟投早期海洋企业，助力海洋中小企业加快成长发展，提升海洋科技研发和成果转化速度；支持符合条件的海洋企业发行中小企业集合债券、集合票据和集合信托等产品，重点缓解其中长期融资难的困境；发挥天津融资租赁业集聚发展的优势，继续扩大船舶、集装箱等传统租赁业务规模，拓展海洋工程装备、高端专业设备等领域的租赁品种和经营范围。

（4）建立天津国家海洋技术交易服务与推广平台。

依托天津市科技成果展示中心和科技成果转化线上线下交易平台、华北知识产权运营中心等平台作用，联合中国技术交易所、渤海监测监视管理基地和国家海洋技术中心等机构，发展规范化、专业化、市场化、网络化的海洋技术成果转化平台，完善海洋科技信息、技术转让等服务网络，以海洋科技成果收集、筛选、展示、交易、推广直至产业化为工作主线，为涉海科研成果转移转化提供技术、人才、资金、政策等全方位服务，服务北京科技成果在津转化和产业化，做到"开发一项技术，带动一个产业，发展一方经济"，推动天津海洋经济的快速发展。在国家"863"计划成果展示交易中心设立海洋高技术专门平台。

（5）建立天津海洋科技孵化创业中心。

依托天津大学等高校优势学科和行业资源，整合首都资源，重点针对天津及周边地区的海洋科技创新发展以培养海洋科技型企业和企业家为宗旨，通过"预孵化—孵化—加速孵化"的服务体系和"创业导师+专业孵化+创业投资"的服务模式，成为向企业提供专业孵化服务的创业创新载体，以促进海洋科技成果转化和产业化，整合海洋行业内各界资源。鼓励和引导社会力量投资建设或运营海洋创客空间、创新工场等新型孵化平台，孵化培育科技型涉海小微企业。

（6）组建跨区域的京津冀海洋产业技术联盟。

依托天津大学和海水淡化所等牵头，包括京津冀各大科研院所及一些企业等组成产业技术创新联盟，联合开展海洋产业的关键技术研究，推动区域联合研制的海洋技术的应用，开展关键配套系统和设备的示范，为全面形成产业化能力奠定基础；绘制天津市未来10年海洋科学与技术发展路线，明确未来10年海洋科学优先发展领域。鼓励创办从事海洋产业风险投资、资本运营的机构，重点扶持建立以海洋企业为服务对象、有标准化的服务产品、有领域专长的专业服务机构，逐步建立面向京津冀海洋产业的结构合理、分工明确、功能互补的海洋科技服务体系。

（7）共同举办"国际海洋经济大会"。

由三地政府部门和国家海洋局等每年定期联合举办，就区域海洋产业合作的重大问题开展研讨，开展经常性项目展示洽谈、产业合作对接活动，为企业合作提供制度化信息交流平台。以示范区名义定期在国内外宣传，提升知名度和在国内外的整体形象，吸引海内外优秀人才来京津冀创业发展。

（8）建立与国家海洋局、京冀等局省市的合作机制。

通过联席会议等形式，建立长期稳定的会商机制，与国家海洋局等部委和北京、河北签署战略合作框架协议。共同研究探讨示范区建设的相关问题，共同确定重大工作事项。示范区建设实施配套规划、计划的制定，应在统筹考虑整体科技、产业发展力量分布的基础上，统一指导、科学布局、利用优势、避免重复建设。推进京津冀区域海洋经济互动交流与互补协作机制，重点建设信息共享体系和成果交流机制，充分发挥各省市资源优势实现联动发展：可与北京合作建设孵化基地，吸引优秀人才和技术到示范区实现产业化，与河北合作建设国际标准的生产和贸易基地，推动京津冀地区海洋产业进一步走向国际。制定海洋产业京津冀区域发展规划，对各自的发展战略进行全面梳理，明确本地产业发展方向，争取纳入京津冀协同发展规划。

4.4 ▶ 京津冀钢铁产业创新共同体

4.4.1 钢铁产业发展环境和趋势

从国际发展环境和趋势看，全球钢铁产业、贸易和市场需求整体进入相对低速的增长期，世界经济面临由西强东弱向东西力量均衡的经济格局转型，由传统工业化向低碳经济转型。与世界经济的弱复苏与转型相适应，世界钢铁产业主要呈现出三大发展趋势。一是钢铁工业低碳化生产技术和高端产品将成为产业创新主流。先进钢铁企业将大力开发"高强、长寿、减薄、环保、低成本"的绿色产品，并正在形成国际市场间新的竞争壁垒。二是全球钢铁企业并购重组及规模化、大型化发展趋势显著加快。钢铁工业的重心进一步向新兴市场经济国家转移。三是钢铁产业与生产性服务业的融合逐渐加速。越来越多的钢铁企业沿产业链上下游延伸发展，以提升战略资源的控制能力和贴近面向用户的服务能力。国际环境和趋势已经促使包括我国在内的发展中国家开始了对传统钢铁工业的改造和转型升级。

从国内发展环境和趋势看，我国已明确将加快转变经济发展方式作为"十三五"发展的主线，这将对未来我国钢铁产业的发展产生深刻的影响。未来我国钢铁产业主要呈现四个方面的发展趋势。一是钢铁产业市场需求整体放缓。"十三五"时期，在国家严格控制钢铁新增产能的条件下，我国钢铁产业将进入与微利时代相适应的低速发展阶段。同时，随着城镇化进程的加快，民众消费将逐渐升级，我国的汽车、家电等相关领域的用钢增长将会加快，对钢铁产品和质量将会提出新要求，相应地会为钢铁产业提供新的发展空间。二是战略性新兴产业将会催生高端的钢铁产品和产业。培育发展战略性新兴产业已被确立为我国加快转变经济发展方式的主要方向，其中，高端装备制造、新能源、新能源汽车等产业必将对钢铁产业产生新的需求。三是调整产业结构将成为钢铁产业发展的必然。以前我国主要承接国外转出的落后和高污染工艺环节，在当前以牺牲环境为代价的发展模式已到尽头，必须找出能升级、能淘汰的模式和路径，因此，我国钢铁产业发展规划中提出通过兼并重组，培育形成 3~5 家具有较强国际竞争力、6~7 家具有较强实力的特大型钢铁企业集团，力争到 2020 年，国内排名前 10 位的钢铁企业集团钢产量占全国产量的比例从 2009 年的 44% 提高到 60% 以上，推动钢铁产业结构调整迈上一个新的台阶，并将促进我国钢铁工业进入自主集成创新、优化产品结构的新阶段。四是节能减排将成为钢铁产业实现可持续发展的刚性要求。钢铁工业是节能减排潜力最大的行业，在节能减排工作中占有举足轻重的地位，发展方式面临巨大转型压力，这要求继续加大节能降耗力度，大力推广循环经济和节能减排新技术、新工艺，提高"三废"的综合治理和利用水平，走低消耗、低排放、高效益、高产出的新型工业化道路。

从京津冀发展环境和趋势看，京津冀是我国钢材生产最为集中的地区，钢材产量占全国的 1/4。京津冀地区的钢铁产量在支撑当地经济发展的同时，也为其他钢铁供给不足的地区做出了突出的贡献，然而在新的历史时期，过快发展的京津冀钢铁行业也遇到产能过剩严重、污染加剧的窘境，因此，生态环保是京津冀钢铁产业协同发展的出发点。目前，北京市已经淘汰了钢铁冶炼产能，在钢铁产业发展方面以钢铁技术研发和高端钢铁产品销售为主，基本形成了两头在内、中间在外的产业发展格局。天津市"十三五"时期将以加快转变经济发展方式为主线，以调整优化经济结构为主攻方向，努力建设"五个现代化"，实现科学发展、和谐发展、率先发展，这对天津钢铁产业发展提出了新要求。一是加快京津冀一体化，对天津钢铁产业提出产业升级、产业合作融合的新要求。天津钢铁产业需要进一步提升精品钢材基地的技术能级和综合能力，支撑京津冀一体化过程中新兴产业和先进制造业的发展；进一步加快对产品、工艺结构进行整体和优化升级，重点发展无缝钢管、高档板材和高档金属制品等高附加值和深加工产品，提高产品技术含量，采用世界一流技术装备彻底改造钢铁工业，抢占行业制高点。二是加快向低碳经济转型，对天津钢铁产业发展提出绿色环保、集约发展的新要求。天津钢铁产业必须转变高投入的产品发展方式，尤其要将加强能源资源集约利用、强化生态环境保护放在突出位置，大力推动钢铁企业的环境经营，实现低碳化、集约化的可持续发展。三是加快向服务经济转型，对天津钢铁产业发展提出延伸服务、拓展空间的新要求。天津要强化北方经济中心的功能，提升高端制造能力，同时延伸发展钢铁贸易、加工配送、电子交易、工程技术服务等服务业，并增强对"环渤海"地区的辐射。河北省最重要的主导支撑产业就是钢铁产业，对经济的发展起着巨大的促进作用。2016 年全省钢铁企业达到1217 家，产业规模不断扩大，对河北省经济发展起着重要的推动作用。21 世纪之前，河北省钢铁产业为粗放型发展模式，一味地追求经济效益的增长，进入 21 世纪，由于钢铁产业环境污染与经济效应间的矛盾越来越大，河北省钢铁产业提倡循环经济发展模式，逐步加快钢铁产业转型升级进程。技术因素对于河北钢铁产业发展的战略导向能够产生重要的影响，新技术的出现能够使社会和新兴行业对钢铁行业的产品和服务的需求增加，促进行业向海外市场扩展。技术进步也可以指导钢铁产业创造竞争优势，河北省钢铁产品结构缺乏优势，产量居前三位的产品分别为热轧窄带钢、中厚宽钢带、钢筋，高端产品所占份额较少。所以，需要新型技术提高钢铁产品的附加值，对钢铁产业转型的方向提出要求。

4.4.2　天津大邱庄钢铁产业协同创新共同体

大邱庄位于天津西南方向，长期以钢铁产业为主，是我国钢铁产业生产基地，大邱庄的经济兴衰是我国钢铁产业发展历程的一个缩影，见证了产业发展的演变规律。20 世纪 80 年代中期，大邱庄人靠钢生产率先成了我国当时知名的首富村；90 年代，受亚洲金融危机影响，市场形势骤变，铺摊大、水平低、重复建设的大邱庄钢铁产业受到了重创。痛定思痛，1997 年，大邱庄正式进行产业结构调整，一方面想升级换代，另一方面又想跳出钢铁工业这个圈子，进入其他新兴产业，虽然取得了一定成效，但仍未脱离产业粗放式发展的局面，其他新兴产业也未形成规模。随着京津冀一体化国家战略的加快，京津冀三地大气污染开始联防、联控，节能减排新政的实施为大邱庄钢铁产业转变发展方式提出了严峻挑战，新形势下大邱庄钢铁产业必须面临新一轮的产业变革，但这种落后的生产工艺、传统的管理模式、粗放的能源消耗、低端的产品结构、严重的环境污染，迫使产业面临不关即改、不得不改的发展境地，如何破题，怎么改，成为大邱庄人一直思考的问题。

1. 大邱庄钢铁产业基础

（1）基础性产业体系初步构成。2016 年年底，大邱庄镇拥有各类工贸企业 2600 余家、工业企业 700 余家。工业企业中急需转型的企业 398 家，其中，黑色金属冶炼及压延加工业 260 家（规模以上企业 117 家）、有色金属制品 7 家（规模以上企业 2 家）、金属制品业 131 家（规模以上企业 24 家）。大邱庄钢铁企业基本形成了四级产业发展体系：第一级，从矿粉到钢坯的发展，代表企业有天津冶金集团轧三钢铁有限公司、天津天丰钢铁有限公司；第二级，从钢坯到盘螺、高速线材的发展，代表企业有天津冶金集团轧三钢铁有限公司、天津金都钢铁有限公司等；第三级，从高速线材到钢丝、钢绞线、钢钉等金属制品发展，代表企业有天津春鹏预应力钢绞线有限公司、天津市亿成金属制品有限公司等；第四级，管材的深加工发展，代表企业有友发集团、宇盛镀锌钢管、乾丰防腐等。初步形成了以型材、板材、管材和金属制品为主的钢铁产业发展体系。2013 年，大邱庄钢铁产量达到 2120 万吨，占天津市同行业的 1/3，销售收入达到 660 亿元，在钢铁产品中，焊管加工能力最强，2013 年加工量 1122 万吨，占全国同行业产量的 1/5，是中国钢结构协会命名的全国唯一的、规模最大的"焊管生产基地"。

（2）创新环境和创新能力逐步提升。静海县将大邱庄钢铁行业转型升级列为首要工作内容，联合推进钢铁研究总院在大邱庄建立了先进金属材料涂镀国家工程实验室产业化基地，重点研发连续镀锌、连续涂层、清洁生产关键共性技术和涂镀层生产线核心关键装备，研发高速大型涂镀生产线工艺与装备的系统集成等，带动大邱庄涂镀行业自主创新能力整体提升；为解决企业关键技术难题，大邱庄搭建了"冶金企业升级转型的公共服务平台"，组织企业与天津大学化工学院、材料学院、行业先进制造和材料类重点实验室、工程技术研究中心等进行产学研合作，重点攻克了酸洗技术、废液处理技术等关键技术，企业获得专利数量达到 107 件，其中，发明专利 4 件；另外，大邱庄还积极推动一些具有较强研发实力的企业，通过技术创新、示范带动等模式，搭建了中国北方优质钢材加工和金属制品制造与研发转化基地，带动行业转型升级。

（3）生产性服务业逐渐形成。围绕钢铁产业的发展，大邱庄逐步建立起了相对完整的生产性服务业支撑体系。大邱庄镇成立了大邱庄商会，在组织企业家联谊、相互考察学习等方面起到了积极作用；建有各类服务机构 20 多家，其中，科技企业孵化器、生产力促进中心、企业技术研发中心、钢铁交易配送中心、钢铁行业服务中心、产业化基地各 1 家，建有产学研联盟、企业重点实验室各 2 家；同时，为促进钢铁企业的发展，大邱庄还重点发展了一批楼宇总部经济，建设了蓝领公寓等配套服务体系，促进生产性服务业的发展。

（4）区域节能减排力度加大。随着国家对治污工作高度重视和天津大幅提高排污费标准，大邱庄镇加大了对企业燃煤、酸洗和镀锌工艺等高能耗、高污染项目的治理力度，关停了一批企业，大力促进天然气等洁净能源的普及率，强化钢铁产业的清洁生产和绿色制造。同时，为支持大邱庄镀锌行业酸洗废液的集中资源化处理，近年天津市科委组织与大邱庄镀锌企业积极对接，重点支持了大邱庄友诚镀锌钢管有限公司等多家企业进行"钢铁酸洗废液资源处理新技术"项目。在天津市科委的支持下，部分企业排放的酸洗水质达到国家二级排放标准，"三废"排放完全达标，减少了对环境的二次污染。

2. 大邱庄钢铁产业面临的主要问题

（1）企业数量多、规模小且同质化竞争严重。大邱庄镇传统产业企业虽然达到 398 家，60% 以上属于规模以下企业，在全国范围内具有影响力的大型企业几乎没有；从事管材生产的企业占 71%，其中，绝大部分企业以生产焊接钢管为主。

（2）产业结构不合理，整体处于价值链低端。从钢铁企业构成看，大邱庄 90% 以上企业从事型材、板材、管材和金属制品生产，且部分上游高端原料的生产率和下游高端产品的开发率严重不足，处于微利运行生产。

（3）技术研发力度不足，核心技术严重匮乏。在大邱庄，通过认定的科技型中小企业约占钢铁企业总数的 24%，高新技术企业暂时没有，仅有 1 家企业建成了市级企业重点实验室，绝大多数企业采取产品仿制、工艺模仿的形式开发，企业普遍核心技术的掌握程度低，驱动发展后劲不足，与国际先进企业相差甚远。

（4）企业管理理念和管理意识落后。企业缺乏长远发展规划，不能从行业角度把握企业发展方向；普遍缺乏宏大理想和抱负，多数处于"小富即安"的状态，思想意识过于保守；对人才的重视程度不够，很难采取有效措施引进和留住高层次人才；缺乏合作观念，企业间信任机制与合作机制缺失，各企业普遍处于单打独斗状态。

（5）钢铁企业能源利用效率较低。部分企业工序能耗未达到国家标准《粗钢生产主要工序单位产品能源消耗限额》限定值，占钢铁企业二次能源总量 70% 以上的副产煤气仍存在一定程度的放散。此外，天然气等洁净能源的普及率和有效供给率未得到保障。

（6）主要污染物排放控制尚待提高。企业吨钢烟粉尘、SO_2、氮氧化物、碳氧化物排放量与国外先进钢铁企业相比尚有较大差距，通过清洁生产审核的钢铁企业不足 1%；全镇钢铁行业年产废酸液多达 50 万吨，废酸液处理规模仍严重不足，固体废物综合利用技术水平偏低。

（7）产业循环经济模式尚未建立。主要包括钢铁行业循环经济指标体系尚未建立、循环经济激励政策不到位等，废钢综合单耗远低于世界水平，废钢资源不足问题十分突出，水资源利用方式仍然比较粗放。

3. 推进大邱庄构建京津冀钢铁产业协同创新共同体的设想

北京具有丰富的钢铁产业研发资源，河北具有原钢、粗钢等较强的产业加工能力，天津具有较强的精品钢加工生产基础，三者更应发挥各自所长，形成能力互补、业务合作，天津大邱庄钢铁产业协同创新共同体建设应充分整合北京研发资源和技术创新优势，抓住与河北省钢铁产业升级的契机，加快京津冀三地产业链、创新链的有效衔接，构建京津冀发展联盟，制定科技支撑路线图，重点围绕大邱庄钢铁产业链发展创新链，通过首都科技支撑突破一批钢铁产业发展急需的关键技术和共性技术，实施一批科技创新示范工程；通过与河北省钢铁产业链条的有效衔接，形成产业发展链条和上下游结合链条的突破，促进钢铁产业关键技术研发到产业化的有效衔接，加速产业技术的扩散、转移和推广，使大邱庄钢铁产业真正实现高端发展、创新发展与融合发展，实现创新驱动钢铁产业转型升级的目标。建设过程中应把握住三个"结合"。

一是，引进首都创新资源，促进技术创新与技术改造相结合。大力引进北京高校、院所技术资源，着力培育开放式自主集成创新能力，着力突破制约产业转型升级的关键技术，加大技术改造力度，提高工艺装备水平，提升产品档次和质量。

二是，加强与河北联合，促进推广应用与优化结构相结合。加强与河北省钢铁产业升级改造结合，在大力推进上下游产业链的衔接、带动产业能级提升的前提下，加速产业结构的调整和优化。

三是，推进企业重组与京津冀范围内钢铁产业"四链"融合相结合。营造良好的发展环境，推进大型集团对中小型钢铁企业的兼并重组，整合京津冀创新资源，在三地范围内推进以产业链、创新链、服务链、资金链的融合，在进一步梳理大邱庄钢铁产业链发展情况下，围绕钢铁产业链发展部署创新链的建设，围绕创新链完善服务链和资金链的建设。

4. 构建大邱庄钢铁产业协同创新共同体的战略与对策

根据大邱庄的发展现状、问题以及转型升级的路径思考，从京津冀协同发展角度提出促进大邱庄钢铁产业技术升级与产品换代、绿色生产与节能减排、企业淘汰与兼并重组、整合资源与注重创新、企业家培养与素质提升五个方面的建议与对策，围绕这五个方面把天津大邱庄打造成为京津冀钢铁产业协同创新共同体。

（1）资源整合与创新提升方面，加快创新性服务载体建设，提升产业创新水平。一是加强产学研合作，建设钢管研发基地。借助京津冀一体化国家发展战略，依托大邱庄国家钢管加工基地，加快与北京高校、科研院所的产学研合作，重点引进首都高科技人才，引进钢铁产业新技术、新工艺、新设备，发展高端精品钢管研发、钢管生产通用设备研发，由国家钢管生产基地向研发基地转变。二是建立中瑞钢铁创新研发中心。整合瑞典钢铁研发集团专家人才、先进工艺和创新成果，联合当地企业共同建立中瑞钢铁创新研发中心，双方企业组成联合小组，共同进行大邱庄钢铁生产新工艺、节能环保新技术方面的合作研发，提升行业技术水平。三是依托企业建立一批研发服务载体。支持联众钢管公司、吉宇薄板公司和乾丰防腐等科技含量高、研发实力强的企业搭建企业技术中心、工程技术中心、企业重点实验室、产品质量检测中心等科技研发服务平台，支持这些企业作为其他市级创新机构的培育对象。四是实施钢铁产业科技创新示范工程。依托重点企业、重点研发机构等着力实施镀锌、焊接、高端钢管制品成形、钢管表面处理等实施科技示范工程，形成以点带面的创新格局，提升行业技术水平。五是搭建各类节能环保服务平台。重点在环境监测、能源中心、节能检测、碳足迹审核、能源审计、用能诊断等方面进行企业节能环保技术服务。同时，组织建立节能降耗在线交流平台，促进企业间环保技术交流及环保理念的同步提升。

（2）技术与产品提升方面，整合首都资源，加大技术改造力度，优化生产工艺和产品结构。以清洁生产和节能环保技术领域突破为重点，以整体技术水平提升为目标，力争在绿色制造、核心技术、钢铁精品、钢铁延伸产业技术和完善技术创新体系等方面取得突破。一是借助北京高校、科研院所的研发优势，加强绿色技术研发及应用。聚焦节能减排和绿色工艺技术研发，重点研究镀锌钢管清洁生产技术（主要包括热镀锌生产工艺优化、废物排放污染处理技术）、焊接钢管表面防腐技术（主要包括焊管连接接头、接口处防腐技术等）、焊接技术、冶炼和轧制工艺技术，关注新钢材替代、新用途替代、新材料替代发展，构建绿色钢铁制造体系。二是联合推进重点领域核心技术研发。聚焦转底炉直接还原技术、焊接钢管高端产品生产技术、超低铁损取向硅钢生产技术、超高合金钢管生产关键技术、超纯铁素体不锈钢关键技术、汽车板生产技术等，突破一批关键和核心技术。三是深入实施精品工程建设，生产钢铁精品。重点推进高强钢生产改造、热镀锌机改造、热轧精整纵切线改造、中薄板线改造等，建设精益生产线，提升高端型管的产能。四是促进技术链的延伸和深化。推进工程技术、资源开发、金属深加工、生产性服务业等相关产业技术的产业化。五是完善优化技术创新体系。联合北京高校、钢铁研究院等，共同成立钢铁产业创新联盟，进一步提升大邱庄钢铁企业集成创新能力，努力推进"大邱庄钢铁产业创新创业基地"建设，使研究开发、工程集成与持续改进协同发展，推进知识产权战略的实施，深化"产学研用"合作，构建技术创新体系。

（3）绿色生产改造提升方面，委托首都研发机构，拟定节能减排方案，深入推进绿色低碳生产。针对钢铁产业资源和能源密集特点，聘请北京实力较强的研发机构，制定节能减排政策，推广应用先进的节水、节能、降耗、减排、工业废物回收循环和清洁生产技术，坚持低碳化发展，优化用能结构，强化能耗控制，提高资源与能源利用率。一是实施减量化策略。重点推广能源与资源的梯级利用与优化技术，应用通用节能技术，提高能效；推广水循环系统的梯级与串接利用技术，减少水消耗；加强"三废"排放控制与治理，尤其在治污方面，按照污染点集中治理、污染工艺专业化设计的思路，确保小规模企业集中、大规模企业达标的治理措施，同时，对专业化治污企业给予一定的政策扶持和便利条件，争取尽快形成以社会化、专业化处理为主的治污格局。二是加强大邱庄钢铁企业的能效管理。重点加强钢铁企业能源计量、能源审计等管理工作，尽快完成企业的能耗统计，加强对水耗能耗总量、污染物排放总量的管理，制定出不同类型企业的清洁能源用能指标，全面推进能源合同管理。三是推进大邱庄钢铁产业的循环经济发展。重点提高钢铁产品生产过程中废料的回收再利用，不断提高工业废物的回收利用率，形成循环经济模式。

（4）企业淘汰重组方面，借鉴河北的先进经验，加快淘汰落后产能企业，推进产业结构调整升级。坚持问题导向，学习河北的经验，运用倒逼机制，有目标地淘汰落后产能企业，进行企业重组，构建产业新体系，推进产业机构调整。一是完善淘汰手段和机制。综合运用环保政策、能源审计、清洁生产审核、市场、法律、财税等手段，明确调整淘汰的标准体系，健全调整监管制度，建立和完善企业退出机制，依法推进调整淘汰工作。二是重点推进高污染、高能耗钢铁企业调整淘汰。按照产业发展的总体要求，加大对大邱庄用水、用能、排污重点企业进行效能监测，加强对企业实际情况的调查和分析，针对不符合国家及地方钢铁产业发展的"高能耗、高污染、低效益"企业，强制限期、分类进行关停、调整，对环保不达标企业实行环保一票否决制。三是对于新建钢铁项目制定严格的准入标准。综合考虑投资项目的产品结构、市场前景、环保要求、科技含量等，严把项目进驻关，保证新建项目与大邱庄产业升级需求相吻合。四是推进钢铁企业联合、兼并与重组。对经营不善、长期亏损、运行困难的企业，积极推进与国有或行业龙头企业合作，通过引进先进生产技术、管理和资金进行联合重组；或以挂牌、拍卖、协议出让等方式向大型钢铁企业依法转让，促进企业兼并重组；或通过金融部门授信的政府平台收购，盘活现有企业资源。同时，政府可采取资本金注入、融资信贷、资产划转等方式，对重组企业给予适当扶持。

（5）企业家能力提升与素质培养方面，联合成立京津冀创新型企业家发展大联盟，实施企业家培育工程。提升企业管理理念和水平。一是将企业家分批纳入天津市新型企业家培养工程。在大邱庄重点钢铁企业中选拔一批具有较大潜力的创业企业家，纳入天津市"新型企业家培养工程"范围，定期邀请京津冀行业知名专家，对企业家进行产业技术、国家政策、企业战略、市场营销、上市投融资等方面的专题授课。二是定期组织企业家强化培训。根据大邱庄钢铁企业不同产品领域，定期选送部分优秀企业的创业企业家到北京名牌大学、MBA 学位班、培训基地或海外研修学习，重点学习现代化企业管理理念、现代化企业管理模式、现代化企业创新模式等企业管理前沿知识，并将创业企业家参与培训活动的效果纳入政府对企业的重要考核指标，强化提升企业家经营管理水平。三是支持大邱庄优秀企业家创新发展。把企业家培养与科技项目的实施结合起来，优先支持培育企业家申报天津及国家各类科技计划、科技奖项和人才计划项目，在培养期内，优先为培育企业家提供科技或人才项目经费，优先组织企业与京津冀高校、科研院所进行产学研合作对接。

第 5 章

京津冀城市群节点创新共同体

天津市武清区位于京津城市主轴的中间节点，接受京津"双辐射"，作为京津两大直辖市的卫星城，近年来，武清区按照国家《京津冀协同发展规划纲要》和《天津市贯彻落实〈京津冀协同发展规划纲要〉实施方案（2015—2020）》要求，统筹优化空间发展布局，确立"京津双城协同发展枢纽节点、高端制造研发和现代服务业聚集区、国家生态文明先行示范区"的发展定位，切实发挥京津冀协同发展的"桥头堡"和"急先锋"作用，积极承接非首都功能疏解和产业转移，全力打造"京津卫星城、美丽新武清"，主动融入京津冀城市群建设。

5.1 ▶ 武清区的地位与作用

1. 城市群节点创新共同体的相关理论

1984 年，我国著名的经济地理学家陆大道在长期研究工业区位因素和交通布局规律的基础上，于全国经济地理和国土规划学术讨论会上提出了"点—轴系统"理论，此后又陆续对点—轴空间结构形成过程、点—轴系统空间结构的形成机理进行了阐述。"点—轴系统"理论基于德国经济地理学家瓦尔特·克里斯塔勒（W. Christaller）的中心地理论、法国经济学家佩罗克斯（F. Perroux）的增长极理论、德国著名地理学家沃纳·松巴特（Werner Sombart）的增长轴（Growth Axis）理论发展而来。该理论以区域均质为前提，认为"点"是指各级中心城（镇），是各类区域的集聚点，"轴"是指在一定方向上连接若干不同级别的中心城镇而形成的相对密集的人口和产业带。"点—轴系统"理论强调社会经济要素在空间上的组织形态，由点到轴最终发展到集聚区的空间扩散过程和扩散方式，已经成为"全国国土规划纲要"空间发展战略的主体思想，对于探索区域发展的最优空间结构和布局城市建设具有重要的指导意义。

1988年，我国区域经济学家魏后凯提出了网络开发模式，他认为区域经济发展是一个动态过程，即首先从一些节点开始，然后沿着一定轴线在空间上延伸，最后通过轴线的纵向加强和节点之间的横向协同形成网络，即呈现"增长极点—点轴—网络化"三个不同阶段。陆大道院士认为网络开发模式实际上是"点—轴系统"模式的进一步发展，是该理论模式的一种表现形式。陆玉麒认为点（城镇等）、线（交通等线状基础设施）、面（产业等）构成区域三要素，在区域三要素中，点、线是核心，节点之间的互动促进轴纵向的加强和横向的联系，加强了区域之间的技术经济联系，使得不同区域单元之间逐渐协调发展，区域间的经济差距呈现出缩小的趋势，但非均衡发展状态依然存在。经过网络开发，有效加快点轴模式向网络式结构演变，当节点之间以共同体的网络式空间结构取代点轴式空间结构时，区域经济发展遵循公平优先、兼顾效率的原则，从而逐步实现区域全面均衡发展。

从区域经济发展的过程看，经济中心总是首先在少数条件较优的地区集中，成斑点状分布，这种经济中心可以看作区域经济的增长极，也是点轴开发模式中的点。随着经济的发展，经济中心逐渐增加，点与点之间，由于需要依靠水源供应线、交通线路以及动力供应线等交换生产要素，这些线相互连接起来即为轴线。最初轴线是为区域增长极服务，但一旦形成，将对人口聚集、产业发展产生极大吸引力，随着人口、产业向轴线两侧集聚，新的增长点不断衍生，点轴贯通，即形成点轴系统。因此，点轴系统理论可以理解为发达区域大大小小的经济中心（点）沿交通线路向不发达区域纵深推移，是增长极理论聚点突破与梯度转移理论线性推进的结合。

（1）京津冀城市群建设实质是重构以节点城市为主体的区域经济组织模式。经济分工的协作体系，通过不同规模、不同类型、不同结构的节点城市之间相互联系和互相补充，使规模效应、集聚效应、辐射效应和联动效应达到最大。点轴开发是经济增长的能量向整个京津冀区域扩散的第一步，也是经济在京津冀区域空间成长的第一步，京津冀区域中不同等级的节点和节点、节点和轴之间互连、互接构成了分布有序的点轴空间结构，通过节点与节点之间跳跃式配置资源要素，为京津冀城市群生产要素流动和经济活动联系提供了比单个节点和孤立轴带发展更为优越的空间，有利于京津冀区域资源的优化配置和区域社会经济的均衡发展。

（2）京津冀城市群节点共同体是京津冀城市群共同体的重要组成部分。首先，京津冀城市群通过重点轴线的开发和渐进扩散形式，弥补梯度推移的平面板块式的递进方式的不足，进一步发挥主体优势，更好地协调节点城市与区域及区域间的经济发展。其次，城市群内部通过"点""轴"两要素的结合，在空间结构上，出现由点而轴、由轴而面的格局，呈现出一种立体结构和网络态势，有利于信息的横向流动和经济的横向联系。最后，节点共同体可以避免资源的不合理流动，最大限度地实现资源的优化配置，消除区域市场壁垒，促进京津冀城市群共同体的形成。

（3）城市群节点共同体是京津冀城市群空间结构一体化的必然要求。从要素构成看，城市群节点城市共同体是点、线、面协调的区域经济系统，系统中的节点在京津冀区域发展中充当着各级层次的经济增长极；轴在其中发挥着要素传递和资源配置的作用，系统中的节点通过协同对周边区域产生辐射扩散作用，组织和带动区域经济社会发展，从而构成分工合作、功能各异的点、线、面统一体。从效应机制看，通过打造节点共同体，将要素资源和生产能力扩散到整个京津冀区域，使网络空间的扩散效应远大于极化效应，从而缩小区域的发展差距，进而实现京津冀城市群的可持续发展。

2. 武清区的地位与优势

京津冀协同发展为武清区提供了难得的战略性机遇。2013 年 5 月，习近平总书记到天津视察，在武清区调研时，提出武清区要谱写新时期社会主义现代化的京津"双城记"。十八大以来，武清区紧紧抓住京津冀协同发展的重要历史性窗口期，积极推进京津冀协同发展，2017 年 2 月 4 日，与北京通州以及河北廊坊（简称"通武廊"）联合签署《推进通武廊战略合作发展框架协议》，打破"一亩三分地"思想，共同在顶层设计、交通、生态、产业、科技等八个方面开展全面对接，种好"通武廊"试验田。从产业承接视角看，武清区在地理位置、经济基础、产业结构、创新能力、配套能力、政策环境以及地域文化等方面具有打造京津冀城市群节点的先天优势。

（1）区位优势得天独厚。武清区位于天津市西北部，北与北京通州接壤，西与河北廊坊相连，占据京津冀"金三角"核心位置。武清区距北京市区 71 千米，距首都机场 90 千米，是连接京津两大直辖市的重要战略节点，素有"京津走廊"之美誉。同时，武清区拥有全国区县级域内最具优势的交通条件，京津塘、京津、京沪、津保等 6 条高速公路以及 103 国道和 104 国道经区而过，形成了"九横九纵"的交通路网体系。作为京津发展轴和中部核心功能区的重要节点，早在 2001 年完成的《大北京规划研究》中，武清区即为京津塘（京滨）"城市发展主轴"的节点之一。2015 年《京津冀协同发展规划纲要》的骨架布局中，武清区位于三轴中的"京津"主轴上，也是多节点的构成之一，"近畿"是武清区的天然优势，也为其与京津双城的多元化互动、常态化合作以及深度推进京津冀协同发展提供了原动力。

（2）经济持续健康发展。"十三五"以来，武清区充分利用京津双向资源，深入推进开发开放，经济社会发展不断跃上新台阶。2016 年武清区地区生产总值 1144.99 亿元，同比 2015 年增长 11.5%；一般公共预算收入 126.01 亿元，同比 2015 年增长 13.0%；固定资产投资 1291.71 亿元，同比 2015 年增长 11.3%，经济综合实力继续保持全市前列。武清区的科技创新能力也取得长足进展，科技进步指数由 2015 年度的 64.19% 提高到 2016 年度的 71.04%。科技投入持续增长，2016 年武清区财政科技支出达到 24 880 万元，近 3 年增长幅度分别为 25.38%、45.22% 和 28.43%，区本级科技计划项目财政经费支出稳居第一梯队；科技产出数量和质量显著提升，2015—2016 年，武清区专利申请量由 5791 件提高到 10 128 件，年均增长 74.89%，其中发明专利申请量年均增长 82.37%；2016 年高新技术企业 R&D 经费内部支出占主营业务收入比重为 4.04%，居全市第 2 位，科技创新资源总量位于全市前列。

（3）产业能级不断提升。武清区始终将科技创新作为发展的第一驱动力，"两区五园"的空间发展格局基本形成，武清开发区、京滨工业园、京津科技谷、汽车产业园成为天津国家自主创新示范区分园，作为武清区创新驱动主阵地，不断强化在创新创业方面的"双创"引领地位、示范作用，同时获批了"石油装备、新材料、汽车零部件、电子商务"4 家国家火炬计划特色产业基地和 1 家国家电子商务示范基地。武清区把产业转型升级作为发展主方向，着力增强制造业核心竞争力，提升服务业比重，利用"互联网+"推动产业转型升级，培育"四新"经济，不断优化创新创业环境、提升创新能力，打造区域创新高地、实现产业高端发展，基本形成生物医药、电子信息、新材料、装备制造和汽车零部件五大主导产业。以天狮集团、红日药业为代表的生物医药产业，以中兴云计算、太平洋电信为代表的电子信息产业，以忠旺铝材、中纺院、中钢研为代表的新材料产业，以丹佛斯、韦史伐里亚为代表的装备制造产业，以比亚迪电动大客车、日进汽车为代表的汽车及零部件产业，以阿里巴巴、京东商城、苏宁易购为代表的电子商务等特色产业在武清区形成集聚发展态势。

（4）创新资源加速汇聚。近年来，武清区大力推动创新驱动发展，科技创新工作取得显著成效，创新资源加速聚集。截至 2017 年年底，全区现有科技型企业 8962 家，规模过亿元科技型企业 385 家，国家级高新技术企业 364 家，上市挂牌企业达到 90 家，建成院士工作站、博士后工作站 18 家，设立人才"一站式"服务中心，五年引进、培养各类人才 7 万余名，90 余名"两院"院士、"千人计划"专家等高层次人才在武清扎根。建设众创空间、孵化器等创新创业载体 20 余家，入驻创业团队 200 多家，京津科学技术研究院挂牌运营，天大前沿技术研究院、北航智能制造研究院的合作取得新突破，与天津市教委共建了高校科技创新成果转化中心和信息服务平台投入使用，天津大学成果转化中心成功落地，人才、机构以及企业等创新资源加速汇聚，科技创新体系建设不断完善，经济社会发展的支撑作用逐步显现。

（5）生态环境日趋改善。武清区生态基础较好，拥有 4 条一级河道、7 条二级河道，拥有 112 平方千米的大黄堡湿地，1.1 万亩的港北森林公园，13.7 万亩的北运河郊野公园，林木覆盖率达 31%，城区绿化率达 39%。水清地绿天蓝在京津地区独具优势。特别是"美丽武清·一号工程"启动以来，武清区生态环境更是显著改善，成为全国首批 57 个生态文明先行示范区之一。2017 年完成了大运河文化带武清段规划编制，制订了《大黄堡湿地自然保护区规划》和专项工作方案，加强湿地保护修复，逐步树立"京津之翼、生态武清"的环境品牌，优良的生态环境不断为京津冀城市群发展"供氧"。

（6）政策环境持续优化。武清区持续优化创新环境，制定出台了 30 条加快实施科技创新驱动发展战略政策措施，扎实推进科技政策、服务环境、人才环境、金融环境、法治环境"五位一体"的软环境建设。每年投入不低于 1 亿元的科技型中小企业扶持资金，助推科技型企业创新发展和传统企业转型升级；深入推进"放管服"改革，全面推进行政审批制度改革，加快商事制度改革，制定审批事项标准化操作规程和公共服务标准体系；实施"慧聚武清""鲲鹏工程"、海外高层次人才引进计划，推进"通武廊"人才合作交流，进一步打造高端人才聚集地，并通过人才绿卡、与国内重点高校合作、推进通武廊区域人才合作等方式引智引才，多措并举，不断优化创新环境，服务发展的支撑作用愈加突出。

（7）地缘文化优势突出。武清区和北京地缘相接、人缘相亲，地域一体、文化一脉，历史渊源深厚、交往半径相宜，有着上千年的文化底蕴，举世闻名的京杭大运河，自北而南纵贯武清区全境，积淀了深厚的运河文化。早在明清时期，作为漕运之冲的武清就已成为中国北方商贸、文化枢纽，独特的地域优势造就了独特的地域文化。因此，京津冀协同发展的重大国家战略和武清区特有的文化氛围相融合，为武清区挖掘新思路、培育新业态、发展新产业，推进武清区创新创业生态系统演进提供了新机遇。

综上所述，良好的经济、产业、科技、生态以及政策等基础条件为武清区承接北京非首都功能疏解和产业转移提供了有力支撑，更为武清区在京津冀城市群节点建设中找准自己位置、突出自身功能定位奠定了扎实基础。

5.2 ▶ 总体做法与成效

近年来，武清区充分发挥地处京津高新技术产业创新带的比较优势，大力实施科技创新驱动战略，通过加快科技创新载体建设、扎实推进科技成果转化、全面推动科技型企业发展和多措施引进高层次人才，加快创新要素聚集，提升区域竞争力。武清区的京津产业新城被列为非首都功能疏解"4+N"承接平台之一，医疗健康微中心被纳入京津冀产业转移指南，区域内的崔黄口电商小镇、大王古庄智能制造小镇被纳入全国特色小镇建设，武清区着力承接非首都功能，推进通武廊战略合作，助推京津冀协同发展成效明显。

1. 积极融入京津冀协同发展大局

2014年2月，京津冀协同发展上升为重大国家战略，武清区紧紧抓住这一有利契机。一是依托《通武廊战略合作发展框架协议》，坚持把"通武廊"一体化合作作为落实京津协同发展的"先手棋"，以政策先行先试、体制机制创新为主攻方向，着力推动"通武廊"三地协作合作纵深开展。二是加强产业对接，建立京津高校科技创新园、开发区博士后工作站，积极引进中科院化学所、微生物研究所，以及中国纺织科学研究院等一批优质科研转化项目，吸引商务部大数据中心、中科院微生物制剂研发中心等一批项目落户。三是建立通武廊三地对接协调机制，推动各层面、全方位的对接沟通，重点开展交通网络、深化科技人才合作、提升产业协作水平、促进生态环境保护、统筹公共服务发展等8个方面的合作，携手打造协同发展试验示范区。

2. 大力实施创新驱动发展战略

武清区不断完善创新链、产业链及服务链，持续强化载体支撑能力。一是加快孵化器、生产力促进中心、企业重点实验室、工程技术中心、企业技术中心、院士工作站等平台建设，积极构建集"研发设计、小试中试、生产服务、营销服务、投融资"于一体的开放、共享、专业化的创新平台，加快建设实体经济、科技创新、现代金融、人力资源协同发展的产业体系，着力营造产业发展新生态。二是把园区作为承接产业转移的主战场，发挥武清开发区龙头作用，提升京滨工业园、汽车产业园、电子商务产业园、京津科技谷四个示范工业园发展水平，打造高村科技创新园承接非首都功能的新平台，加快京津产业协同创新平台建设，科技创新社区投入运行，完善基础设施配套，提升公共服务水平，营造良好营商环境，强化人才资源支撑，持续改善园区承接产业发展环境，不断提升平台承载力和吸引力。三是高标准建设"科技成果展示服务中心"，搭建创新服务高度聚集、服务质量高效的展示平台，积极引进、培育、促进科技服务业聚集，并以政府购买服务方式，推进"政府、行业、机构"三位一体的服务体系建设，不断提升载体功能，创新生态系统日趋优化。

3. 持续向改革创新要活力要动力

五年来，武清区实施了47项重点改革任务。一是全面完成新一轮政府机构改革，稳步推进行政审批、商事制度等重点领域改革，金融改革创新取得积极进展，国企改革不断深化，智慧武清建设加快推进，城市智能化、精细化管理水平不断提高，真开放、敢开放、先开放、全开放的新格局逐渐形成。二是深入开展"双万双服"活动，不断优化审批流程、压缩审批时限、开设绿色通道、实施分类指导等举措，严格落实"一次性告知"及"首问负责制"，服务于镇街园区创新创业，助推科技型企业做大做强。三是全面启动"通武廊"战略合作，49 个部门、镇街和园区对口建立了沟通机制，签署了科技、教育、文化、政法等合作协议 55 项，启动三地首批 18 名干部挂职交流，30 个科技创新平台纳入《"通武廊"区域创新平台共享共用目录》，呈现了合作领域加速拓展、体制机制创新积极推进的良好态势。

4. 优化产业结构，强化产业承接耦合效应

武清区以加快供给侧结构性改革为抓手，进一步优化产业结构，推动产业高端高质高新化发展。一是截至 2017 年年底，先进制造业和战略性新兴产业发展壮大，产值过亿企业超过 220 家，规模以上工业完成产值 961 亿元，生物医药、装备制造、电子信息、汽车零部件、新材料等主导产业占规模以上工业产值比重达 76%，装备制造、新材料产业产值分别增长 19.6% 和 9.7%，大王古庄智能装备小镇入选第二批国家级特色小镇。二是民营经济蓬勃发展，新增市场主体 3 万余家，启动新一轮中小企业创新转型行动计划；服务业发展实现历史性跃升，占三次产业比重五年增长 10% 左右，电子商务产业关联项目超过 600 家，获批国家级电子商务示范基地。三是都市型农业发展水平不断提升，完成国家级现代农业示范区改革发展试点建设任务；同时不断巩固提升京津产业新城的承接能力，促进转出产业与承接产业基础有效结合，以利于更好地发挥规模经济效益，逐渐实现从单方面承接向产业链上下游协同、优化京津冀区域产业布局方向转变。

5. 积极推动京津冀产学研协同创新

为了促进高校科技成果转化和创新资源集聚，优化武清区产业结构，催化传统产业转型升级，武清区积极推动京津冀区域产学研合作，产学研协同创新取得实质性进展。一是京津科学技术研究院成功落户，京津高校（武清）科技创新园、天大前沿技术研究院、北航智能制造研究院合作取得新突破，与天津市教委共建的高校科技创新成果转化中心和信息服务平台投入使用，"155"科技创新社区实现挂牌。二是主动对接大院大所，与清华大学、北京大学、天津大学、南开大学、中国钢研科技集团等高校、科研机构对接合作不断深化，累计实施科技成果转化项目 113 项。三是依托天津大学等打造智能生物制造产业集群；依托北京科技大学等打造新型钛合金产业集群；依托电子商务产业园打造电商产业集群；依托大王古庄镇智能制造小镇打造智能

制造产业集群；依托武清区高村科技创新园的大数据产业，大力发展大数据产业集群；持续以京津冀产学研深入合作为抓手，推动产业集群化发展，营造良好创新创业生态。

6. 扎实推进"通武廊"体制机制创新

京津冀协同发展作为一项重大国家战略，通州区、武清区、廊坊市是京津冀协同发展的"金三角"，在区域协同发展中发挥着先锋表率作用。一是管理模式上，武清、通州和廊坊三地设立了通武廊协同发展办公室，通过加强顶层谋划和规划对接，建立定期会晤机制，协商重大事项，研究解决实际问题。二是工作推动上，武清区坚持以开放促改革促发展，深化区域协同协作，大力吸引首都高端制造、科技研发、总部经济等产业转移，积极承接首都教育、医疗等功能疏解。三是实现路径上，三地以人才合作作为突破口，建立了人才工作联席会议制度，签署了区域人才合作框架协议，同时在构建便捷高效的交通网络、促进生态环境保护、提升产业协作水平和建立重点园区协调对接机制等方面开展多领域、全方位的探索和尝试。

北京市通州区、天津市武清区、河北省廊坊市等作为京津冀城市群的节点城市，通过在产业、交通、生态、功能配套等领域实现统一规划、统一管控，相互带动，共同发展，深入推进统筹环境保护，深化科技创新和人才合作，组建产业技术创新联盟，加快公共服务统筹发展等方式，积极寻求在更大范围、更广领域和更深程度开展协同合作，积极构建京津冀城市群节点创新共同体，推动京津冀区域协同发展向纵深推进，同时为区域协同发展体制机制创新探索更多经验，有利于谱写我国城市群协同发展的新篇章。

5.3 ▶ 武清创新社区发展

1. 创新社区的概念及内涵

"社区"最初作为社会学的一个范畴来研究，其概念的首次出现要追溯到德国社会学家斐迪南·滕尼斯（F. Tonnis）在 1887 年出版的《社区与社会》（Gemeinschaft und Gesellschaft）一书，滕尼斯在书中对"社区"进行了系统论述，他认为社区表示任何基于协作关系的有机组织形式，是由一种具有共同习俗和价值观念的同质人口所形成的社会共同体。事实上，德文 Gemeinschaft 一词含义十分广泛，不仅包括地域共同体，还包括血缘共同体和精神共同体，人与人之间具有共同的文化意识是其精髓，所以 Gemeinschaft 译作"共同体"或许更贴近滕尼斯的本意。随着社会工业化和城市化的不断发展，滕尼斯所提出的"Gemeinschaft"逐渐引起社会学家的广泛关注。20 世纪 20 年代，美国的社会学家把滕尼斯的 Gemeinschaft 译为英文的 Community（社区），并很快成为美国社会学的主要概念。

"社区"一词在 20 世纪 30 年代初被引入中国，费孝通先生和燕京大学社会学系的学生在系统介绍和引入西方社会学经典著作时，把没有对应中文含义的英文单词 community 创造性地译成"社区"，以"社"字以示人群之意，以"区"字作为群体的空间坐落。尽管"社区"的概念源远流长，但这个概念正式进入我国政府话语始于 20 世纪 80 年代。1986 年，我国民政部发布开展社区服务的文件中，首次将"社区"的概念引入城市管理，"社区是指聚居在一定地域范围内的人们所组成的社会生活共同体"。此后，随着社会变迁、学科的发展以及专家学者的普遍关注，社区的内涵也不断扩展，同时由于社区形式的多样性和复杂性，社区的概念也不断得到丰富和发展，社会学界对"社区"的内涵和外延的界定出现了多元化的倾向，"社区"的主要理论含义从一种"社会类型"转向"地域社会""社会组织"或"社会网络"，"创新社区""智慧社区"等提法不断涌现。

近年来，美国、德国、英国等地出现了一种以创新创业企业、活动为纽带形成的新型社区——科技创新社区。这些科技创新社区大多分布在郊区和旧工业区，由培养技术工人和创造新知识新技术的教育机构、研发机构等非营利组织，企业、孵化器和加速器等创新机构，风险投资商等投资机构，创新基础设施以及从业人员共同组成，他们通过非正式的交流、学习和合作相互联系，形成了促进创新创业活动的创新生态系统。科技创新社区包含经济、地理和社交网络资源，当这三种资源与相互扶持、勇于承担风险的文化氛围相结合时，就会创造出一种创新生态系统——人、企业和地区之间的协同关系，在这种生态系统里，创意不断产生并且加速商业化（见图 5-1）。

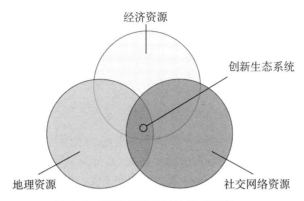

图 5-1　科技创新社区的构成要素

（1）科技创新社区是园区与社区的深度融合。从发达国家的发展经验看，随着城市核心区产业不断聚集，人口大幅增长，原有的自然环境、交通网络、公共服务设施等的承载力都面临巨大挑战，原有的发展模式难以延续，因此人们开始在外围寻找新的高品质生活环境。于是在近城市的外围诞生了一批新的社区，它们凭借更好的人居环境成为逆城市过程中新的地理中心，并且以距离科技创新核心区较近、高品质的居住环境、高端教育资源吸引高端人才聚集，集园区与社区功能于一体，支撑区域创新发展。

（2）科技创新社区是承载创新驱动发展的新引擎。创新社区以创新驱动发展为根本，提高科技创新能力，促进科技成果转化和产业化，实现创新驱动发展是其建设和发展的终极目标。创新社区以产业服务体系建设为支撑，通过高度聚集创新要素，以灵活多样的形式服务于产业发展。创新社区以精品社区生活服务为特色，通过高品位生活服务，使科技创新内在化，打造更有活力的创新创业生态系统。

（3）科技创新社区是探索产城融合的新途径。创新社区是破解城市和产业发展"两张皮"难题，让城市和产业形成良性互动发展格局的一种有效方式。创新社区以空间布局的科学化实现产业化与城市化的协调发展，以产业结构的高端化提升载体发展的内生力和对城市的带动力，以基础设施的功能齐全化促进产业与城市发展的融合，以可持续发展理念促进经济发展与生态文明建设相互兼顾，促进城市功能与产业要素的有机结合，是区域产业空间与社会空间协调发展的体现，使产业创新与城市发展联袂并进。

（4）科技创新社区是引领园区发展的新模式。创新社区在功能和机制上实现了创新创业、创业服务、生活配套、居住社区和人文景观的有机结合、相互联动，避免了传统园区发展中功能单一的缺点。创新社区除了注重创业元素和产业服务元素外，还注重生活元素的聚集提升，为社区提供居住、生活、教育、社交、休闲、健康等高品位生活配套服务，促进交流沟通，反哺创新创业，在促进经济可持续性、社会发展、城市发展等方面具有重要的社会功能和作用。

2. 武清区的创新社区建设

京津冀协同发展战略实施以来，武清区即以"创新驱动战略实施"为核心，以"汇聚创新资源""加大创新投入"为基础，以"培育创新主体""搭建创新载体""提升创新服务"为重点工程，制定了《武清区加快实施创新驱动发展战略的行动方案》《武清区科技创新社区建设实施意见》以及《武清区科技创新社区认定方案》，主动谋划科技创新社区建设。

武清区的科技创新社区建设以"创新、开放、绿色、协调、共享"五大发展理念为核心，采取"政府引导、市场化运作"的建设模式，以构建武清区科技创新生态系统为目标，按照"聚集高端、产城融合、开放包容、宜业宜居"的基本原则，统筹布局全区科技创新社区的总体规划，打造多个具有产业集聚特色的科技创新社区，逐步向全区范围辐射。按照"1+N"的建设模式，2017 年，武清区正式启动科技创新社区试点建设，实施了"155"首批试点工程，即"1 个核心区、5 个分社区、5 个分站"，将武清商务区国际企业社区作为 1 个核心区，在"京津高村科技创新园、下朱庄街、豆张庄镇、上马台镇、河西务镇"5 个具备创建条件的镇街园区建设创新社区分社区，在大孟庄、下伍旗、河北屯、大黄堡、白古屯 5 个镇建设科技创新社区分站，采取飞楼形式集中在武清商务区国际企业社区运营。

（1）高标准建设起步区。选择地理位置紧邻京冀的武清商务区作为科技创新社区核心区和起步区，突出生态和智慧主题特色，以新一代信息技术、科技研发、文化创意、现代金融和高端商贸为产业发展方向，打造中心景观核心、科技研发区、信息技术产业区、北斗导航产业区、互联网产业区、总部办公区、综合服务区、精品生活区、时尚休闲区、中央公园等"一心九区"，力争将起步区打造成为总部经济示范、现代服务业聚集区、商务活动中心区、产城融合示范区，实现产业发展与城市功能的深度融合，成为全区科技创新社区建设的标杆。

（2）建设科技成果展示服务中心。按照"政府主导、市场运营、政策倾斜、服务企业"的基本原则，采取财政资金建设、专业团队运营的方式，建设科技成果展示服务中心，集科普教育、科技成果和科技资源展示、专业化服务功能于一体，实现"一个中心、两种功能、五大平台"汇聚。"一个中心"即科技成果展示服务中心，"两种功能"是科技服务功能和成果展示功能，"五大平台"即技术转移平台、知识产权平台、科技金融平台、大型仪器共享平台、产学研合作平台，打造武清区综合性科技服务枢纽和创新创业新地标。

（3）探索社区建设运营新模式。以科技创新社区起步区建设为契机，按照科技创新社区建设、管理运营、服务托管相互独立的运作模式，引入社会资本参与建设、管理及运营，探索创新社区开发建设运营的新标准、新模式。同时以生态系统理念培育创新创业体系，探索有效的机制促进创新主体、研发机构以及服务机构之间形成协同共生效应。

（4）完善创新社区智慧功能。利用云计算、物联网、移动互联网、大数据平台等技术，建设云数据中心、电子政务平台、公共服务平台、数据共享与整合平台，完善智慧交通、智慧旅游、智慧教育、智慧医疗、智慧金融、智慧执法等系统，实现科技创新社区的管理网格化、监测信息化、服务智能化，打造国内一流的"智慧社区"。

（5）突出绿色集约发展。科技创新社区起步区建设深入贯彻绿色生态理念，坚持开发建设、绿化、生态环境保护同步规划、同步实施、同步验收，采用国际一流的节能减排技术、解决方案、实施标准和应用产品，确保科技创新社区水质、绿化、大气标准优于规定标准，打造国内最系统、最全面的生态示范区。

科技创新社区作为集聚创新型企业、促进产业转型升级和推动经济创新发展的重要经济单元，是武清区贯彻京津冀协同发展战略的重要举措和打造多层级创新承载平台的有效路径。通过不断完善基础设施、科技服务和生活配套服务三个方面，发力主导产业发展、首都外溢资源承接、高校院所引进、高端人才聚集四个方向，促进创新链、产业链、人才链、资金链、服务链"五链深度融合"，打造特色楼宇、功能街区、创新创业社区的功能递进式布局，构筑多中心、组团式、网络化的创新社区空间架构，从而构建一核多元、互动并进的武清区发展新格局。

5.4 ▶ 武清园区共同体发展

从 1984 年沿海地区设立经济技术开发区以来，中国的高新技术产业园已经走过了 30 多年的发展历程，纵观中国园区的发展，已经逐渐从国家政策驱动下，以承接海外技术资本和产业资源的"世界工厂"逐渐过渡为不拘囿于地理空间，组织全球资源并为全球客户提供服务的 3.0 时代，这种意义上的园区，彻底打破了本地化的理念和区隔，演化为不限于一城、不拘于一区的共同体组织模式。

园区作为创新驱动发展的强有力的载体支撑、生产要素的主要聚集地、科技创新的重要平台，在武清区经济社会发展中发挥了重要作用，并成为新兴产业的重要策源地和"双创"的核心载体，发挥着重要的示范引领作用。武清区初步形成了以"武清开发区、武清商务区、京津科技谷、京滨工业园、电子商务产业园、汽车产业园和京津高村科技创新园"为主体的"两区五园"空间发展格局。

（1）园区共同体是园区迈向创新驱动发展的战略选择。随着武清区"两区五园"产业布局逐渐清晰，这些优质平台的错位发展，为武清经济增长提供了不竭动力。但各园区在发展过程中，同样遇到了创新动力不足、产业链过窄过短、创新资源分散、空间布局有待优化、园区管理运营体制机制需要完善、重复建设、同质化竞争等问题，极大地削弱了区域的整体竞争力。借鉴习近平总书记在十九大报告中提出的构建人类命运共同体的思想，为了打造京津冀区域多维度网络化的产业生态圈，武清区通过政府引导驱动机制全覆盖，以市场合作驱动机制为重点，科技产业孵化转化机制为先导，产业梯度转移机制和市场需求吸引机制为基础，全方位促进京津冀城市群高科技园区之间的深度融合，不断探索和实践"园区共同体"的全新组织模式。

（2）园区共同体有利于推动京津冀区域间资源共享与优势互补。"两区五园"作为武清区参与京津冀协同发展的第一着力点，持续在区域内和跨区域开展产业、资本、资源以及技术的有效合作，促进资金流、人才流、信息流、商品流和技术流的交汇，推动产业链上下游的垂直整合和协同发展，强化京津冀区域间资源共享与优势互补，在统筹考虑经济关联度、创新资源匹配度和产业协同配套的基础上，共谋创新生态和产业结构的支撑体系，变竞争为竞合，在合作中竞争，优势互补，互利共赢，形成协同创新的新局面。2017年，武清开发区管委会与中关村科技园通州园管委会等签署战略合作框架协议，着力于提升产业协作水平，深化科技创新和人才合作，强化组织推动，打造"点对点"合作模式，谋划从"校区"和"园区"走向"产学研一体化"和"产城融合一体化"，从"内生"和"开放"走向"协同创新"，共同构建开放式和网络化科技创新服务平台，推动科技资源显性共享，加速形成优势互补、互利共赢的发展格局。

（3）园区共同体有利于探索跨区域全方位合作的新机制和新模式。为了更好地与北京中关村企业科研成果对接，提升企业技术创新能力和产业核心竞争力，促进园区发展方式转变和经济结构调整，武清区京津科技谷成为北京中关村协同创新服务平台创新驿站。京津高村科技创新园与北京市通州区永乐店镇、漷县镇，天津市武清区高村镇、河西务镇关于推进京津冀协同发展签署了协作框架协议，"四镇一园"开启社会管理、产业协作、基础设施建设、环境治理协作、维稳协作等的全面合作。通过打破行政区划壁垒，探索创新机制，拓展协同领域，整合创新资源，建立一种内外资本融合、技术交流、市场衔接、产业共同发展的新型发展模式，促进生产要素跨京津冀区域、跨国界的有效互联互通，促进技术创新链和经济产业链的双向融合，在产业链协同、创新链协同、政策链协同、资金链协同、资源开放共享等方面共同努力，打造一套完善高效的体制机制，增强区域协同性，实现产业联动，在城市群发展中发挥示范带动作用。

因此，京津冀区域通过园区与园区之间全方位良性互动，实现项目融合、产业融合、产城融合以及区域融合发展，形成"目标同向、措施一体、作用互补、利益相连的创新共同体"，率先在全国形成园区联动发展范式，实现1+1>2的效应，才能更好地支撑京津冀城市群创新空间发展的新战略和新转变。

第6章

京津冀全面创新改革与创新政策共同体

改革开放是一个区域创新的不竭动力，创新政策是创新实现的保障。

2016 年是中国科技史上重要的一年，中央召开了又一次全国科技创新大会，标志着科技强国建设目标正式得到政府确立。如果把科技创新作为引领中国经济转型发展的第一动力，那么以全面创新改革为重点的新一轮科技改革开放就是第一动力的动力。

回顾中国 1985 年以来 30 多年的科技体制改革历程，第一步是改革科技拨款制度，建立技术市场，通过放活科研机构和科技人员，促进科技面向经济、经济发展依靠科技进步；第二步是推进科研院所改制，加快调整科研体系结构，科技体系的市场化大踏步进化；第三步是构建国家创新体系，搭建创新网络，促进科技体系向创新体系创新发展。中国科技体制改革进入了一个全新的阶段，即由科技体制改革向全面创新改革转变，改革发生了质的变化。

京津冀协同创新共同体的发展，在很大程度上有赖于京津冀三地各自和在协同意义上改革的力度、开放的力度、政策创新的力度。

推进中国特色的自主创新道路理论与实践，加快实施创新驱动发展战略，需要京津冀不断在创新政策上先行先试，探索各种创新模式，丰富中国式创新的实践。

6.1 ▶ 全面创新与全面创新改革

6.1.1 创新与全面创新

创新包括了原始创新、集成创新和引进技术的消化吸收再创新。发展的实质是有效益、有质量、惠及人民、不破坏生态环境的发展，发展不等于增长，发展不仅是经济发展，而且是包括经济发展、社会发展、文化发展、生态文明在内的全面可持续协调的发展，创新驱动的应当是这样的发展。

2016年5月，中共中央、国务院印发的《国家创新驱动发展战略纲要》指出，创新驱动就是创新成为引领发展的第一动力，科技创新与制度创新、管理创新、商业模式创新、业态创新和文化创新相结合，推动发展方式向依靠持续的知识积累、技术进步和劳动力素质提升转变，促进经济向形态更高级、分工更精细、结构更合理的阶段演进。

因此，全面创新包括了科技创新与制度创新、管理创新、商业模式创新、业态创新和文化创新等六种创新形式，它们相互联系、相互促进、相互结合，其中科技创新起到核心作用和引领作用。科技创新和制度创新是创新驱动发展的两个轮子，要协同起来一起转。

6.1.2 全面创新改革

创新是一个经济过程，既涉及创新链、产业链、资金链、政策链的相互交织，也涉及其他领域的改革，既是生产力的发展过程，更是生产关系的不断调适的过程，所以要在全面改革和全面创新的结合上下功夫，需要多环节协同推进。

改革进入攻坚期和深水区，科技改革与开放已经不可能单兵突进。新时期科技体制改革要更加关注整体推进、全面配套，更强调路径选择的合理性和可行性，更注重与经济体制、社会体制改革协调配合、系统推进。在全面深化改革的新时期，全面创新改革需要更注重统筹推进，更注重开展系统性、整体性和协同性的先行先试，这必将成为新时期科技体制改革、政策创新、机制创新的新方向、新要求。中央在京津冀、上海、广东、安徽、四川、武汉、西安、沈阳等8个区域布局的全面创新改革试验区的实施方案已经全部得到批复。作为重点和难点，全面创新改革试验就是要解决各种因素相互掣肘、改革措施难以落地的体制机制问题，为创新注入新动力、新活力，从而为建设科技强国插上腾飞的翅膀。

6.1.3 全面创新改革试验区建设概况

2015年5月5日，中共中央总书记习近平主持召开中央全面深化改革领导小组第十二次会议，会议审议通过了《关于在部分区域系统推进全面创新改革试验的总体方案》。主要情况如下：

1. 为什么要推进全面创新改革试验区建设

一是设立全面创新改革试验区，这是针对区域转型升级的一个重大举措。我国改革进入攻坚期，很多矛盾交织在一起，既有体制机制方面，也有地方保护、条块分割造成的要素流动障碍问题，因此改革要选择不同尺度的区域进行综合改革探索。

二是系统推进全面创新改革，这是破解创新驱动发展瓶颈制约的关键。在实施创新驱动发展战略过程中，通过设立全面创新改革试验区，在部分地区允许采取创新性的体制机制与政策，允许采取独特措施、个别做法，容许一些试验和做法存在不确定性甚至一定风险，但力图通过大胆试验，打通科技向生产力转化的通道，为全国全面推进创新改革进程积累经验和提供依据。

三是设立和推进全面创新改革试验区，这是因地制宜探索提升创新效率的重要改革内容。中央提出了"四个探索"作为主要工作方向：探索发挥市场和政府作用的有效机制、探索促进科技与经济深度融合的有效途径、探索激发创新者动力和活力的有效举措、探索深化开放创新的有效模式。这意味着，各地将在创新改革试验中更加重视深化改革，力争打通部门之间资源与要素联系的障碍，按照市场经济规律建设横向、扁平化的资源流动与配置模式，更有效地动员、集成和转化创新要素，以大幅度提高各地创新效率。

2. 全面创新改革试验核心是"四个统筹"

即统筹推进经济社会和科技领域改革，统筹推进科技、管理、品牌、组织、商业模式创新，统筹推进军民融合创新，统筹推进"引进来"和"走出去"合作创新。

3. 全面创新改革试验区的选择及布局

选择若干创新成果多、体制基础好、转型走在前、短期能突破的区域，开展系统性、整体性、协同性的全面创新改革试验。改革试验主要以试验任务为依托，采取自上而下部署任务和自下而上提出需求相结合的方式，体现差异化。承担改革试验的区域需具备相应的基本条件：①创新资源和创新活动高度集聚、科技实力强、承担项目多，研发人员、发明专利、科技论文数量居前列；②经济发展步入创新驱动转型窗口期，劳动生产率、知识产权密集型产业比重、研发投入强度居前列；③已设有或纳入国家统筹的国家自主创新示范区、国家综合配套改革试验区、自由贸易试验区等各类国家级改革创新试验区；④体制机制改革走在前列，经验丰富，示范带动能力强；⑤对稳增长、调结构能发挥重要支柱作用；⑥重视保护知识产权工作，打击侵权假冒工作机制完善，机构健全等。试验区域的选择要与现有国家自主创新示范区、国家综合配套改革试验区、自由贸易试验区、创新型试点省份、国家级新区、跨省区城市群、创新型试点城市、高新技术产业开发区、经济技术开发区、承接产业转移示范区、专利导航产业发展试验区、境外经贸合作区、高技术产业基地等相关工作做好衔接。

结合东部、中部、西部和东北等区域发展重点，围绕推动京津冀协同发展、加快长三角核心区域率先创新转型、深化粤港澳创新合作、促进产业承东启西转移和调整、加速军民深度融合发展、推进新型工业化进程，选择1个跨省级行政区域（京津冀）、4个省级行政区域（上海、广东、安徽、四川）和3个省级行政区域的核心区（武汉、西安、沈阳）进行系统部署，重点促进经济社会和科技等领域改革的相互衔接和协调，探索系统改革的有效机制、模式和经验。其中河北依托石家庄、保定、廊坊，广东依托珠江三角洲地区，安徽依托合（肥）芜（湖）蚌（埠）地区，四川依托成（都）德（阳）绵（阳）地区，开展先行先试。在相关地方提出改革试验方案的基础上，按照方案成熟程度，逐个报国务院审批后启动实施。

4. 建设原则

（1）问题导向，紧扣发展。把破解制约创新驱动发展的突出矛盾和问题作为出发点和落脚点，找准改革突破口，集中资源和力量，打通科技向现实生产力转化的通道，创造新的增长点，加快实现经济发展方式转变。

（2）系统设计，统筹布局。把率先实现创新驱动发展作为根本目标，围绕国家区域发展战略，强化顶层设计，选准试验区域，统筹中央改革部署与地方改革需求，总体规划，年度分解，滚动推进，加快重大举措的复制和推广。

（3）全面创新，重点突破。把科技创新和体制机制创新作为双重任务，以科技创新为核心，全面推进经济、科技、教育等相关领域改革，注重工作衔接，聚焦最紧迫、有影响、可实现的重大举措，大胆先行先试，营造创新驱动发展的良好生态和政策环境。

（4）强化激励，人才为先。坚持把激励创新者的积极性放在各项改革政策的优先位置，解放思想，完善机制，给予科技人员合理的利益回报和精神鼓励，创新人才培养、使用和引进模式，充分激发全社会的创新活力。

5. 主要任务

改革试验重点围绕推进落实《中共中央、国务院关于深化体制机制改革加快实施创新驱动发展战略的若干意见》《中共中央、国务院关于深化科技体制改革加快国家创新体系建设的意见》有关部署，统筹产业链、创新链、资金链和政策链，充分授权部门和地方，从三个层面提出改革试验任务：一是已明确了具体方向、需要落地的改革举措；二是已明确了基本方向、全面推开有较大风险、需要由中央授权地方开展先行先试的改革举措；三是正在探索并取得一定经验、需要局部试验和推广的相关改革举措，以及地方在事权范围内自主提出、对其他区域有借鉴意义的相关改革举措。当前，改革试验要聚焦实施创新驱动发展面临的突出问题，着力处理好政府与市场关系，促进科技与经济融合，激发创新者动力和活力，深化开放创新，开展改革探索。

（1）探索发挥市场和政府作用的有效机制。进一步厘清市场与政府边界，明晰市场和政府在推动创新中的功能定位。最大限度地发挥市场配置创新资源的决定性作用，加快推进知识产权、市场准入、金融创新等改革，构建技术创新市场导向机制，推进要素价格倒逼创新，实行严格的知识产权保护制度，营造公平竞争的良好市场环境。更好地发挥政府作用，加快推进政府职能转变，进一步减少对市场的行政干预，建立和完善政府创新管理机制和政策支持体系，研究建立科技创新、知识产权与产业发展相结合的创新驱动发展评价指标，强化创新政策与相关政策的统筹协调，促进军民融合发展，加快形成职责明晰、积极作为、协调有力、长效管用的创新治理体系。

（2）探索促进科技与经济深度融合的有效途径。进一步打通科技创新与经济发展之间的通道。强化体制机制创新与科技创新的协同。着力改变科研与市场分离状况，加快推进科研院所、高等教育等改革。按照遵循规律、强化激励、合理分工、分类改革的原则，加快科研院所改革，探索去行政化，发展社会化新型研发和服务机构。深化高等教育体制改革，探索培育创新型人才的有效模式。加速促进科技成果的资本化、产业化，增强科技对经济社会发展的支撑、引领作用。推进构建以企业为主体、政产学研用结合的技术创新体系，加强知识产权运用和服务，促进创新资源向企业集聚，充分激发企业创新的内生动力。

（3）探索激发创新者动力和活力的有效举措。进一步用好利益分配杠杆，让创新人才获利，让创新企业家获利。建立规模宏大、富有创新精神、敢于承担风险的创新型人才队伍，加快推进人才流动、激励机制等改革，强化对创新人才的激励，实施更加积极开放的创新人才引进政策，打破创新人才自由流动的体制机制障碍，促进科研院所、高等学校人才与企业科技人才的双向流动，完善知识产权归属和利益分享机制，探索充分体现智力劳动价值的分配机制，实现人尽其才、才尽其用、用有所成。

（4）探索深化开放创新的有效模式。充分利用全球科技成果和高端人才，开展更高层次的国际创新合作。加快推动建立深度融合的开放创新机制，深化外商投资和对外投资管理体制改革，推进科技计划对外开放，探索更加开放的创新政策、更加灵活的合作模式，鼓励外资企业引进更多的创新成果在我国实现产业化，促进国内技术和国内品牌"走出去"，扩大国际科技交流合作渠道和范围，主动融入全球创新体系，充分利用全球创新资源。

6.2 ▶ 全国八大全面创新改革试验区情况

1. 京津冀

2016 年 6 月 24 日国务院对《京津冀系统推进全面创新改革试验方案》的批复：原则同意《京津冀系统推进全面创新改革试验方案》，请认真组织实施。要全面贯彻党的十八大和十八届三中、四中、五中全会以及全国科技创新大会精神，按照"五位一体"总体布局和"四个全面"战略布局，牢固树立创新、协调、绿色、开放、共享的新发展理念，落实党中央、国务院的决策部署，围绕促进京津冀协同发展，以促进创新资源合理配置、开放共享、高效利用为主线，以深化科技体制改革为动力，充分发挥北京作为全国科技创新中心的辐射带动作用，依托中关村国家自主创新示范区、北京市服务业扩大开放综合试点、天津国家自主创新示范区、中国（天津）自由贸易试验区和石（家庄）保（定）廊（坊）地区的国家级高新技术产业开发区及国家级经济技术开发区发展基础和政策先行先试经验，进一步促进京津冀三地创新链、产业链、资金链、政策链深度融合，建立健全区域创新体系，推动形成京津冀协同创新共同体，打造中国经济发展新的支撑带。

2. 上海

2016 年 4 月 12 日，国务院关于印发《上海系统推进全面创新改革试验加快建设具有全球影响力科技创新中心方案》的通知，指出：依托上海市开展全面创新改革试验，是贯彻落实党中央、国务院重大决策，推进全面深化改革，破解制约创新驱动发展瓶颈的重要举措，对促进上海进一步解放思想、大胆探索实践、实现重点突破、发挥改革创新示范带动作用，具有重要意义。上海市系统推进全面创新改革试验，要围绕率先实现创新驱动发展转型，以推动科技创新为核心，以破除体制机制障碍为主攻方向，加快向具有全球影响力的科技创新中心进军。国家发改委和科技部要加强统筹，指导并及时协调解决改革试验中出现的新情况、新问题，组织开展试点经验和成效的总结评估，尽快推广一批有力度、有特色、有影响的重大改革举措。相关部门要主动作为，加强与上海市的衔接和协调，使本领域的重大改革举措真正落实落地。

3. 广东

2016 年 7 月 4 日国务院关于广东省系统推进全面创新改革试验方案的批复指出：广东省系统推进全面创新改革试验要全面贯彻党的十八大和十八届三中、四中、五中全会以及全国科技创新大会精神，按照"五位一体"总体布局和"四个全面"战略布局，牢固树立创新、协调、绿色、开放、共享的新发展理念，落实党中央、国务院决策部署，围绕深化粤港澳创新合作，依托珠江三角洲地区，以实现创新驱动发展转型为目标，以企业创新为主体，以人才驱动为支撑，以开放合作为路径，聚焦创新驱动发展面临的突出问题，统筹推进经济社会和科技领域改革,加快建立促进创新的体制架构,形成以创新为主要引领和支撑的经济体系和发展模式,推进广东省经济社会持续健康发展。广东省人民政府要切实加强对该方案实施的组织领导,进一步健全协作机制,明确责任分工,制订具体实施方案,落实各项改革举措,形成工作合力。2016 年 11 月 15 日广东省人民政府印发《广东省系统推进全面创新改革试验行动计划》。

4. 安徽

2016 年 7 月 4 日国务院关于安徽省系统推进全面创新改革试验方案的批复指出:要全面贯彻党的十八大和十八届三中、四中、五中全会以及全国科技创新大会精神,按照"五位一体"总体布局和"四个全面"战略布局,牢固树立创新、协调、绿色、开放、共享的新发展理念,落实党中央、国务院决策部署,着力促进产业承东启西转移和调整,以推动科技创新为核心,以破除体制机制障碍为主攻方向,以合(肥)芜(湖)蚌(埠)地区为依托,与建设创新型省份、合芜蚌国家自主创新示范区、皖江城市带承接产业转移示范区统筹结合,通过系统性、整体性、协同性创新改革试验,激发全社会创新活力与创造潜能,加快依靠创新驱动产业升级,为安徽省早日实现创新发展提供强大支撑。

2016 年 7 月 19 日安徽省政府办公厅印发《安徽省系统推进全面创新改革试验任务分工》等三个文件。包括落实三大任务清单,即建设综合性国家科学中心、具有国际竞争力的产业体系、科技成果加快转化的新体系,着力打造"基础研究源头创新—共性技术研发平台—重大科技攻关—产业转移转化平台—科技成果产业化—重大新兴产业专项/工程/基地"这一完整的创新型产业体系。构建"八大机制"为改革举措,即激发企业创新活力的新机制,提升企业创新地位和能力,完善政产学研用合作机制,实施鼓励企业创新投入的普惠财税政策等。建立创新人才集聚新机制,促进人才自由流动,建立健全统一规范的人才管理体制等。建立高校院所源头创新新机制,完善高校院所科技成果转化激励机制,改革高校院所科研评价机制等。建立金融服务自主创新新机制,强化金融组织创新,强化科技金融产品和服务创新,大力引进境外金融机构等。建立高层次开放合作新机制,引进境内外领军企业和研发机构,鼓励本地企业到境外投资并购等。建立推进大众创业、万众创新新机制,培育各类创业创新主体,加快完善创业创新公共服务体系等。建立军民深度融合新机制，构建军地协同高效的创新体系等。深化科技管理体制改革，完善"两个清单"和涉企收费清单运行机制，实施严格的知识产权保护制度等。

5. 四川

2016 年 7 月 4 日国务院关于四川省系统推进全面创新改革试验方案的批复指出：要围绕加速军民深度融合发展，以实现创新驱动转型发展为目标，以推动科技创新为核心，以破除体制机制障碍为主攻方向，依托成（都）德（阳）绵（阳）地区，开展系统性、整体性、协同性改革举措的先行先试，加快构建全要素、多领域、高效益的军民深度融合发展格局，形成引领经济发展新常态的体制机制和发展方式，为推动四川省转型发展、长远发展、可持续发展奠定坚实基础。

四川将系统推进全面创新改革试验作为"一号工程"。试验方案分为三个部分，主要内容可以概括为"一个核心主题""两个重要目标""三个重点区域""四个基本原则""八项主要任务""三十条先行先试政策"。

"一个核心主题"，就是把推动军民深度融合发展作为四川省全面创新改革试验的核心主题。这是中央赋予四川全面创新改革试验最鲜明的任务。四川历来是国防战略大后方，集聚了大量军工科技资源，具有航空航天、电子信息、核工业、兵器等国家级研究机构和门类齐全的军工行业，推进军民深度融合发展是四川省试验的特色和优势所在。四川将突出这一主题，做好这篇大文章，充分发挥资源优势，着力打造成德绵军民深度融合发展示范区，使军民深度融合成为四川省创新改革试验的最大亮点。

"两个重要目标"，按照国家要求，全面创新改革至少要达到两方面的目标。一是发展目标，通过三年试验，初步建设一批支撑能力强、带动作用大的创新发展平台，初步建立一支规模宏大、富有创新精神、敢于承担风险的创新型人才队伍，初步培育一批具有国际影响力、拥有自主知识产权的创新型企业和若干高端产业集群，推动四川省加快实现创新驱动转型发展。二是改革目标，到 2018 年基本形成有利于创新驱动发展的企业技术创新、开放合作创新、科技金融创新、治理能力创新的体制机制。

"三个重点区域"，即把成德绵作为全面创新改革试验核心区域。成德绵集中了四川省近三分之一的人口、近七成的科技力量、一半以上的工业经济实体，创造了四川省 45.1% 的经济总量。按照国家部署，四川省将围绕成德绵这一核心区域开展创新改革试验，成都重点打造具有国际影响力的区域创新创业中心，德阳重点建设国家高端装备产业创新发展示范基地，绵阳重点建设国家军民融合创新示范基地。同时，充分发挥好天府新区、攀西试验区等区域平台作用，先行先试，带动全省其他地区创新驱动转型发展。

"四个基本原则"，是全面创新改革试验的总体原则。一是坚持问题导向，紧扣转型发展。强调把破解制约创新驱动发展的突出矛盾和问题作为出发点和落脚点，找准改革的突破口。二是坚持系统设计，注重实际效果。强调顶层设计，系统、整体和协同地推进改革试验。三是坚持全面创新，着力重点突破。强调把科技创新和体制机制创新作为双重任务，聚焦最紧迫、有影响、可实现的重大改革举措，进行先行先试。四是坚持人才为先，激发创新活力。强调把激励创新者的积极性放在各项改革政策的优先位置，充分激发全社会的创新活力。

"八项主要任务"，即四川省全面创新改革试验主要着力于八个方面的任务。第一，建立健全统筹推进军民融合发展的体制机制。第二，加快推进有利于科技成果转化的体制机制改革。第三，建立健全内陆开放创新体制机制。支持高校院所、企业融入国际创新网络，扎实推进中德产业创新合作园、中韩创新创业园、中法农业科技园、川德中小企业合作园、新川创新科技园等国际合作园区建设。第四，建立健全金融创新体制机制。第五，着力构建创新型产业体系。第六，建立健全创新人才发展体制机制。重点是围绕人才引进、培养、评价、流动、管理等五个方面加快破除体制机制障碍，实施更加积极的创新人才发展政策。第七，重点打造多层次创新平台体系。第八，加快推进创新治理体系和治理能力建设。

"三十条先行先试举措"，即国家授权四川省在军民融合科技生产体系、科技成果转化机制等方面，开展30项先行先试改革举措。其中军民融合发展有15项，此外在创业创新财税支持、科技人员激励、知识产权保护等方面还有15项。这些改革举措的有效落地，将最大程度地激发全省创造活力，推动全省全面创新改革试验取得重大成效。

6. 武汉

2016年7月4日国务院关于武汉市系统推进全面创新改革试验方案的批复指出：坚持市场化导向和产业化方向，发挥区位、科教等优势，着力促进产业承东启西转移和调整，以推动科技创新为核心，以破除体制机制障碍为主攻方向，加快构建全新的产业创新体系，统筹产业链、创新链、人才链、资金链、政策链，建设战略性新兴产业发展先行区、传统产业向中高端转型升级示范区，为促进区域协调发展提供支撑。

根据武汉实际，试验方案提出，在产业创新发展、人才引进培养使用和激励、科技金融创新、知识产权保护、财政税收等方面开展先行先试。

"改革举措中，句句离不开企业，目的就是发展产业。"试验方案里，针对产业创新主体、创新资源、创新动力、创新环境中存在的问题，提出了支持企业建立研发机构、引导企业加大创新研发投入、提升企业在创新发展中的话语权、以企业为主导发展产业技术创新战略联盟、支持企业推进科技成果产业化等一系列改革举措。

中国社会科学院针对武汉系统推进全面创新改革试验出具的一份评估报告中写道，"武汉市在试验方案报批的同时，同步启动推进创新改革试验"，"盯住看、有人管、马上干"，"137 项具体改革事项正按计划有序推进，部分改革事项已取得一定成效"。

评估报告认为，在国家授权改革举措中，武汉市促进科技金融改革、人才出入境便利措施、开展武汉制造 2025 行动、推进制造业与互联网融合发展行动计划等取得初步进展；地方特色改革举措中，实施"创谷"计划、实施"城市合伙人"计划、推进科技成果转化体制机制改革、通过法治方式出台容错机制、推进行政审批 3.0 版改革等，取得了较好成效，具备进一步评估总结和推广价值。

7. 西安

2016 年 7 月 4 日国务院关于西安市系统推进全面创新改革试验方案的批复，在军民深度融合、科技资源统筹等重点领域率先实现改革突破，形成创新要素集聚、高端企业汇集、服务体系健全、体制机制灵活、创业创新活跃的创新环境，构筑起一批具有国际影响力的创新研发转化平台，培育一批创新型企业和优势产业集群，努力建设国家军民深度融合创新示范区和"一带一路"创新中心。

2017 年 1 月 11 日，西安市人民政府发布《西安市系统推进全面创新改革试验打造"一带一路"创新中心实施细则》。

8. 沈阳

2016 年 6 月 24 日，国务院关于沈阳市系统推进全面创新改革试验方案的批复指出：围绕推进新型工业化进程，以实现创新驱动发展转型为目标，以推动科技创新为核心，以破除体制机制障碍为主攻方向，在科技创新、转型升级、产业金融、国企改革、人才支撑、对外开放等重点领域开展先行先试，推动科技创新与经济社会发展深度融合，全力打造具有国际竞争力的先进装备制造基地，引领带动东北老工业基地全面振兴。

沈阳市确定七大重点任务：构建全链条、贯通式科技创新体制机制，建设东北科技创新中心；构建支撑新型工业化的体制机制，建设"中国制造2025"试点城市；构建产业金融新体制，推动区域金融开放创新；构建国资管理新体制，探索国企改革新模式；构建全方位开放体制机制，建设东北开放创新高地；实施盛京人才战略，建设东北地区人才高地；创新行政管理体制，建立服务型法治政府。

6.3 ▶ 深化京津冀全面创新改革试验区建设

6.3.1 深化全面创新改革试验与政策创新对京津冀协同创新的意义

新常态下区域创新发展的关键在于全面创新改革。我国的改革开放进程中，改革与开放总是相伴相生、形影不离的，没有改革就没有开放，开放既是改革的组成部分，同时又促进了改革全面推进与深入发展。创新是发展的第一动力，改革开放就是第一动力的动力。就京津冀协同创新来说，三地面临京津冀协同发展上升为国家重大战略，雄安新区千年大计，自贸区建设，自创区、滨海新区先行先试，"一带一路"，无不是中央赋予或要求京津冀着力开展全面深化改革。京津冀全面创新改革试验区更是全国唯一跨区域的改革试验区。如果在改革上无所作为，这些重大机遇就会很快消失，在与长三角、珠三角、深港澳大湾区的竞争发展中就有可能被落下。

从发展领先的地区经验看，无不是在改革上、观念上、开放上走在前列者。不论是过去、现在还是未来，在改革开放方面先行先试一直是最具有含金量的政策。哪个地区在改革上勇于先行先试，哪个地区就能够率先破解国家和地方发展中的难题，就能够得到先行之利，走在转型发展的前列，抓住创新发展的先机。从深圳等特区创新到中关村自主创新示范区，始终都是把改革放在重要位置，向改革要发展，通过政策创新机制获得新的发展优势。上海有全球影响的科创中心建设，特别是把体制机制改革作为建设科创中心的关键，作为新时期提高科技创新实力的根本举措，向中央不再是要优惠政策，而是要改革的先行先试权。上海始终把体制机制创新作为含金量最高的措施的经验值得学习借鉴。

京津冀特别是天津和河北省往往"醒得早起得晚"，改革缺少市场观念，缺少先行一步的勇气。保守，不敢为人先，在政策上不敢用外延，是深化改革发展的痼疾，做任何事都要先看看别人做没做。习近平总书记说，改革一分部署，九分落实。谁先解决重大改革部署与改革措施的最后一公里，谁在改革的落实上就先行了一步，谁就是真正在改革中先做起来了。

京津冀全面创新改革试验区建设既是京津冀协同发展国家战略的组成部分，也是能否抓住京津冀协同发展战略历史窗口期这一最后机会的关键。随着国家创新驱动发展战略纲要的公布，党中央、国务院召开了全国科技创新大会。京津冀要落实好创新驱动发展战略纲要，实现三地的功能定位，关键是积极主动地深化改革，落实好京津冀全面创新改革试验区建设的各项任务，让京津冀的创新资源充分流动起来、创新要素活跃起来，通过协同使创新效率提高起来，使巨大的科技潜力充分发挥出来，在新技术与产业变革的重点竞争领域，培养先发优势。

6.3.2 进一步深化全面创新改革试验的总体设计：以天津为例的探讨

1. 全面创新改革的总体模式选择

就天津而言，要在扎实落实京津冀全面创新改革试验区方案的基础上，结合科技革命和产业革命新的形势，认真探讨天津全面创新改革试验的总体模式和实现路径，为深化全面创新改革提供新的思路。

天津的改革走什么路子，全面创新改革怎么推进，这些显然是天津市的领导者运筹帷幄之后的重大决策。笔者在自己的知识范围和有限的理解之下，提出一点看法：如果我们把新科技与产业革命的特征、天津产业发展特征、天津改革先行区的定位等几个方面综合考虑，建议把京津冀全面创新改革作为天津转型发展突破口，探索产业创新、产业金融、产业互联网"三业融合"模式或许是符合天津实际的创新改革的路子。总的思路是，充分借力北京在新一代互联网技术方面的领先优势，紧紧抓住产业互联网的大机遇，在智能制造、智能网络、智慧社会等新技术革命的关键领域有更大作为，构建产业创新为转型主线，产业金融与产业互联网为两翼的"三业融合互动"产业创新新机制，这或许是一个理性选择。

第一，产业互联网是决定未来产业竞争力、引领培育新产业、带动传统产业升级改造的关键因素。要以天津制造业优势为依托，加快发展产业互联网平台型企业，重点发展物联网产业，智能软硬件产业，如自动驾驶产业、智能设计平台。新科技革命和产业革命已经或正在到来，以网络信息技术为代表的智能技术是核心带头技术领域，也是新兴产业主要的机会所在。目前看，移动互联网作为第二代网络信息技术，引领着新的产业变革、生活方式的变革，正在深刻、快速地改变着世界，在此基础上，以智能化、万物互联为方向的更新一代网络信息技术正在加速演变之中。如果从新科技革命的特点与互联网信息科技的演变看，天津在 PC 时代和移动互联网时代，都错过了互联网产业自身发展的巨大机会。如果把新一代智能和万物互联技术与天津产业优势有机融合，集中一些资源大力发展产业互联网、智能互联网，带动新技术、新模式、新业态加快发展，天津新产业、新经济发展或有异军突起的可能。

第二，产业创新是实体产业发展壮大的第一动力，是转型升级的基础。建设具有国际影响力的产业创新中心是天津创新驱动发展的战略目标之一，是实现"一基地三区"新定位的重要支撑。产业创新包括产业创新大平台、产业创新集群、产业创新战略联盟、产业生态、区域产业创新共同体等一系列新理念、新举措，这些举措的落地需要产业互联网和产业金融的支持与配合。在京津冀协同发展中，天津作为全国先进制造研发基地的功能越强，对北京建设科技创新中心的功能实现就会带来越大的正反馈。因此，要实现天津的先进制造研发基地的定位，有些涉及先进制造的国家大项目、大设施、大机构的布局就应当整合京津创新资源，更多考虑联合在天津实施。

第三，产业金融是经济转型升级、产业吸纳网络信息等新技术的血脉。过去一段时间，天津在滨海新区先行先试和自贸区制度创新中，金融创新基地有了明显进步，特别是融资租赁等产业金融发展具有了较好的基础。但是要看到，借助证券交易所以及互联网的优势，京沪广深在金融领域的发展已经远远领先于其他城市，而南京、重庆、杭州、武汉发展势头迅猛。天津市发展产业金融既是产业升级的需要，也是全面创新改革的主要内容，更是天津稳定金融创新先行区和城市金融地位的必由之路。建议尽快与一家互联网平台企业合作成立一家民营互联网银行，同时尽快发展更多产业金融产品。

从金融机构本外币各项存款余额这项反映城市资金总量的指标看，排位依次为北京、上海、深圳、广州、杭州、成都、重庆、天津、南京，2016 年依次为 13.84 万亿元、11.05 万亿元、6.44 万亿元、4.75 万亿元、3.34 万亿元、3.26 万亿元、3.22 万亿元、3.00 万亿元、2.84 万亿元，与 2011 年相比，增速依次为 84.5%、90.0%、157%、79.2%、81.5%、90.6%、100%、70.5%、100%。其中深圳增速高达 157%，最快；天津最低，仅为 70.5%。全国的资金快速聚集到深圳，其根本原因也在于其高科技产业的创新发展快，互联网产业发展快，特别是以前海试验区为代表的互联网金融产业的发展，包括互联网保险公司的群体崛起。

2. 推进全面创新改革需要把握的几个环节

随着国家创新驱动发展战略纲要的公布，党中央、国务院召开了全国科技创新大会。天津要落实好创新驱动发展战略，加快建设高水平的创新型城市和产业创新中心，关键是积极主动地深化改革，全面落实好京津冀全面创新改革试验区建设的各项任务，让京津冀的创新资源充分流动起来、创新要素活跃起来，通过协同使创新效率提高起来，使巨大的科技潜力充分发挥出来，在新技术与产业变革的重点竞争领域，培养先发优势。

第一，注重突出点线面的改革重点，加快建设一批点线面创新改革示范载体。建议完善城市空间布局规划，重塑创新版图，在面上打造一批全面创新和协同创新改革区块。发挥武清、宝坻、蓟县、北辰等毗邻北京的地理位置便利条件，加快西北部地区发展，更大范围承接首都疏解功能，使天津城市规划总体布局由"双城双港，相向拓展"逐步实现"双城双港，双向拓展"。要进一步突出京津塘高科技产业带的品牌价值，把这条线上的科技园区、开发区、保税区等园区，作为创新共同体建设的核心依托，打造特色产业集群创新共同体。在点上重点共建一批京津冀协同创新示范基地与平台，包括示范合作园区、合作共建的基础设施、示范合作产业研究院、示范合作研发机构（实验室工程中心企业技术中心）、示范的一流创新型企业。

第二，注重突出改革的配套性，把自创区与自贸区联动作为全面创新改革的主战场。要充分发挥滨海高新区作为自创区核心区的改革和政策创新的主导作用，对标中关村、张江、东湖等先行示范区，推动鼓励各自创区分园开展特色改革试验。充分发挥天津自贸区在开放创新中的制度创新优势，尤其要在金融创新方面有更大作为，并结合三个片区特色定位和自创区分园创新需要，率先打通国际国内两个市场。充分借力北京在新一代互联网技术方面的领先优势，紧紧抓住产业互联网的大机遇，在智能制造、智能网络、智慧社会等新技术革命的关键领域有更大作为，建立产业创新、产业金融与产业互联网"三产融合互动"的产业创新新机制、新模式。

第三，注重京津冀三地改革的协同，争取中央对京津冀全面创新改革的更大支持。进一步完善京津冀功能定位的耦合与联动机制，加强三地在创新链、产业链、资本链、政策链方面的相互分工与协同创新，实现中央对三地发展的功能定位。无疑，北京作为全国科技创新中心的功能越强，对津冀的创新发展带动作用就越大。天津作为全国先进制造研发基地的功能越强，对北京建设科技创新中心的功能实现就会带来越大的正反馈。天津也要在北京建设全国科技创新中心的过程中承担好配合服务作用，为北京提供更好的技术转化承接服务，包括为北京的技术开发项目、科技成果的工程化开发项目、大规模产业化项目提供高效率、有吸引力的研发制造环境。同时也要求天津率先深化体制机制创新，改革科技计划管理和项目经费使用办法，让北京的科技企业、人才、项目能在天津更好地实施落地。要进一步完善创新政策联动与跨区域创新治理机制，推广国家自创区政策、滨海新区开发开放的政策，向曹妃甸延伸天津自贸区范围，形成有利于区域全面创新的叠加优惠政策。取消针对区域内要素流动的"土政策"，主要让市场来配置京津冀的要素性资源。

第四，注重调动各类改革主体的主动性、积极性和创造性，形成合力推动全面创新改革的氛围。产学研基层组织、各级政府官员是全面创新改革能否取得成效的关键。其一，对在改革一线的基层单位领导和各级干部需要实事求是地建立干事业和改革的容错免责机制，个人避免被问责和追责是人性问题，不是党性或觉悟问题。其二，要建立激励改革的机制，增强主动改革的积极性，找到制约创新开放合作发展的关键问题。针对问题，如国有创投特别是天使投资责任问题，科技项目科研院所管得过死问题，主动改革。其三，针对京津冀三地解决不了的问题，要争取中央支持。其四，要保持对重大改革事项实施的连续性，不因个别人事变化而使集体决策的重要改革事项受到影响。

3. 加强谋划，及时总结，重在落实，把握全面创新改革的基本方法论

第一，要搞好调研谋划和跟踪评估。由于改革措施特别是一些重大改革措施涉及面广，实施难度大，需要开展深入调查研究。事实上，一些改革措施，由于时间紧，加上涉及保密要求，决策程序特别是实施过程的公开性、可行性、科学性难以得到保证，缺乏细化的实施方案，缺乏论证和跟踪评估。在推进全面创新改革中，以下几点要考虑。

一是坚持战略导向，紧紧把握国家战略和本地战略进行全面创新改革的总体改革战略任务、战略路径、战略突破点、战略措施的谋划。全面创新改革试验与过去进行的科研院所改革乃至科技体制机制改革不同，涉及更大范围、更深层次的综合配套改革，把握改革的战略性、方向性就更加关键。北京围绕建设全国科创中心的国家战略定位展开，上海的全面创新改革试验围绕建设有全球影响力的科创中心的国家战略任务展开。

二是坚持问题导向，紧紧把握各类创新主体特别是企业的真实需求进行全面创新改革的体制机制与政策创新措施谋划。以企业的需求为例，一个地区的全面创新改革试验既要深入调研理解大企业的创新需求，如对技术、人才、资金等的需求，也要调研理解中小企业对创新创业条件与环境的需求。既要了解企业引进来的需求，也要了解企业走出去的需求。既要了解民营企业的需求，也要了解国有企业的需求。既要了解生产企业的需求，也要了解创投企业的需求。归根结底，要从各类创新主体所面临的障碍来调动各类主体创新的积极性、主动性、创造性，从解放和发展生产力的根本要求出发，创新体制机制，开展政策创新试验。

三是坚持接轨导向，紧紧把握经济转型升级的阶段政策空白点。不同的发展阶段，对政策措施的需求会呈现不同的特点。在我国经济转型升级过程中，就可以发挥后发优势，通过借鉴发达国家已经走过的路子，可能找到合适的改革措施。例如，对发达国家一直推进的技术移民政策的借用；天津发展融资租赁、商业保理等改革措施，也是借鉴发达经济体已有的成熟经验，效果很好。

第二，要不断总结宣传改革实践经验，充分发挥好市、行政区、功能区的改革创造性和积极性。中央全面深化改革领导小组第二十五次会议最关键的一句话是：地方是推进改革的重要力量。改革是一场革命，改的是体制机

制，动的是既得利益，不真刀真枪干是不行的。地方各级党委要多在攻坚克难、解决问题上下功夫。探索创新要抓实，继续鼓励基层创新，形成改革者上、不改革者下的用人导向，及时总结推广地方的创新做法。习近平总书记在全国哲学社会科学工作座谈会上指出："把中国实践总结好，就有更强能力为解决世界性问题提供思路和办法。"不断总结、支持、推广改革实践中的改革经验，对加快京津冀全面创新改革试验区建设具有重要作用。在京津冀协同创新共同体建设中，天津市武清、宝坻、滨海新区功能区都有许多务实的措施和改革政策，需要不断总结交流与相互学习。要加大改革宣传力度，宣传全面创新改革的典型案例，凝聚起推动协同创新和深化改革的强大凝聚力。

第三，要在改革措施的落实上下功夫。中央在创新改革方面发布了一系列政策文件，创新驱动与创新改革措施的"四梁八柱"已经基本建立起来了。谁先解决重大改革部署与改革措施的最后一公里，谁就在改革的落实上先行了一步，谁就是真正在改革中先做起来了，谁就能得到先行先试之利。

6.4 ▶ 完善创新政策，丰富中国式创新实践

中国把创新驱动提升到核心战略的高度，已经是科技财力与人员投入的大国，理当在创新领域有更大作为，甚至为世界提供借鉴。京津冀特别是北京作为全国科技创新中心，应当不断深化改革、完善创新的政策，在中国式创新实践中发挥先驱作用。

6.4.1　基本创新模式分类

说到"中国式创新"，主题谈的是创新模式中国特点问题，或者说是在各种创新路径中，比较中国与其他国家的差异性问题，从这个视角看，中国式创新显然是存在的。

总结国内外对中国式创新的研究，在较普遍的意义上，或可以归纳为以下六种创新模式。

（1）基于科学的创新。创新商业化实现是建立在科学研究与科学知识积累的基础上的，需要长期的科研才能出现新技术、新产品、新工艺，除少数大型科技企业外，创新的实现需要产学研合作，需要大学和实验室的原始性、

原理性创新成果的出现。

（2）基于工程技术的创新。在汽车制造、电信、航空、高铁、风电等工程技术领域，由于其资本密集与技术密集的特点，可以在集成现有技术的基础上，通过消化吸收实现综合性技术再创新和新的市场价值与应用。技术来源于供应链、合作伙伴、大工程经验与知识积累。

（3）基于客户需求的创新。有的提法是基于市场的创新，这显然过于笼统，因为任何创新都不可能离开市场而实现。基于客户特别是消费客户的创新来源于消费端，是客户参与的创新。其中，由于客户需求等市场变化与人口改变密切相关，在一定区域范围内，人口规模大小（市场规模）和人口结构因素（如老龄化）越来越明显地影响到创新。德鲁克就很关注人口变化对创新的影响，把人口数量、规模、结构等情况作为七个创新的来源之一，而且是最可靠的创新来源。

（4）基于效率驱动的创新。按照麦肯锡的定义，通常指通过生产环节的优化来降低成本、缩短生产时间、提升质量。效率驱动的创新在大宗化学品、纺织、电气设备、建筑机械等产业领域体现得较明显。

（5）基于商业模式的创新。传统上在互联网产业本身体现得很充分，由于移动互联网和智能终端产品的发展，以互联网应用为主体的基于商业模式的创新，迅速扩展到各行各业，在金融科技、共享经济等领域表现得更为突出。

（6）基于系统化的创新。创新来源于科技创新、商业模式创新在内的，包括管理的、文化的、服务的等多种创新方式的相互跨界融合，创新边界不断得到拓展，创新的系统化协同不断增强。

6.4.2 中国式创新的研究概述

1. 麦肯锡的观点

麦肯锡全球研究院于 2015 年 7 月发布了"中国创新的全球效应"研究概述的报告，以创新原型的视角将中国各个行业的创新分为四大原型，即科学研究型创新、工程技术型创新、客户中心型创新、效率驱动型创新，对应于基本创新模式的前四类。

该报告认为，中国在效率和用户聚焦型创新方面建立了优势，但在科研和工程创新上依然相对落后，在中国企业创新表现出色的诸如家电和太阳能电池板等关乎发现未被满足的消费需求或者是提高制造效率的领域，麦肯锡报告强调，中国庞大的消费市场及难以匹敌的制造业生态体系，无疑给这些行业带来了独特的优势，并认为中国的确具备了成长为全球创新领导者的潜能。

2. 傅晓岚的观点

清华大学全球产业 4.5 研究院作为账号主体的《产业荟》订阅号于 2017 年 4 月 25 日推送了题为《傅晓岚：开放的大国创新》的文章。该文章整理了牛津大学技术管理与发展中心主任傅晓岚对中国开放式创新的观点。傅晓岚从国家创新体系的视角，认为过去多年中国创新体系的演化路径在很大程度上体现为一种开放条件下的自主创新——既持续吸收全球的知识和资源，也不断积累自身的创新基础和能力，是一个双轨交互的动态过程。中国的创新与追赶模式，既难以用基于"日韩经验"总结的理论来解释，也不属于"华盛顿共识"下所崇尚的框架体系。中国作为一个大国，中国的创新者们能够对内对外同时利用国际国内的要素、人才、资本，并同时面向国际、国内两个市场的国家开放创新体系。基于这些认识，傅晓岚认为中国的开放国家创新体系有三个特点：一是中国创新的主体是多重的，民营企业、国有企业、外资企业所发挥的作用也有很大差异，多个主体在各自不同的行业、不同的地区，找到各自适合的生存空间；二是在创新过程中，中国利用了两种资源——自主创新和外部资源，利用了两个市场——本土市场和全球市场；三是中国创新是动态演进的过程，不同的阶段有不同的组合。

傅晓岚对中国创新提出了"共创造、谋引领"的建议，具体的建议包括四点：一是推动更加"积极"的开放；二是继续利用"两种资源"和"两个市场"；三是建立有序的多主体驱动模式；四是调整现有的激励机制，从宏观到微观的激励机制都要做一些调整。

3. 胡志坚的观点

胡志坚在《清华管理评论》2017 年第 1 期增刊文章《"中国式创新"的现状及挑战》中提出，备受全球关注的中国特色创新现阶段有四个方面的特点：第一，引进消化吸收再创新是中国现阶段创新的主要路径，是后发展国家必须要经历的学习过程。第二，对大多数中国企业而言，低成本是其产品的主要竞争优势。这种优势的取得并非仅仅依赖于低劳动力成本，还有赖于对技术、流程、管理等要素的集成创新，中国企业更注重产品功能的集成创新。第三，需求导向是"中国式创新"的关键要素。巨大且多层次的中国市场给企业从低端走向高端的创新提供机会，中国市场的巨大规模，给我们企业的创新和试错失败创造了机会和空间。第四，原始创新不够是"中国式创新"的美中不足。科学技术整体上相对落后，率先提出的原始性科学思想和前沿探索研究方向不多。

他也提出了未来中国创新活动的五个方向：第一，"中国式创新"的路径将转向更加依靠科技为基础的创新。第二，"中国式创新"的竞争优势正在强化与分化。第三，中国的创新要素、市场的获取走向全球化。第四，"中国式创新"将变得更加全面、集约、绿色和包容。第五，"中国式创新"的制度环境正在不断改变。

4. 陈劲等人的观点

陈劲等人在《清华管理评论》2017 年第 1 期增刊文章《系统驱动的中国式创新》中提出，虽然创新的本质是共通的，但在具体的创新模式方面，中西方则大为不同。西方式创新主要采用的是熊彼特主义范式，提倡技术创新至上，创新的主体是企业家。而中国式创新则不仅突破了熊彼特范式，也超越了单纯强调学习模仿的东亚创新模式，以及注重发自草根的南亚朴素式创新模式。中国式创新有两大特点：一是走群众路线，利用大众创新的机制，拓展创新边界；二是发挥国有企业的引领作用。近年来，中国注重挖掘国有大中型企业的资源优势，利用其市场地位发挥它们在创新方面的带头作用，特别是在政府主导的基础设施领域的工程科技创新方面表现不俗。目前我国在航天、高铁、核电、电网、桥梁等领域都取得了世界瞩目的创新成果。总体来看，中国式创新是系统驱动的集成创新，实现了熊彼特 Mark I 和 Mark Ⅱ 的有机整合。

笔者认为，中国式创新的未来发展道路有三个关键点，需要牢牢把握。一是增强理论创新，提倡原创能力，提高国家的科学能力。二是强调市场创新，提高品牌建设和营销推广能力。三是高度重视战略创新，从战略高度引领创新发展。十八大报告提出的工业化、信息化、城镇化和农业现代化"新四化"驱动的并行开展，为未来的创新道路开辟了充分的空间。

5. 余江等人的观点

余江等人在《清华管理评论》2017 年第 1 期增刊文章《数字创新：中国

式创新的新机遇》中提出，中国式的数字创新在海量用户基础和异质性、多层化特质的推动下，将给企业带来新的挑战与机遇。产业加速融合是我国数字创新的主要动力，通信技术、制造技术、移动互联网、智能设备等多种技术与产业的融合促进了多产业间技术、数据和基础设施的普遍融合，我国的数字创新正在不断扩大应用覆盖范围，信息资源的共享与整合程度也在不断提高。推进中国式数字创新还需要关注其如下特征。一是异质性和规模化。我国的海量用户基础驱动了数字创新向满足异质性的需求发展，数字创新也将以快速增加的异质性用户为对象。二是关联性和社交媒体驱动。随着消费者在创新过程中角色的转变（从创新产品的使用者到创新产品创造的参与者），数字创新越来越以用户需求为中心，而用户与技术知识团体之间的社交关联推动了数字创新的快速迭代。三是政策驱动下的数字技术与产业融合。进入 21 世纪以来，我国陆续出台了"三网融合""两化融合"等多项政策，为数字技术与产业的融合发展奠定了基础。而我国通过一系列重大科技专项在集成电路、通信网络、先进计算等信息科技的技术布局，提高了数字创新主体在新业态与新模式下创造新产品和新服务的能力，以满足快速变化的市场需求和适应新产业的竞争格局。

6.4.3　研究中国式创新可能需要关注的六个因素

综合国内外的相关研究，探讨中国式创新问题，需要关注以下六个方面的突出因素。

一是人口因素。中国具有庞大的人口数量，随着经济规模不断扩大，投资与消费市场规模同步扩大，这无疑是研究中国式创新问题首先需要考虑的核心因素。例如，众多创业新公司利用巨大市场规模和多样化的细分市场，快速试错，推进应用领域快速创新，从而取得成功。

二是制造业配套因素。麦肯锡把中国制造业的成功主要归于广泛、全面性的制造生态系统，包括覆盖率完整的供货商网络、数量庞大且技术熟练的劳动力、现代化的物流基础设施三大方面。同样，中国式创新在制造业领域的成功，也离不开中国制造业要素的配套齐全、制造业创新生态系统的不断完善。

三是互联网因素。中国网民数量已超过 7 亿人，移动电话用户突破 13 亿，居全球第一。以数字技术为代表的互联网经济是中国式创新的重要因素。

中国不仅互联网用户群体规模大，而且用户上网时间长，网络参与热情高，依托互联网创新创业成为中国经济转型的重要内容。国家领导人和各级政府对互联网的关注程度也是其他国家难以比拟的。互联网成为中国新型创业者追梦和企业家展示创新才华的大舞台，正是基于中国互联网企业不断创新的业务模式，不少中国互联网平台公司成为行业领先企业，如腾讯的微信、阿里巴巴的蚂蚁金服等。

四是政府因素。进行中国特色的自主创新，政府的力量与作用是不可忽视的重要因素。中国特色社会主义制度使诸如集中力量办大事、快速大规模大范围推进各种创新活动等，成为中国式创新的标志性特点。在政府基本能够主导的创新领域，特别是基于工程技术的创新领域，如高铁、电信、大石化、军工等，在创新基础设施建设如科技园区、众创空间建设等方面，中国过去都取得了相当程度的成功，而且仍然会成为影响创新的可预见因素。但随着产业向中高端发展和深度融入国际，创新难度不断增加，可模仿学习的技术减少，未来创新需要进一步重视市场与知识产权的作用，更多考虑创新的社会代价和经济效率。

五是区域因素。就像解释中国经济发展问题不可能不涉及区域因素一样，解释中国式创新也不能忽略中国区域多样性，区域间的竞争、学习与合作等因素。显然，区域创新的多样性不仅与人口因素有关，而且与各地区的地理区位、产业特色、资源禀赋、历史文化等相关。地方政府面对排名、经济资源竞争的压力，在创新政策、创新投入、创新改革、创新环境改善等方面的相互学习和学习基础上的改进，也会带来中国式创新不断进步和多样化发展。

六是发展阶段因素。与许多国家所走的路径一样，中国的创新也会遵循创新的基本规律，也是一个积累、学习、发展升级的过程。一个国家的创新，在产业层面是由千千万万个企业构成的，只有一个个企业成长壮大，创新实力累积到一定程度，才有可能将资源逐步投入到更为前沿和基础性的研究领域。

6.4.4 不断拓展中国式创新的认知与实践

不同国家的国情不同，所处发展阶段差异，决定了创新的模式和路径不尽相同，这正是中国特色创新道路的生命力所在，也是中国式创新存在的逻辑。在这个意义上，中国式创新的深化研究，不仅有助于中国更好地推进创新驱动发展战略，而且可能对其他国家的创新提供经验借鉴。美国成为创新全面领先的大国，原因在于充分利用了其制度和高薪吸引聚集全球一流人才，并建立起领先的研发优势。对中国而言，充分利用人口人才优势、制造业基础优势、政府集中力量办大事的优势、移动互联网规模优势、区域竞合优势等，是实施创新驱动发展战略的重要内容。如何深化拓展中国式创新的认知与实践，对丰富中国特色自主创新道路的理论与实践具有重要意义。

1. 对接五大发展理念与全面创新，拓展对中国式创新的认知

五大发展理念为导向的全面创新将主导中国式创新的方向，并与全面创新在多层面耦合。《国家创新驱动发展战略纲要》指出，创新驱动就是创新成为引领发展的第一动力，科技创新与制度创新、管理创新、商业模式创新、业态创新和文化创新相结合，推动发展方式向依靠持续的知识积累、技术进步和劳动力素质提升转变，促进经济向形态更高级、分工更精细、结构更合理的阶段演进。可见，全面创新包括了科技创新与制度创新、管理创新、商业模式创新、业态创新和文化创新等多种创新形式。创新、协调、绿色、开放、共享五大发展理念的深化落实，为全面拓展中国式创新的认知提供了方向。例如，绿色发展理念将使绿色创新更关注集约、包容、循环等领域，以解决中国资源和环境约束问题，从而体现中国式创新的独特绿色价值观。未来中国式创新将更加关注文化创新、开放创新、协同创新，为人民共享创新成果、改善全民福祉提供更好的支撑。

2. 深化全面创新改革，为中国式创新实践提供制度保障

创新是一个经济过程，既涉及创新链、产业链、资金链、政策链的相互交织，也涉及其他领域的改革；既是生产力的发展过程，更是生产关系的不断调适的过程，所以要在全面改革和全面创新的结合上下功夫，需要多环节协同推进。即使同是所谓的基于工程技术的创新的产业领域，行业的市场属性也存在很大差异。所以中国式的全面创新，需要全面创新改革的坚强支持，需要从政府放管服、创新政策、创新文化、产权保护、创新体制、金融体系、产业集群等全方位构建创新生态系统，形成激励创新的制度体系和优良的创新环境。

3. 调整创新政策，促进多种创新模式的强优补短

随着中国发展阶段的升级，中国经济在"新常态"新条件下，中国式创

新也必然会随之升级转换。因此，需要与时俱进，不断调整创新政策，为中国式创新提供更多实践经验。京津冀要发挥两大自主创新示范区、天津自由贸易试验区、雄安新区等的优势，在创新政策方面先行先试，为探索中国特色自主创新道路探路。

第一，在基于科学的创新方面，要虚心向美欧学习借鉴基础性科学研究体制的长处，从整体上逐步加大这一模式创新的比重，以支撑起中国经济转型升级的迫切需要，包括加大经费投入、涌现出更多突破性、颠覆性原创成果、原创产业。要强化社会对基础性科学发展的多种价值认知，去除创新中的短视、纯功利性价值观。

第二，在工程技术的创新方面，需要强化市场的作用，提高创新的整体效率，特别是在汽车（包括新能源汽车）领域、军工领域等都需要更多地引入市场的力量，目前大力推进的军民融合战略无疑朝着这个方向迈进了一大步。

第三，在客户需求的创新方面，要不断关注新的人口政策变化带来的创新机会。人口结构因素（如老龄化）、二胎政策引起的新断层因素都将对中国的产业（如养老与大健康等）、人力资源供给变化产生深刻影响。

第四，在效率驱动的创新方面，要重点关注人工智能、大数据等新的技术变革对产品生产、服务流程、服务手段改进带来的深刻影响，要与"互联网+"战略背景下的商业模式创新紧密结合，进一步强化效率提升带来的创新优势。

第五，在商业模式的创新方面，各级政府要对新生的商业模式给予更多的宽容和等待，同时在新商业模式的知识产权保护方面与时俱进，不拘泥于过去的经验。要大力发展移动物联网、人工智能、大数据等与商业模式创新密切相关的新技术、新产业、新业态，为持续的商业模式创新提供创新源泉和技术动力。

第六，在系统化的创新方面，要充分发挥中国式整体思维观的优势，增强全面思维、集成创新、系统经营、构建网络、建立生态、合作共享等新观念，重视战略谋划、跨界运作、系统实施、动态改进。基于系统的创新可选择类似健康中国建设等涉及多目标、多因素、多投资主体、多产业领域、多技术支撑的领域积极探索，积累经验。

4. 开放创新，取长补短，是中国式创新更深更好融入国际的必然选择

在世界创新国家的大家庭中，美国、欧洲、日本、韩国等科技发达国家，印度等新兴国家都有许多值得我们学习的地方。兼收并蓄，"他山之石，可以攻玉"，在取长补短中不断丰富中国式创新的内涵，是中国式创新应当具有的胸怀。在由中国制造向中国创造、中国智造转变过程中，德国工业 4.0 值得学习借鉴。在"双创型"新经济发展中，美国、以色列的许多经验也值得认真借鉴。在互联网时代，知识等创新要素的流动不仅明显加快，而且跨界、跨国的流动基本没有大的障碍，一个国家的创新体系一定是开放的系统。

过去中国开放创新主要得益于引进来，在合资合作中消化吸收，提升产业整体技术水平，为自主创新打下了较好的产业基础。随着"一带一路"倡议的深入推进，更多中国企业开始走出去，通过并购、合作等方式获得创新资源和新的知识，使中国式创新的国际背景更为深厚，也就更容易得到国际社会的关注与认同。模式也好，路径也罢，毕竟创新是具有更多人类共同规律的普遍现象。

参考文献

［1］ 王峥，龚轶. 创新共同体：概念、框架与模式 ［J］. 科学学研究，2018，36（1）：140-148.

［2］ 胡莹，陈淑琼. 哈维的"时间—空间修复"理论刍议 ［J］. 桂海论丛，2012，28（1）：87-91.

［3］ 段德忠，杜德斌，刘承良. 上海和北京城市创新空间结构的时空演化模式 ［J］. 地理学报，2015，70（12）：1911-1925.

［4］ 胡小武. 城市群的空间嵌套形态与区域协同发展路径：以长三角城市群为例 ［J］. 上海城市管理，2017（2）：18-23.

［5］ Moore J F. Predators and prey：A new ecology of competition ［J］. Harvard Business Review，1993，71（3）：75-86.

［6］ Iansiti M，Levien R. Strategy as ecology ［J］. Harvard Business Review，2004，82（3）：68-81.

［7］ 伍春来，赵剑波，王以华. 产业技术创新生态体系研究评述 ［J］. 科学学与科学技术管理，2013（7）：113-121.

［8］ 曾国屏，苟尤钊，刘磊. 从"创新系统"到"创新生态系统" ［J］. 科学学研究，2013，31（1）：4-12.

［9］ 李雪芹，张贵. 创新生态系统：创新驱动的本质探源与范式转换 ［J］. 科技进步与对策，2016，10（20）：1-6.

［10］ 吴义爽. 平台企业主导的生产性服务业集聚发展研究 ［J］. 科研管理，2014（7）：20-26.

［11］ 谢佩洪，陈昌东，周帆. 平台型企业生态圈战略研究前沿探析 ［J］. 上海对外经贸大学学报，2017，9（5）：54-65.

［12］ 陈劲. 企业创新生态系统论 ［M］. 北京：科学出版社，2017.

［13］ 陈劲，郑刚. 创新管理：赢得持续竞争优势 ［M］. 3版. 北京：北京大学出版社，2016.

［14］ 郭铁成. 近年来国外创新治理实践及启示 ［J］. 中国科技论坛，2017（8）：185-192.

［15］ 于晓宇，谢富纪，徐恒敏. 大都市圈创新体系理论框架与前沿问题研究 ［J］. 科学管

理研究, 2009, 27 (3): 6-11.

[16] 曼费德·费希尔, 贾维尔·迪亚兹, 福克·斯奈卡斯, 等. 大都市创新体系 [M]. 上海: 上海人民出版社, 2006.

[17] 胡曙虹, 黄丽, 杜德斌. 全球科技创新中心建构的实践: 基于三螺旋和创新生态系统视角的分析: 以硅谷为例 [J]. 上海经济研究, 2016 (3): 21-28.

[18] 李万, 常静, 王敏杰, 等. 创新 3.0 与创新生态系统 [J]. 科学学研究, 2014, 32 (12): 1761-1770.

[19] 胡宗雨, 李春成. 从科学共同体到创新共同体: 溯源与运行机制 [J]. 商, 2015 (38): 116-117.

[20] 郭铁成. 近年来国外创新治理实践及启示 [J]. 中国科技论坛, 2017, 8 (8): 185-192.

[21] 吕薇, 马名杰, 戴建军, 等. 全球科技创新中心发展规律及启示 [J]. 中国产业经济动态, 2015 (22): 26-32.

[22] 方创琳. 京津冀城市群协同发展的理论基础与规律性分析 [J]. 地理科学进展, 2017, 36 (1): 15-24.

[23] 姚士谋, 周春山, 等. 中国城市群新论 [M]. 北京: 科学出版社, 2016.

[24] 李国平, 等. 京津冀区域发展报告 2016 [M]. 北京: 科学出版社, 2016.

[25] 河北工业大学京津冀发展研究中心, 京津冀区域治理协同创新中心. 河北省经济发展报告 (2015) [M]. 北京: 社会科学文献出版社, 2015.

[26] 国家统计局科学技术部. 2016 中国科技统计年鉴 (汉英对照) (精) [M]. 北京: 中国统计出版社, 2016.

[27] 沈琳, 王强. 我国典型区域人才合作模式对京津冀区域人才合作的借鉴与启示 [J]. 河北企业, 2014 (2): 72-73.

[28] 桂昭明. 京津冀人才发展一体化的路径选择 [J]. 人事天地, 2011 (8): 23-28.

[29] 文魁, 祝尔娟. 京津冀区域一体化发展报告 (2012) [M]. 北京: 社会科学文献出版社, 2012.

[30] 褚福灵. 城乡养老保险制度整合的总体思路与改革建议 [J]. 北京劳动保障职业学院学报, 2014, 8 (1): 8-10.

[31] 马宁, 饶小龙, 王选华, 等. 合作与共赢: 京津冀区域人才一体化问题研究 [J]. 中国人力资源开发, 2011 (10): 72-77.

[32] 于斌斌. 区域一体化、集群效应与高端人才集聚: 基于推拉理论扩展的视角 [J]. 经济体制改革, 2012 (6): 16-20.

[33] 吴岩, 王晓燕, 王新凤, 等. 探索京津冀区域高等教育发展新模式: 学习《国家中长期教育改革和发展规划纲要 (2010—2020 年)》的思考 [J]. 中国高教研究, 2010

（8）：1-7.

［34］陈宏愚. 关于区域科技创新资源及其配置分析的理性思考［J］. 中国科技论坛，2003（5）：36-39.

［35］彭黎. 京津冀人才一体化协作实施状况分析［J］. 北京劳动保障职业学院学报，2014，8（3）：33-38.

［36］中国统计局. 中国科技统计年鉴2012［M］. 北京：中国统计出版社，2013：241-243.

［37］邓淑华. 打造首都经济圈推动京津冀人才一体化［N］. 中国高新技术产业导报，2011-06-27（6）.

［38］李金辉，王亮，张冰. 京津冀人才开发合作的研究与探索［J］. 中国人才，2009（15）：16-19.

［39］张雪，李爽，张靖轩. 京津冀区域人才开发合作机制［J］. 华北理工大学学报（社会科学版），2014（6）：28-32.

［40］赖一飞，雷慧，覃冰洁. 湖北省科技基础条件资源开放共享体制优化研究［J］. 决策与信息旬刊，2017（2）：51-58.

［41］杜云翔，吴福根，刘贻新，等. 基于协同创新理念的大型仪器区域化共享平台构建［J］. 实验室研究与探索，2014，33（12）：299-303.

［42］黄正. 大型科学仪器设备共享管理的立法架构［J］. 科技管理研究，2010（11）：27-28.

［43］宋立荣，刘春晓，张薇. 我国大型科学仪器资源开放共享建设中问题及对策思考［J］. 情报杂志，2014（11）：1-6.

［44］王袆，华夏. 促进我国科学仪器管理与共享的政策建议［J］. 中国科技论坛，2012（11）：29-33.

［45］徐琴平. 长三角地区大型科学仪器共享机制研究［J］. 科技促进发展，2017（5）：395-399.

［46］李峰，张贵，李洪敏. 京津冀科技资源共享的现状、问题及对策［J］. 科技进步与对策，2011（10）：48-51.

［47］赵昌文，陈春发，唐英凯. 科技金融［M］. 北京：科学出版社，2009.

［48］黄锐. 打破"一亩三分地"习近平就京津冀协同发展提七点要求［N/OL］. 新华网，2014-02-27. http://www.xinhuanet.com/politics/2014-02/27/c_119538131.htm.

［49］第三届京津冀协同创新共同体高峰论坛召开［N/OL］. 经济参考网，2016-12-30. http://jjckb.xinhuanet.com/2016-12/30/c_135944015.htm.

［50］沈蕾，王思璐. 基于产业生命周期的区域协同发展理论框架：以京津冀医药制造业为例［J］. 求索，2016（1）：79-83.

［51］丁旭辉. 高技术产业集聚与区域技术创新效率研究［D］. 兰州：兰州大学，2015.

［52］ 曹慧. 我国医药制造业成长性研究：基于 DEA 模型对上市企业技术创新和运营效率的测算［D］. 北京：中央财经大学，2012.

［53］ Kean Birch. Alliance-Driven Governance：Applying a Global Commodity Chains Approach to the U. K. Biotechnology Industry［J］. Journal of Economic Geography，2008，84（1）：83-103.

［54］ 赵培. 从地方集聚到区域集群网络：以长三角生物医药产业为例［D］. 上海：华东师范大学，2015.

［55］ 张绪英. 基于全球创新网络的张江生物医药产业发展研究［D］. 上海：华东师范大学，2013.

［56］ 孟竹. 北京："十三五"期间生物医药产业将达 1800 亿元［N/OL］. 人民网，2016-09-12. http://bj.people.com.cn/n2/2016/0912/c349239-28985875.html.

［57］ 马彦铭. 京津冀三地专家专项调研河北省生物医药产业［N/OL］. 河北新闻网，2017-04-10. http://hebei.hebnews.cn/2017-04/10/content_ 6418656.htm.

［58］ Nordhuas A. Using Patent Citation Analysis to Value Candidates［J］. Research Technology Management，1969，15（5）：28-37.

［59］ Narin F，Noma E，Perry R. Patents as Indicators of corporate technological strength［J］. Research Policy，1987，16：143-155.

［60］ Ahuja G. Collaboration Networks，Structural Holes，and Innovation：A Longitudinal Study［J］. Administrative Science Quarterly，2001，45（3）：425-456.

［61］ Ernst H，Fabry B. Enhancing Market，Oriented R&D Planning by Integrated Market and Patent Portfolios［J］. Journal of Business Chemistry，2004，1（1）：2-13.

［62］ 沈毅. 地方产业集群"一体两翼"升级模式探索［J］. 理论与研究，2012（6）：48-50.

［63］ 陈荣. 中国钢铁产业国际竞争力的实证分析［J］. 商业研究，2008（10）：74-75.

［64］ 吴义爽，蔡宁. 中国集群跨越式升级的"跳板"战略研究［J］. 中国工业经济，2010（10）：55-64.

［65］ 李朝晖. 试论我国钢铁工业的战略性结构调整［J］. 武汉科技大学学报，2002（9）：26-29.

［66］ 冯梅，陈鹏. 中国钢铁产业产能过剩程度的量化分析与预警［J］. 中国软科学，2013（5）：71-77.

［67］ 岳志春，陈雪娇，张晓蕊. 河北省钢铁产业循环经济发展现状调查研究［J］. 河北工程大学学报（社会科学版），2014（1）：9-12.

［68］ 韩英，罗守权. 金融危机对中国钢铁产业的影响及对策［J］. 生产力研究，2010（10）：198-200.

［69］郭德生，崔海卫，王楠. 钢铁企业实施循环经济及节能减排优选项目评述［J］. 节能，2013（7）：21-25.

［70］陆大道. 2000 年我国工业生产力布局总图的科学基础［J］. 地理科学，1986，6（2）：110-118.

［71］陆大道. 关于"点—轴"空间结构系统的形成机理分析［J］. 地理科学，2002，22（1）：1-6.

［72］吴传清，孙智君，许军. 点轴系统理论及其拓展与应用：一个文献述评［J］. 贵州财经大学学报，2007（2）：30-36.

［73］游士兵，苏正华，王婧. "点—轴系统"与城市空间扩展理论在经济增长中引擎作用实证研究［J］. 中国软科学，2015（4）：142-154.

［74］魏后凯. 区域开发理论研究［J］. 地域研究与开发，1988（1）：16-19.

［75］杨东方. 鼎新京津冀经济协同发展的空间安排［J］. 天津行政学院学报，2014（6）：67-71.

［76］聂华林，高新才. 区域发展战略学［M］. 北京：中国社会科学出版社，2006.

［77］段小薇，李璐璐，苗长虹，等. 中部六大城市群产业转移综合承接能力评价研究［J］. 地理科学，2016，36（5）：681-690.

［78］天津市科技教育领导小组. 2016 年度天津市科技进步统计监测分析报告［R］. 天津市科学技术委员会，2016.

［79］许义平. 现代社区制度实证研究［M］. 北京：中国社会出版社，2008.

［80］胡鸿保，姜振华. 从"社区"的语词历程看一个社会学概念内涵的演化［J］. 学术论坛，2002（5）：123-126.

［81］李晓非. 拿来、改造、中国式运用：社区概念中国化的思考［J］. 学术探索，2012（9）：36-41.

［82］姜振华，胡鸿保. 社区概念发展的历程［J］. 中国青年政治学院学报，2002，21（4）：121-124.

［83］高鉴国. 社区的理论概念与研究视角［J］. 学习与实践，2006（10）：93-96.

［84］马文良. 创新社区：开启园区发展新时代［J］. 中关村，2015（4）：49-51.

［85］苏文松，方创琳. 京津冀城市群高科技园区协同发展动力机制与合作共建模式：以中关村科技园为例［J］. 地理科学进展，2017，36（6）：657-666.

［86］傅晓岚. 扬创新之帆，追引领之梦［J］. 人民论坛，2017（33）：48-49.

［87］胡志坚. "中国式创新"的现状及挑战［J］. 清华管理评论，2017（S1）：13-14.

［88］陈劲. 系统驱动的中国式创新［J］. 清华管理评论，2017（S1）：23-24.

［89］余江，胡文森，孟庆时，等. 数字创新：中国式创新的新机遇［J］. 清华管理评论，2017（S1）：48-51.